U0000812

坤 ☷ 8	艮 ☶ 7	坎 ☵ 6	巽 ☴ 5	震 ☳ 4	離 ☲ 3	兌 ☱ 2	乾 ☰ 1	卦上／卦下
☷ ☷坤 85	☶ ☷剝 187	☵ ☷比 114	☴ ☷觀 169	☳ ☷豫 154	☲ ☷晉 236	☱ ☷萃 279	☰ ☷否 138	坤 ☷ 8
☷ ☶謙 152	☶ ☶艮 307	☵ ☶蹇 252	☴ ☶漸 312	☳小 ☶過 344	☲ ☶旅 321	☱ ☶咸 222	☰ ☶遯 228	艮 ☶ 7
☷ ☵師 111	☶ ☵蒙 95	☵ ☵坎 210	☴ ☵渙 333	☳ ☵解 253	☲未 ☵濟 352	☱ ☵困 287	☰ ☵訟 104	坎 ☵ 6
☷ ☴升 281	☶ ☴蠱 162	☵ ☴井 289	☴ ☴巽 327	☳ ☴恆 223	☲ ☴鼎 296	☱大 ☴過 203	☰ ☴姤 273	巽 ☴ 5
☷ ☳復 188	☶ ☳頤 201	☵ ☳屯 92	☴ ☳益 265	☳ ☳震 306	☲噬 ☳嗑 179	☱ ☳隨 160	☰无 ☳妄 194	震 ☳ 4
☷明 ☲夷 238	☶ ☲賁 181	☵既 ☲濟 350	☴家 ☲人 244	☳ ☲豐 320	☲ ☲離 212	☱ ☲革 295	☰同 ☲人 145	離 ☲ 3
☷ ☱臨 167	☶ ☱損 264	☵ ☱節 334	☴中 ☱孚 343	☳歸 ☱妹 314	☲ ☱睽 246	☱ ☱兌 328	☰ ☱履 123	兌 ☱ 2
☷ ☰泰 136	☶大 ☰畜 196	☵ ☰需 102	☴小 ☰畜 121	☳大 ☰壯 230	☲大 ☰有 147	☱ ☰夬 271	☰ ☰乾 83	乾 ☰ 1

易經與生活

林益勝 著

臺灣商務印書館

前言

自古以來，學者都說《易經》是群經之首，是中華文化的總根源。但也公認《易經》是所有中國古代經書中，最為深奧難懂的一部經書。現代讀者也一樣，一方面深感好奇，另方面又覺得困惑不已。

所以深奧難懂，乃是因為坊間《易經》書籍，有的將原始的西周《易經》卦爻辭，與戰國時代的陰陽《易經》（十翼）混為一談；有的將後代盛行的紫微斗數、八字，結合於《十翼》之中，使得簡單的《易經》越來越博大精深。

所以困惑，原因有二：一是無法確知《易經》的成書年代，所以也就無法真正了解《易經》卦爻辭的每一字詞之原始真正意義，而只能各自用自己所處時代的字義予以解釋，由於同一字詞在各時代的涵義不同，所以歷代學者對《易經》的解釋五花八門，人各異說，《易經》的原始本義，也就越說越不清楚了。現代讀者面對琳瑯滿目的各種不同解釋，當然更加無所適從。其次，《易經》縱使能夠得到正確的解釋，究竟是一部先人智慧的古書，時空不同，社會形態不同，思想觀念不同，現代人又要如何將古代智慧作正確轉化，並落實到現代人的日常生活當中呢？

本書的撰寫，正是要讓讀者迅速地進入《易經》的堂奧，正確地了解西周《易經》卦爻辭的真正意義，從而擷取《易經》的先人智慧，妥善地應用在日常生活當中。

所以，在第一章，應用清代學者的考據技巧，及民國以來不斷出土的古代文物，確定《易經》的成書時代、作者、社會背景、內容組織架構和用詞特色，讓讀者對原始《易經》有個概括的了解。接著在第二章介紹後代學者對《易經》的解釋方法，讓讀者了解西周時代，一部簡單的《易經》，為什麼到了戰國時代以後，會變得如此深奧難懂、博大精深？最後將原始本義的發現過程詳細分析，還原《易經》的本來面目。

本書於第三章以後，用白話文逐卦逐爻解析每一個字詞的意義，這些字詞都與西周時代的古籍，以及西周時代的甲骨文、金文詳細比對過。比對後，發現西周《易經》其實是一部指導西周貴族，認清時機和身分，堅守本分，力求在團結和諧中完成任務的書。從第一卦到六十四卦，按部就班教導各級身分的貴族有關做事技巧、人際相處、危機處理、心態調適、情緒管理、行事風格及成功領導的要領。真是教導人們做人、做事、領導的最好教材。只要掌握原則，就可以讓自己內心俯仰無愧、廣結善緣、做事掌握分寸，領導圓融成功，時時趨吉避凶，處處逢凶化吉。

西周《易經》的六爻，其實正表示西周六個階級貴族的身分，卦爻辭告訴六階級身分貴族，面對六十四種時機的趨吉避凶要領，這部《易經》在周朝推行了五百多年，締造周朝王室沒有篡弒的輝煌紀錄。直到戰國時代，禮崩樂壞，綱紀廢弛，身分從此混淆，陰陽家代之而興。從此，《十翼》應運而生，完全以陰陽符號取代身分，以陰陽消長解釋卦爻辭，以占筮方式求取卦爻，應用卦爻辭析疑解難，西周《易經》遂又發展出新內涵，開拓出新用途。

為讓有志一窺《易經》占筮奧秘之讀者，利用本書予以運用，特於本書正文後附錄〈西周《易經》的占筮運用〉，介紹占筮原理及占筮方法。並於封面次頁加印六十四卦方形圖，每卦加註各卦所屬爻辭頁次，俾便尋檢。

本書曾用為國立空中大學電視教學節目「《易經》與生活」教材，敘述力求條理、深入淺出，用詞力求簡淺明確，嗣後又廣納眾議，詳加考訂，力求真確。唯恐仍有疏漏，尚祈海內方家，大達先進，不吝賜教。

林益勝　謹識

目錄

前言 I
第一章 周易概說 001
第一節 周易的成書 004
第二節 周易的結構 012
第三節 周易的用詞 024
第二章 歷代釋法 041

第一節　義理派釋法　044
第二節　象數派釋法　051
第三節　原始本義釋法　059

第三章　做事技巧　075

第一節　認清環境（乾、坤）　077
第二節　好的開始（屯、蒙）　088
第三節　消除歧見（需、訟）　096
第四節　齊心協力（師、比）　107
第五節　謹慎執行（小畜、履）　117

第四章　人際相處　129

第一節　真誠相與（泰、否）　132
第二節　心胸寬廣（同人、大有）　141

第三節　擁有主見（謙、豫）　148
第四節　恪守本分（隨、蠱）　156
第五節　溫和誠敬（臨、觀）　163

第五章　危機處理　173

第一節　一意孤行（噬嗑、賁）　175
第二節　每下愈況（剝、復）　183
第三節　突發狀況（无妄、大畜）　190
第四節　突增壓力（頤、大過）　197
第五節　變生肘腋（坎、離）　205

第六章　心態調適　215

第一節　靈活與僵化（咸、恆）　217
第二節　逃避與承擔（遯、大壯）　225

第三節　賞識與中傷（晉、明夷）　232
第四節　團聚與離散（家人、睽）　240
第五節　壓力與紓解（蹇、解）　248
第七章　情緒管理　257
第一節　得意與失意（損、益）　259
第二節　決裂與拉攏（夬、姤）　267
第三節　沉淪與提昇（萃、升）　274
第四節　困苦與優裕（困、井）　282
第五節　變動與穩定（革、鼎）　290
第八章　行事風格　299
第一節　急驚風與慢郎中（震、艮）　301
第二節　穩健與隨興（漸、歸妹）　308

第三節　豪邁與拘謹（豐、旅）　315
第四節　承順與悅民（巽、兌）　323
第五節　創新與保守（渙、節）　329

第九章　成功領導　337

第一節　贏取信任（中孚、小過）　339
第二節　完成使命（既濟、未濟）　346

附錄　西周《易經》的占筮運用　355

全書重要參考書目　373

第一章　周易概說

主旨

——研讀本章之後，學習者應能達成下列目標：

一、了解《易經》的名義、成書時代及價值。

二、明瞭《易經》的符號及文字結構。

三、了解卦爻辭用詞特色及常用字彙。

摘　要

本章共分三節。

第一節說明《易》的定義是「變易」，成書於「西周武王時代」，作者可能是周公的部屬。寫作目的在指導統治階級的各級領導人，如何在各種時機或狀況下，和諧完成任務。

第二節分析《易經》中八卦與六十四卦符號的形成，以及卦名、卦辭、爻辭等文字部分的結構。

第三節闡釋《易經》卦爻辭的用詞特色及常用字彙之涵義。

一般人提到《易經》，就立刻聯想到占卜、命相、風水、氣功……等等，好像世界上最艱奧難懂的學問都和它有關係，甚至還有人說它探討宇宙的起源，是人類史前另一個文明遺留下來的產物，總之，它的神祕業已引起世人普遍的好奇。

在近代，也有部分從事科學研究的學者，利用《易經》的陰陽思想探討愛因斯坦的「相對論」，以及電腦的「二進位觀念」，也有利用《易經》的「八卦」、「河圖洛書」來印證最新的數學理論。

其實，這些都與最原始的《易經》無關。真正的《易經》是西周初年的產物，那時，從文字上看不出陰陽思想、沒有八卦方位，也沒有河圖洛書，許多玄妙的理論都是後代子孫所逐漸發明。可是縱使是真正《易經》的本身，歷代的解釋還是眾說紛紜，原因是：

一、對「易」這個字的意義，缺乏統一而明確的界定。

二、《易經》成書時代不明，導致後代學者各以自己當代的思想解釋。

三、《易經》用抽象的「符號」及簡短的「文字」來表示意思，結構迥異於其他經書，無法從上下文推測真正涵義。

四、《易經》共分六十四個「卦」，每卦之下又分六個「爻」，由於無法確知「卦」及「爻」所代表的意義，所以對各卦、爻下所附的卦辭及爻辭文字無法正確詮釋。

五、卦爻辭文字的用詞十分特殊，或用事物象徵，或僅說明結果，不分析原因，理解困難。

由於上述五個原因，使得《易經》變得神祕異常，為解開《易經》的神祕面紗，本章以下各節就從上述各點為您一一作個簡單的介紹。

第一節　周易的成書

一、「易」是什麼？

「易」這個字，據許慎《說文解字》的解釋是：「蜥易、蝘蜓、守宮也，象形。」觀甲骨文及大部分金文的字形，都作[字形]或[字形]形，一點兒也不像蜥易，但金文伯家文簋作[字形]，形狀倒也有些兒類似。古文字學大師李孝定先生在所著《甲骨文字集釋》中，引孫詒讓的意見說：

> 卜辭「易」字當從孫說，訓「更」，「易日」即「更日」，「易齒」即「更齒」。

據此，則「易」有「變更」的意思。顯然的，「易」在殷商時的最原始意義是「變易」。

在西周時，「易」字已有「簡易」和「變易」兩個意思。例如《尚書‧大誥》說：「爾時罔敢易法。」意思是：你平素就不敢輕忽法律。「易」字作「簡易、容易、輕易」解。至於《尚書‧酒誥》的「祇保越怨不易」，意為「只安於怨不改」，「易」字還是解作「變易」。

可見，在西周，「易」除了「變易」外，又多了「**簡易**」這個意思。

東漢鄭玄時，則擴大「易」的涵義為三：「易簡一也，變易二也，不易三也。」又增加了「**不易**」這第三個意思。

近人高亨據清儒朱駿聲「三易之易讀為覡」的說法，認為古代「覡」「易」同音，覡本男巫，掌占筮之事，所以男巫所掌之筮事，就稱為「覡」。

釋「易」為「覡」，明顯的是基於歷代公認的「易是卜筮之書」而來。

《易》在先秦有兩種稱呼，有的稱為《易》，有的稱為《周易》。稱《周易》的較少，單稱《易》者較多；稱《周易》的原因，有兩種說法，鄭玄認為是「易道周普，无所不備」，稱讚易的道理十分周延；《易緯》則說「因代以題周」，認為《周易》是周代的卜筮書，用來和夏朝的《連山》、殷朝的《歸藏》區別的。原來，在《周禮・春官》論太卜及筮人的職務時，確實已有《連山》、《歸藏》的易書：「太卜：掌三易之法，一曰連山，二曰歸藏，三曰周易，其經，卦皆八，其別，皆六十有四。」「巫人掌三易：一曰連山，二曰歸藏，三曰周易。」利用「周」字來識別。

稱《周易》為《易經》，首見於《莊子・天運》：「丘治易詩書禮樂六經。」但這兒的「經」，指的是一般書籍，直到漢武帝獨尊孔子，於**建元五年（西元前一三六年）置五經博士後**，「經」才成為儒家典籍的專名，《易經》的稱呼，應是從這個時候開始的。

二、成書時代

《易》成書於何時？歷來說法十分一致。最早提出的是《繫辭傳》，它是一本戰國至西漢初年學者闡述周易的書籍，推測《易》成書於「西周初年，周殷交戰的時候」。

唐朝的孔穎達主張成書於「西周初年文王、周公之時」。

民國以來，余永梁、顧頡剛、李鏡池諸位先生也都認為，成書於「西周初葉」（古史辨第三冊）。

總上諸說，《易經》成書於西周初年，當無庸置疑。屈萬里先生更以〈周易卦爻辭成於周武王時考〉一文分三個步驟證明，確定了《易》成書的確切年代是「**西周武王時代**」，而且是在「**武王克殷之後**」，說明如下：

㈠從經文的器物及習慣用語，確定成書於西周初年

1. 西周以「貝」作為貨幣單位而且從沒超過「十朋」，東周則已出現「百朋」，《易》裏損、益兩卦也僅用「十朋」。

2. 西周中葉以後多「簠簋」連用，西周初則僅用「簋」不用「簠」，《易》坎、益兩

卦也只用「簋」不用「簠」。

3.漢代的「匈奴」，西周末年稱「玁狁」，西周初年則以「鬼方」稱之；《易》中既濟、未濟、睽卦中都用「鬼方」這個名辭。

(二)從經文內容確定《易經》是由「某一個人」在「某一時期」編成

1.《易經》必須有完備的文字作為吉凶判定依據

《易經》和龜卜不同，龜卜的吉凶完全看龜殼裂開的「兆紋」判定吉凶，不必文字說明，但《易經》用蓍草占卜，沒有兆紋可判吉凶，必須依據文字的敘述內容才知吉凶，在這種情形下，必須由某人統一予以編寫。

2.全書有一致的專用字彙

《易經》經文中有許多常用字彙，意義完全一致，如「元」為初始、「亨」為通、「貞」為「堅守本分」、「孚」為信、「咎」為過錯等都是，這些字均有其固定的意義及用法。必是成於一人，出於一手。

3.全書體例一貫

《易經》共六十四卦表示六十四種狀況，每一種狀況各用一個「卦名」表示，每一卦都用一個「卦辭」來說明這個卦的吉凶，和趨吉避凶的要領，然後又接著用六個「爻辭」來表示由卑而尊六個不同身分的人的行為準則，體例非常一致。這種一貫的體例，明顯是出於一個人的手筆。

㈢從晉卦卦辭及隨上六爻、益六四爻辭，屈先生更進一步確定：《易經》的成書是在周武王時，而且是在武王克殷之後

原來晉卦卦辭說：「康侯用錫馬蕃庶，晝日三接。」屈先生以康侯鼎、康侯斧、康侯刀、康侯鬲為證，知其中的「康侯」確是周武王同母少弟「丰」，受寵於其兄武王；「從前的學者」都說周武王初封么弟「丰」於「康」，東方三監聯合武庚叛變，周公東征殺武庚、管叔，放蔡叔後，封康叔於「衛」，以監控殷遺民，於是改稱「衛侯」。晉卦辭既稱「康侯」而不稱「衛侯」，《易經》之作，似在敉平武庚叛亂之前，果真如此，則《易經》有可能作於周成王時；而且屈先生發現：在《易經》的各卦爻辭中，屢次說到周初時事，都絕口不談武庚的亂事，而只說到武王克殷，下列幾則記載可以證明：

1.**隨卦上六爻辭：「拘係之，乃從，維之，王用亨於西山。」**敘述將敵君俘虜，綁到周的宗廟所在地「西山」由周王親自殺之以祭祖，說的應該是武王克殷，殺紂祭祖的時事。

2.**益卦六四爻辭：「中行，告公，從，利用為依遷國。」**一切準備妥當，安全無虞後，再一五一十報告，取得同意，以利辦理為「依」遷國之事，證知「依」即「衣」，也就是「殷」；「公」字據《尚書》所說，並非通稱一般王

公，而是特指「周公」，其事在武王克殷之後，計畫遷徙殷後代離開原址的記載。

3.**既濟九五爻辭：「東鄰殺牛不如西鄰之禴祭，實受其福。」**

西鄰為「周」，東鄰為「殷」，此爻說儘管殷人用隆重的太牢，殺牛祭祀，還不如周人簡單的祭祀，能得到上天的福佑。

4.**《易經》中用詞都有吉有不吉，唯獨所有方位名詞，千篇一律是「利西南不利東北」，周在西南，殷在東北，顯然是周殷競爭期間，周人宣傳的言論。**

既然卦爻辭所載皆為西周武王時代殷周交戰時事，並未談及武庚的叛變，則晉卦卦辭的寫作，必定是在武王時代。

以上屈先生的論證，可以說信而有徵，無可置疑。

至於《周易》一書的作者，雖然已不可考，但從經文中全以「公」稱呼「周公」，又置「周公」於「軍師」的地位（理由請看第二章第三節原始本義釋法四爻及上爻爻位義分析），顯然該書作者應是「周公」繼姜太公之後，擔任「軍師」一職時的部屬所作。

成書時代既明，便可依據西周初年之史料，對《周易》一書的制度、用語、典故及寫作背景，作正確的詮釋，還其本來面目。從而辨明歷代釋法之正訛對錯，破除歷代玄虛莫測的解釋方法，浮顯出《易經》的真正寫作意旨，一舉解開數千年來的神祕面紗。原來，它是在西周時代，用來指導身為統治階級的貴族們，為人處世及領導技巧的專書呢！

三、《易》的價值

也許會有人認為：確定了《周易》成書於西周武王時代，一舉解除了三千年來的神祕，還回它平實的本來面目，對《周易》本身來說，確實非常有意義；但對現代人來說，三千年前的古代人思想，縱使弄得清清楚楚、明明白白，究竟也是過去的古人歷史資料而已，對現世生活又有什麼好處呢？關於這點，可以從三方面予以說明：

(一)《易》是儒家思想的根源

儒家思想在今日，仍是中國人思想言行的總原則，而形成儒家思想最重要的一部書是《論語》，《論語》中談人與人之間要「仁」「恕」，要體諒別人，重和諧，對自己要本良心，守本分，做事要負責盡責，對父母要盡孝，對兄弟姊妹要友愛，對國家要忠，這些思想都源自六經，尤其是《周易》。中國民族性的「堅忍不拔」、「知其不可而為之」、「負責盡職」就是《周易》的「貞」，中國人講情義、重和諧互信，就是《周易》的「孚」，《周易》六十四卦三百八十四爻，全部都用以指導人際相處、為人處事的根本原則。透過儒家思想的被尊崇，《周易》思想已深入每一個中國人的內心深處、古今如一。瞭解《周易》，為人處世就可圓融和諧。

(二)《易》與中國文化息息相關

《周易》思想除了與上述民族思想完全結合之外，由於後代子孫對「易理」的不斷發明，與其他固有文化也密切關聯。命相與堪輿固然取《易》的原理作為理論基礎，中國傳統醫學、天文學、數學、軍事、建築、氣功、武術甚至文學藝術，也莫不受其影響，精通《周易》，對中國傳統文化將有更深邃的認識。《周易》字義的正確詮釋，可使傳統學術得到合理的解說。

(三)《易》為現代社會所必需

民主社會的國民，一反過去的被統治，搖身一變成為統治國家的主人，如何樹立自己、領導別人、建設國家已成為現代國民必修的課程。《周易》全書內容都在指導身為各級領導階層的貴族們，面對各種時機、狀況的言行準則及處理技巧，用之於現代仍然非常實用。這部領導哲學，在周代已締造了世襲八百年之中，王室中沒有篡弒、很少紛爭的輝煌紀錄，應用在今日的民主社會，將使政治活動更圓融，人際更和諧；應用在現代工商企業經營，則可以使老闆及幹部成為卓越的各級領導人、使員工更團結、開拓更大事業，《周易》在事實上已成為工商社會領導管理的必讀書籍。

總之，《周易》雖然是西周武王時代的領導原則及技巧書籍，卻也是今日為人處事及領導管理必讀書籍。

第二節　周易的結構

《周易》本經之結構，可概括分為兩部分：「符號」與「文字」。符號源自戰國陰陽家盛行之後，文字則為西周《易經》所固有。

一、符號

現行本《周易》的符號，全部由「⚊」和「⚋」二「爻」發展而成，二爻相重兩次為「八卦」，八卦再相重而為「六十四卦」，名稱不同，意義也各異。

(一)爻

符號「⚊」，稱為剛爻或陽爻，並用「九」作為代號，象徵一切陽剛的事物，例如個性陽剛、意志堅定、能力卓越、行為主動積極等。

符號「⚋」，稱為柔爻或陰爻，並用「六」作為代號，象徵一切陰柔的事物，例如個性柔弱、意志不堅、能力平庸、行為被動消極等。

「爻」，《說文》說是「交也」，《繫辭》說是：「效天下之動也。」應是一種象徵或象形的符號。它的起源有六種學說：

(1)結繩說：「⚊」表示一大結，「⚋」為兩小結。

(2)男女生殖器說：「⚊」為男性，「⚋」為女性生殖器象形。

(3)龜兆說：歸納龜甲占卜的兆紋。

(4)竹節蓍草說：一節為「⚊」，兩節為「⚋」。

(5)日月星象說：淵源於日月，日為「⚊」，月為「⚋」。

(6)籌算說：古人算籌之象形。

以上諸說，不知何者為是。

它們的象徵意義，後代稱為「爻德」。爻德雖有個性剛柔、能力強弱、行為主動被動的不同，但並無好壞之分，所以《周易》共三百八十四個爻，剛柔爻的吉凶比率各占一半；爻德也沒有男女之分，男性固然有剛毅進取、能力卓越之輩，女性也不遑多讓。

剛柔爻以「九」「六」為代號，二千年來眾說紛紜，有人從「占筮過程」，也有人從「陰陽變化」來作解釋。由陰陽又發展出「老陰」「老陽」「少陰」「少陽」出來。屈萬里先生根據甲骨卜辭，在臺大《文史哲學報》發表了〈易卦源於龜卜考〉一文，認為九六之分係以烏龜腹甲軟硬作為剛柔之依據。外側腹甲較硬，剛好區分為九塊，內側腹甲的盾版較軟，共六塊，於是就用「九」表剛爻，「六」表柔爻。

可是，「九」「六」的稱呼不知始自何時，僅知在春秋時代的《左傳》及《國語》中，所有引用的爻辭都不用「九」「六」的代號，而僅用「某卦之某卦」來表示某卦的某爻，例如《左傳．魯昭公十二年》：「南蒯之將叛也，枚筮之，遇坤䷁之比䷇，曰：黃裳元吉。」「黃裳元吉」是坤卦的第五個爻的爻辭，比對坤卦和比卦的符號，由下往上看，只有第五個爻不同，顯然，《左傳》是用「坤之比」表示坤卦的第五個爻。但一九七三年在長沙馬王堆第三號漢墓出土的帛書《易經》，則已有「九」「六」的爻號，可見漢文帝時，已以九六代表剛柔爻了。

(二)八卦

剛柔爻經兩次重疊，則成為「八卦」，它的「組成方式」及「象徵意義」依十翼及宋圖書派易學者邵雍的解釋是：

根據《繫辭》的說法，八卦的組成是：「易有太極，是生兩儀，兩儀生四象，四象生八卦。」邵雍解為：「一分為二、二分為四、四分為八。」依現代數學來說，一陰（A）一陽（B）重疊，也只能產生四種形式（AA　AB　BA　BB），再疊一次，也只能有八種（AAA AAB ABA ABB　BAA BAB BBA BBB）。

卦序	人事義	卦德	卦象	卦名	八卦	再疊	（四象）	（兩儀）	太極
1	父	剛	天	乾↓	☰	↑⚊	⚊	⚊	○
2	少女	悅	澤	兌↓	☱	↑⚋			
3	中女	明	火	離↓	☲	↑⚊	⚋		
4	長男	動	雷	震↓	☳	↑⚋			
5	長女	柔	風	巽↓	☴	↑⚊	⚊	⚋	
6	中男	險	水	坎↓	☵	↑⚋			
7	少男	止	山	艮↓	☶	↑⚊	⚋		
8	母	順	地	坤↓	☷	↑⚋			

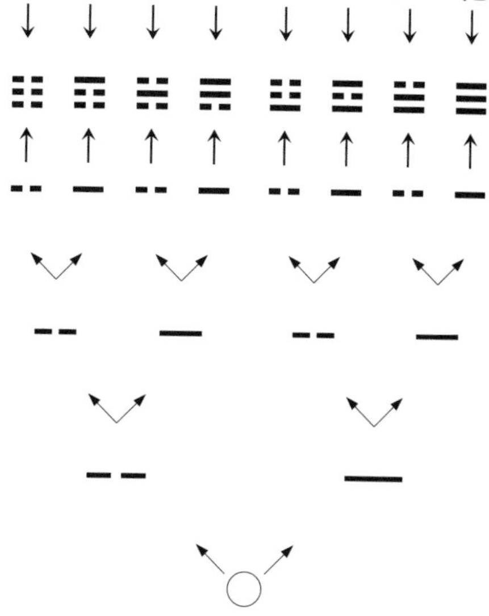

在上表中，你會發現八個卦的符號，最底下一爻的排列次序，從乾至坤依序是「剛剛剛剛、柔柔柔柔」，中間一爻依序是「剛剛柔柔、剛剛柔柔」，最上面一爻依序是「剛柔、剛柔、剛柔、剛柔」，它的結構既簡單又有規律。

八個卦各有一個名字，就是「卦名」；每卦各象徵一項天地間常見的事物，如乾象天，坤象地，兌象湖泊等，叫做「卦象」；每卦也各象徵一個意義，如乾是剛健、兌是喜悅、離是光明等等，叫做「卦德」；卦象和卦德常被十翼及後代的學者，用來解釋卦名，稱為「卦體義」。

後代學者解釋《易經》時，也有人喜歡把八卦用在家庭的倫理上，把乾當父親，坤當母親，然後把陽爻當「男」，陰爻當「女」，比較每卦三爻中，與其他兩爻不同的爻所在的位置，各賦予不同的長幼順序，最下的一爻是「長」，中間的一爻是「中」，最上面的是「少」，於是「兌」卦代表的是「少女」，因為唯一的陰爻在最上爻（☱）；離卦是「中女」，因為唯一的陰爻在中爻（☲），這樣以人倫次序為義，就叫做「人事義」。

將以上按照一陽一陰不斷分化，而自然衍生的八卦，加以編序，就成了「卦序」，卦序本來沒有什麼意義，但後代學者把它配上方位後，就成了「先天八卦」了。

八卦雖由剛柔兩爻經兩次重疊而成，但從所象徵的天象（卦象）來看，已經看不出與剛柔爻「爻德」有何關聯；從所象徵的意義（卦德）來看，除了乾卦與坤卦尚保有爻德的剛柔之性質外，其餘六卦也與剛柔爻的「爻德」無關。不論「卦象」或「卦德」，在西周時代的《周易》本經中均隻字不提，唯戰國以後的十翼，尤其是《彖辭》《象辭》及《說卦》始廣泛應用。

後代星相及堪輿學廣泛運用的「易經八卦方位」，在西周《易經》經文中從未提及，但在十翼裏之《說卦》的第三及第五章中，則有不同的兩種說法，經宋朝圖書派學者邵雍加以推演後，朱熹將它置於其《周易本義》篇首，於是影響宋元明清迄今，這不同的兩種說法，稱為「伏羲先天卦位」與「文王後天卦位」。

㈢六十四卦

將八卦彼此重疊，就成了六十四卦，邵雍的排列共有方形及圓形兩種，並為朱熹取用置於《易本義》篇首，其方形圖按照「乾兌離震巽坎艮坤」的次序分別「由下而上」及「由右而左」排列，於是重疊成六十四卦（如圖一－一）。圓形圖據方形圖排成圓形，先通過圓心，畫一條上下垂直的直線，稱子午線，線的上方是正南方位置，為「乾」卦之位，線的下方是正北方的位置，是「坤」卦之位。排列時，先自「乾」依逆時針方向，按方形圖的乾、夬、大有……屯、頤、復次序，依次排定，止於坤的前一位置，其次，再自「乾」依順時針方向，按姤、大過……剝、坤的次序，依次排定（如圖一－二）。

上述的方形圖和圓形圖，對於《周易》本經來說，毫無用處，方位也毫無意義，但卻可說明六十四卦中每一卦的上下卦體結構。堪輿之學也利用它作為方位的理論依據。

六十四卦的上下卦體，上面的卦叫「上卦」或「外卦」，下面的卦叫「下卦」或「內卦」。

六十四卦也各有一個卦名，卦名與上下卦體之間，只有乾兌離震巽坎艮坤八個卦，因係由八卦自我重疊而成，所以有意義上的關聯，如乾剛、坤順、離明、震動、巽柔、坎險、艮止、兌悅。其餘的五十六卦卦名，與其上下卦體的意義就沒有直接或間接的關聯了。例如「蒙卦」，卦體是上艮下坎，按八卦「卦象」是「山下出泉」（象辭傳語），

圖一—一 六十四卦方形圖

坤	艮	坎	巽	震	離	兌	乾	上卦／下卦
坤	剝	比	觀	豫	晉	萃	否	坤
謙	艮	蹇	漸	小過	旅	咸	遯	艮
師	蒙	坎	渙	解	未濟	困	訟	坎
升	蠱	井	巽	恆	鼎	大過	姤	巽
復	頤	屯	益	震	噬嗑	隨	无妄	震
明夷	賁	既濟	家人	豐	離	革	同人	離
臨	損	節	中孚	歸妹	睽	兌	履	兌
泰	大畜	需	小畜	大壯	大有	夬	乾	乾

圖一—二 六十四卦圓形圖

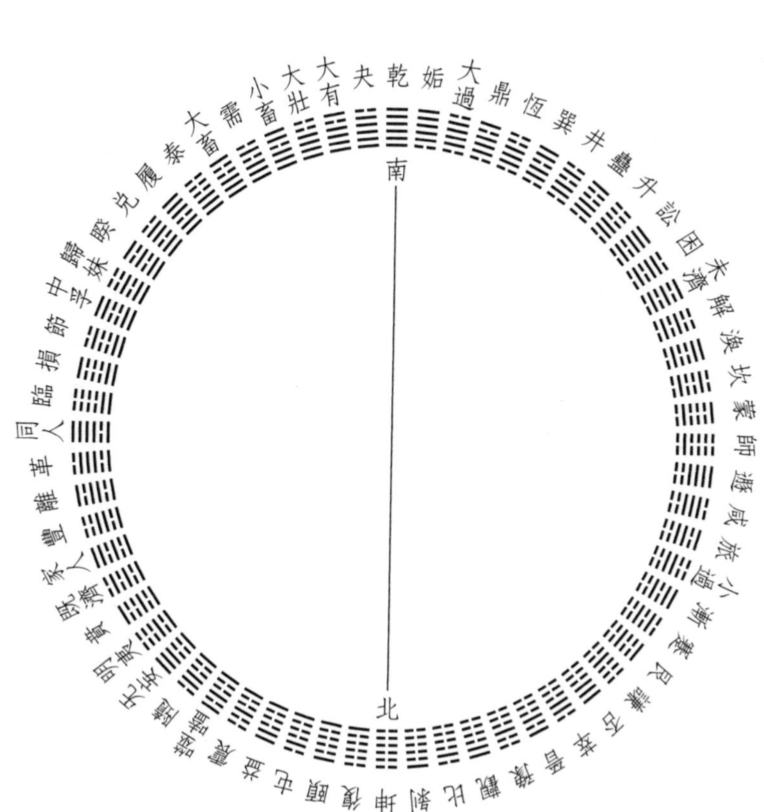
南
北
乾
姤
大過
鼎
恆
巽
井
蠱
升
訟
困
未濟
解
渙
坎
蒙
師
遯
咸
旅
小過
漸
蹇
艮
謙
否
萃
晉
豫
觀
比
剝
坤
復
頤
屯
益
震
噬嗑
隨
无妄
明夷
賁
既濟
家人
豐
離
革
同人
臨
損
節
中孚
歸妹
睽
兌
履
泰
大畜
需
小畜
大壯
大有
夬

「卦德」是「山下有險，險而止」（彖辭語），二者都無法圓滿而合理地解釋，和卦名字義「童蒙」（卦辭語）到底有何意義上的關聯？

六十四卦中每卦的六個爻各有名稱，由下而上，依次是「初、二、三、四、五、上」，配合爻的剛柔代號「九」、「六」，就成了六個爻號，以屯、蒙兩卦為例，屯卦六爻由下而上分別是：初九、六二、六三、六四、九五、上六；蒙卦分別是：初六、九二、六三、六四、六五、上九：

屯		蒙	
⚋	上六	⚊	上九
⚊	九五	⚋	六五
⚋	六四	⚋	六四
⚋	六三	⚋	六三
⚋	六二	⚊	九二
⚊	初九	⚋	初六

《周易》本經將爻號置於文字部分（爻辭）之前，如蒙初六：「發蒙，利用刑人，用說桎梏，以往，吝。」爻號「初六」是否具有意義？比較六十四卦中各相關爻辭後，發現確實有非常重要的意義。這種意義稱為「爻位義」。爻位義是十翼之後以義理解《易》的重要方法之一。但同樣的「爻位義」，西周的《周易》和戰國的十翼，代表的意義不同。

二、文字

《周易》本經的文字也分三部分：卦名、卦辭及爻辭。

(一)卦名

《周易》的每一個卦都有一個專門名稱，稱為「卦名」，如乾坤屯蒙需訟……之類。

六十四卦的卦名和八卦的卦名不一樣，它們不僅是該卦的代號，而且具有實質的意義，從十翼以後的歷代學者，絕大多數都認為卦名是表示該卦的時機或狀況。

事實也是如此，所有卦名，不但是該卦卦爻辭的總綱要，而且還是卦爻辭的「關鍵字」呢！這可從下列三點得到證明：

1.沒有了卦名，有些卦辭就不知所云：

例如，大有卦的卦辭只有「元亨」兩字，如果卦名沒有任何意義，就不知道這個「一開始必然亨通」的「元亨」，是指的什麼時機了。

2.有些卦名甚至還是卦辭的主詞或動詞，成為卦辭的主要文法成分：

例如：

履卦：「履」虎尾，不咥人，亨。

（人踐踏到老虎尾巴，不會被咬，可以順利執行，「履」是動詞）

同人卦：「同人」于野，亨，利涉大川，利君子貞。

（同事之間相處，心胸寬廣如處郊野，凡事順利，利於涉險，「同人」是主詞）

卦名既是卦辭的主詞或動詞，卦名當然有意義。

3.在六十四卦中，已有五十八卦的卦名取自卦爻辭：

例如卦名是「蒙」的蒙卦，在卦辭中有「匪我求童蒙，童蒙求我」句，初六有「發蒙」、九二有「包蒙」、六四有「困蒙」、六五有「童蒙」、上九有「擊蒙」。顯然卦名是卦爻辭的關鍵字。

(二) 卦辭

「卦辭」的內容包含兩部分，一是吉凶判斷，一是趨避之道。

「吉凶判斷」是判斷卦名所表示的時機或狀況最有可能的「發展」或「結果」。如果發展空間無限，就用「亨」來表示；如果僅在開始時有發展，其後不得而知，就用「元亨」兩字；如僅小事才能發展，就用「小亨」；至於沒有發展餘地或發展不易就用「亨小」。「結果」的好壞，就用「吉」、「凶」來表示。凡結果良好，能圓滿達成任務者，是「吉」，無法達成本身應完成的任務，就是「凶」。

「趨避之道」就是占筮者告誡求占者「趨吉避凶」的要領。歸納卦辭用語，不外心志、舉止、人際三端。

心志用語，全在一個「貞」字，總數占了二分之一。貞就是「正」，就是「守常不變」，凡是言行合禮、恪守本職應負的使命，就做到「正」。如乾卦「元亨，利貞」的「利貞」。

舉止用語，可分往來、安全、方向及時限四種。往來用語如「利有攸往」，安全用語如「利涉大川」。方向用語如「利西南，不利東北」，時限用語如「至于八月有凶」都是。

人際用語，可分「與助」與「誠敬」兩項。「與助」方面，如期望得到廣泛的協助，則說「利建侯」，欲得相關人士的協助則說「利見大人」，無人相助就用「自求口實」來表示。「誠敬」方面，多用「孚」或「王假有廟」這些語詞。

(三)爻辭

「爻辭」是分述卦中各爻的吉凶及其趨吉避凶的要領。結構簡單，文句簡短，但也正因如此，沒有上下文可供比對，尤其對各爻所代表的意義及身分不甚了了，所以歷代解釋人各異說。

但我們研究卦中六爻爻辭的結構後，卻發現，同卦六個爻之間，都有意義上的關聯。有些明顯是由下而上遞升的，例如咸卦，初六「咸其拇」、六二「咸其腓」、九三「咸其股」、九五「咸其脢」、上六「咸其輔頰舌」，隨著初二三四五上爻順序，爻辭也順著人身的拇趾、小腿、大腿、脊背、臉頰依序向上移動。

也有些是由遠而近遞進的，如需卦初九「需于郊」、九二「需于沙」、九三「需于泥」、六四「需于血（洫）」、上六「入于穴」，由郊野而護城河之岸邊沙灘、水邊泥而入河中、再入于穴居之處。

這些有次序的遞進，足以顯示六爻之間有著高下尊卑親疏的關係。原來，在西周，初爻至上爻代表的身分依序是：士、大夫、卿、諸侯、王、軍師。爻辭就是說明每一種身分，在各種時機裏應遵守的行為準則。可惜的是歷代的易學者，除《易緯・乾鑿度》作者外，並沒有發現，所以，眾說紛紜，一部原本十分簡單的《周易》，就變得十分深奧複雜了。

第三節　周易的用詞

《易經》所以難懂，除了「易」的定義、成書時代、結構不明外，《周易》的用詞，也迥然不同於一般的古代典籍。要確實瞭解《易經》的卦爻辭內容，還是必須對它的用詞特色及常用字彙的意義有所認識。

一、卦爻辭用詞特色

㈠使用卜筮用語

卜筮用語有兩大特色，一是敘述方式採直接面對面告誡，而非透過第三者立場轉述或解說。所以語氣委婉，求占者縱有不是之處，也不會直斥其非，也不視之為惡人；二是敘述字句全為斷占語氣，用語簡短、肯定，毫不猶豫。

以坤卦六五爻為例，掌決策的人沒有堅守原則，這樣將造成綱紀廢弛，沒有是非公理，勢將導致天下大亂，例如周威烈王只圖一時之苟安，分封逼逐晉君並瓜分晉國土地的晉大夫韓趙魏三家為諸侯，導致戰國時代的兼併之風，這是多麼嚴重的錯誤，可是爻辭卻輕描淡寫地說：「黃裳元吉」：「正色的黃色衣服應做成上裝，卻反穿在下身，這是上下失序，開始時候是吉的。」至於後來呢，就不再繼續說了，用語十分委婉，但語氣則乾脆、簡要，十分肯定。對於負責執行的二爻，對其消極畏縮，不能堅定是非原則，也僅說：「如能一律秉持正直公正行事，則不必一再占卜，也知必然無不利。」（直方，不習无不利）寓斥責于規勸，既不直斥其非，也不視之為惡人，但語氣還是簡短堅定。

因此，研讀《周易》卦爻辭，不能受語氣影響或光從字面判定吉凶，如「黃裳元吉」並不就是大吉，「直方，不習无不利」也並不就是大利，而要從「時機」、「身分」及

「敘述立場」加以判定。就像研讀坤卦上六「龍戰于野，其血玄黃」這爻辭，就要：從時機上看，是人人陰柔，沒有原則；從身分上看，求占者是軍師或顧問（西周時應如姜太公及周公、召公之流）；從敘述立場上說，是占筮者告誡身為軍師顧問的上六爻。所以應解為：「你如果不能堅守原則，則所有領導人就會彼此爭戰到血流滿地。」

(二)採用象徵性字詞

《繫辭傳下》第十章說：「易之為書也，廣大悉備，有天道焉、有人道焉、有地道焉。」卦爻辭中，取以象徵的事物甚多，從人身、四周環境以迄大自然莫不賅備。例如身軀的趾、腹、首，器物的輿、囊、斧，服飾的衣、帶、帛，建築的城、門、宗廟，動物的龍、魚、隼，植物的茅、桑、蒺藜，人物的君子、邑人、王，自然界的野、川、雨，以及語詞的婚媾、為寇、利涉大川；只要是人周遭之物，巨細靡遺。但它們都有一個共同特色：以象徵為義。

所謂「以象徵為義」就是不取實際原義，而取其象徵意義。例如「利涉大川」，絕非「宜涉大河而過」，而是以「川」象徵險難，謂「可涉險難而過」，能渡過困難危險的意思。但十翼中的《彖辭》解釋「中孚」卦（䷼）的卦辭「利涉大川」這句話，卻運用該卦的上下卦體的卦象：「☴」為風、木，「☱」為澤，說：「乘木舟，虛也。」就是不瞭解「以象徵為義」的緣故。至如噬嗑卦初九「屨校滅趾，无咎」。《彖辭》的解釋是：「不行也。」而不說：「不是自己的過錯，卻被套上腳鐐，扣住腳趾。」則是得到象徵的要領了。

卦爻辭的所有字句，幾乎都以象徵為義，研讀時拘泥原字的詞義，就解釋不通了。

(三)提供原則，不作具體闡釋

和前述運用象徵性語詞一樣，為了擴大適用的範圍，卦爻辭對於趨吉避凶之道，多僅述「原則」，而不具體說明做法，所以應用起來，發揮的空間極大。

以第一卦的「乾」卦為例，乾九二、九五都有「利見大人」四字，但「大人」指誰？如何「見」之？則不詳細說明。再如九二的「見龍在田」，九五的「飛龍在天」，也只是表明「有限」與「無限」的原則，至於二爻如何在職權範圍內展現才華，五爻如何無拘無束盡情發揮，其具體做法就留待求占人自行思索了。

卦爻辭中有些原則，一見即知其義，如比卦上六「比之无首凶」，要及早表態表示親近，不率先表示則凶。但有些則不易知，如前述的坤上六「龍戰于野，其血玄黃」，就必須與時機、身分及敘述立場並看，否則就不知道「龍」指的竟是各級領導人；他們之間所以會發生爭戰，完全是因為執掌立國原則及作戰的軍師或三公，沒有明辨是非堅守原則而起，所以占者剴切予以告誡。至於原則的具體落實，就因時、因地、因人而有不同。同樣是親近，有人用行動表示，有人用臉上表情，有人用文字，具體做法不一。研讀卦爻辭必須逐句深入瞭解原則，並思考具體做法。

㈣喜用典故

卦爻辭猶如今之寺廟籤詩，最喜廣泛引用歷代人物掌故來影射實質內容。卦爻辭中有援引「過去史實」者，如明夷六五「箕子之明夷」，用殷商賢人箕子被中傷典故；有引自「當代實務」者，如晉卦卦辭「康侯用錫馬蕃庶，晝日三接」，用武王封幼弟時事；隨上六「拘係之，乃從，維之，王用亨于西山」，用武王伐紂時事；也有引用「當時通行習慣語」者，如小過六五「密雲不雨，自我西郊」，表示問題將解未解時的沉悶時刻。

用典之妙，在含蓄委婉，意在言外。此在西周之初，當時人都能心領神會，然千年而後的後代人則因時移勢遷，無法理解，是以郢書燕說以訛傳訛，勢所難免。以「帝乙歸妹」為例，泰六五說「以祉元吉」、歸妹六五說「其君之袂，不如其娣之袂良」；泰六五說：「雖六禮俱備，仍然始吉終不吉。」歸妹六五說：「元配衣著反而不如小妾華麗。」《易經》中兩度提起告誡必有深意。但今日的我們僅能從《詩・大雅・大明》中得知殷商曾聯姻之史實，周文王及武王的母親都是殷商人，武王卻反過頭來殺紂滅殷。「篤生武王，保右命爾，燮伐大商。」本為姻盟乃成讎敵，爻辭又兩言之，其中必有緣故。屈萬里先生《讀易劄記》在既濟九五條下引古本《竹書紀年》說：「武乙殺季歷，此為殷周有隙之證。」但何以生隙？以現有文獻，仍然無法知曉。因此，「帝乙歸妹」之典故依然無法正確詮釋。

卦爻辭之用典如無足夠資料佐證，就只有存疑了。

㈤字義難明

卦爻辭用詞的第五個特色是字字可識，意義難明。字義難明的原因有三：

1. 文字意義變遷

後世詮釋《周易》都依據十翼，但十翼寫作時代距西周少則五百，多則八百年，文字意義已有變遷。例如否六三「包羞」的「羞」字，在西周是「進獻」之義，春秋以後方有「羞辱」的意思，十翼的《象辭》解釋說：「位不當也。」位不當的意思是「不正」，顯然是以「羞辱」為義了。

2. 假借字

如需六四「需于血」，「血」是「洫」的假借字，小畜六四「有孚，血去惕出，无咎」，「血」又是「恤」的假借字，同一個字可假借給許多意義完全不相干的字，所以意義難明。

3.《周易》作者自己另造新義字

例如「乾」字，於噬嗑九四爻、六五爻的「噬乾胏」、「噬乾肉」，「乾」皆作「乾燥」解，可是在乾卦九三爻的「乾」，卻又變成「剛健」之意。「乾乾」成了自強不息，是另造新義，同一個「乾」字在卦爻辭的不同地方出現，意義完全不同，字義自然難明。

由於上述用詞的五大特色，使得《周易》一書內容變得深奧難懂，神祕無比，歷代易學者為了確切掌握卦爻辭的真確涵義，就依據各時代的學說予以詮釋，於是就產生義理、象數等各種派別。

二、卦爻辭常用字詞意義

《周易》的卦爻辭常用字詞，其意義始終一貫，歸納起來可分為兩類：㈠吉凶判斷字詞、㈡趨避字詞，分述如後。

㈠吉凶判斷字詞

吉凶判斷字詞，有「亨」、「吉」、「凶」、「悔」、「吝」、「咎」六者。《周易》本經中，「亨」字共出現五十處，「吉」字出現一百四十四處，「凶」字出現五十五處，「悔」字共出現三十三處，「吝」字出現二十處，「咎」字出現一百零一處。每一個字詞的出現次數都非常頻繁，字義也都非常明確。

1.亨

使用「亨」字的字詞有「亨」、「元亨」、「小亨」、「亨小」四者。

甲骨文未見「亨」字，西周文獻則有「烹煮」及「享獻」二義，《周易》中也二義俱備，如隨上六「王用亨于西山」的「亨」字，其義為「亯」；大有九三爻「公用亨于天子」的「亨」字則有「享獻」之義。

但是在「卦辭」及「部分爻辭」的「亨」字，則無「亯、獻」之義。例如節卦六四爻「安節，亨」及同人卦辭「同人于野，亨」二者，用「亯」「獻」二義解之，皆不洽。如果以「亨通」解之，則意義通順。《文言》釋乾卦卦辭的「亨」字說：「雲行雨施，品物流形，大明終始，六位時成，時乘六龍以御天。」言「亨」的時機猶如烏雲滿天，甘霖普降，萬物生長欣欣向榮，於人世則一片清明，六階層領導人各居其位，各司其職，君王能充分運用他們才華，來一統天下，此種景象正是生機蓬勃、人事通泰、政治通明的狀況，以「亨通」二字解之，正合其意。用於卦爻辭，就如前面所說的節卦六四爻辭是「安守節制，則萬事亨通」，同人卦辭是「心胸寬廣與人交往，如行走郊野不自拘限，則諸事亨通」，都十分恰當。

至於「元亨」的「元」字，甲骨文作[illegible]或[illegible]，本義是「首」，殷商甲骨卜辭已引申為「始」「大」二義。周初典籍也如此，如《尚書・康誥》裡的「元惡大憝」，元、大對稱，「元」就是「大」。而〈召誥〉「其唯王位在德元，小民乃惟刑」（只有王立於道德之首，人民才能效法）的「元」，就是「首始」之義了。但在《周易》中，「元」全用為「始」義。如睽九四爻辭「睽孤遇元夫，交孚，厲无咎」，睽孤為離婚之婦，元夫為始夫，指原先的丈夫，此句謂：離婚之婦不期而遇原來之丈夫，只要彼此尚有情分在，雖遇危厲之事，仍將彼此協助，不會出錯。

「元亨」二字，《彖辭》多作「大亨」解，如隨卦辭「元亨，利貞，无咎」，《彖辭》說：「大亨貞无咎。」但《文言》釋乾卦「元亨」則說：「乾元者，始而亨者也。」以「始」釋「元」。

吉之大者，卦爻辭多直言「大吉」，如萃九四「大吉，无咎」、升卦初六「允升大吉」、鼎上九「大吉，无不利」及小過卦辭都是，根本不必用「元吉」表「大吉」。

「元亨」就是開始時亨通，其後則不可知矣。故「元亨」後多加「利貞」二字，誡以開始雖順暢，而終則未必，故應堅守素常本分，以求得永遠的順遂。

此外，還有「小亨」及「亨小」。「小亨」是「小事亨」，遇小事可亨，而「亨小」則為亨的機會小，比「小亨」的情形更不樂觀。

2.吉

《易》中之「吉」，有單言「吉」者；有直言「大吉」、「元吉」、「初吉」、「終吉」；「有它吉」者，也有附帶條件言「貞吉」、「征吉」、「往吉」者。

「吉」字甲骨文作[illegible]（藏一五九・一）、[illegible]（戩十三・九），金文作[illegible]（旅鼎）、[illegible]（黃韋俞父盤），本義是置兵於[illegible]，以示措而弗用，夫兵器既措而弗用，自有吉善之義。

西周典籍全用為「善」義，如《詩‧大雅‧卷阿》：「藹藹王多吉士。」《易》中之「吉」，多與「无不利」、「无咎」、「亨」並用，如屯六四「求婚媾，往，吉无不利」；同時又與「凶」、「小有言」、「否亨」對稱，如屯九五「屯其膏，小貞吉，大貞凶」，這些句型，不必看句中涵義，也知「吉」與無不利、無過錯、事事通泰意義相近，而與「凶」、小有怨言、諸事不順意義相反，「吉」之義也應釋「善」為宜。

「善」是結果圓滿良好，故「大吉」，表示獲得的結果始終都非常圓滿，例如家人卦六四「富家大吉」，卿大夫之家財富充盈。升初六「允升，大吉」基層之「士」，祿仕獲賞識升遷，凡此皆是結果圓滿良好。

「元吉」表示獲得的結果在開始時圓滿，但其後就未必了。所以訟卦九五「訟元吉」，訟掌最高決策之「王」勿與人爭執，以其地位最高，故始雖必勝，終必為人所怨憎，始吉終不吉。

「終吉」就是最後必有圓滿的結果。

「有它吉」，就是有「意外之吉」。「它」字甲骨文作[illegible]，象足為蛇所咬之形。也就是發生了意外，《周易》比卦初爻說：「有孚盈缶，終來有它吉。」意思是：以超乎尋常之誠敬態度來親近，就像甕的盈滿，則終究會有意外之吉。但這個意外已不是卜辭的意外了。

至於有條件的吉，自本質上言，仍是單稱「吉」字之引申，如「貞吉」為守常不變則吉，「征吉」「往吉」主動前進或進取則吉，當隨文解之。

3. 凶

西周典籍中的「凶」字多與「吉」字對稱，有「不良」之意。《易經》「凶」字也與「吉」字對稱，如訟卦卦辭「中吉，終凶」。凡用「凶」字之卦爻辭，結果也都不良，如師六三「師，或輿尸，凶」，說：作戰失敗，載屍而返。再如大過上六「過涉，滅頂，凶」，言渡河沒頂，凶；等等，可謂不勝枚舉。

在卦爻辭中，如提到「凶」字，除了提醒當事人現在情況非常不好，像坎卦初六「習坎，入于坎窞，凶」，說：「坑洞連連，你已跌入最深的坎穴中，爬不起來了，情況已非常惡劣。」之外，最大的目的是「預告」求占人，如果怎樣做就大禍臨頭了，例如頤初九「舍爾靈龜，觀我朵頤，凶」，說：「捨棄你自己靈敏如靈龜般的判斷力，光看著我發口令，一個口令，一個動作，一定凶。」當然，「凶」與「吉」意義相反，自然也有「沒有圓滿的結果」之意，任務無法達成，必然是凶多吉少。

4. 悔

「悔」字甲骨文作「每」，其形作，本義象頭髮多，用髮笄加以括住之形，引申為「盛」，多假借為「晦」及「悔」字。

西周已有「悔」字，均作「悔恨」解，如《詩・大雅・抑》「庶無大悔」，就是或許不致有大悔恨的意思。

《易》中的「悔」字，以「悔恨」解之，意義都允當。

5. 吝

甲骨文作[illegible]，其義不詳。西周文獻未見，但易爻辭中之吝，則率指惋惜任務之未能圓滿完成，有阻礙、挫折或困擾之意。而《繫辭傳上》第二章說：「悔吝者，憂慮之象也。」第三章說：「悔吝者言乎其小疵也。」憂慮、小疵都明顯表示內心的不如意與憂慮，應該就是這個意思，至於「吝」與「悔」的不同，一表事情之困擾，一表內心之悔恨，二者還是有所區別。

6. 咎

咎字甲骨文作[illegible]，其義不詳。西周典籍中，《尚書》是「疾苦」的意思。《詩經》都作「過錯」或「罪過」解。如〈小雅・伐木〉：「既有肥牡，以速諸舅，寧適不來，微我有咎。」說：「既然有了肥美的牛肉，我就恭請諸位長輩共食，卻恰好都不能來，這不是我的過錯啊！」「咎」字全作「過錯」解。

《周易》中出現的「咎」字，其形式不是「无咎」就是「何咎」，不論是「无咎」或「何咎」，都有無差錯、無罪過、無疾苦的意思。

「咎」，就是「過錯」、「罪過」或「疾苦」。

《周易》卦爻辭是運用吉凶判斷，來指導身為統治階級的各級領導人言行規範的，吉凶判斷的用語有了正確的詮釋，就不致曲解卦爻辭的真正涵義了。

(二)趨避字詞

《周易》趨吉避凶的用詞，意義也十分明確。其中，使用最頻繁之字詞，計有下述六者：利、貞、用、孚、往、厲，分述如下：

1. 利

「利」字，甲骨文作，本義是「犁」字；是禾，是刀，點象犁出的小土塊。在卜辭裡的「利」字，已經不用「犁」字的本義，而用為「吉利」的意思。如：「其伐漸，利不利；其伐，利不利？」在西周時代，「利」字多用為「利益」的意思。

《周易》中，「利」字若為詞結，後面接有受詞，如「利貞」、「利涉大川」、「利有攸往」，則有「宜」的意思。如係單獨存在，則作「利益」解釋，如「无不利」、「无攸利」等皆是。

2. 貞

「貞」字，甲骨文作（藏三・三），卜辭多用為「卜問」之義，西周時，從金文作（散盤）；可知是「鼎」的象形，但依然是「卜問」的意思。

《周易》中的「貞」字出現頻繁，次數就高達一百一十二次，但用「卜問」釋之，文義多不能通暢，例如隨卦六三爻「隨，有求，得，利居貞」，說：能夠全心全意追隨，若有所請求，必有所得。可是「利居貞」三字，若解作「宜安心卜問」，就顯得非常牽強，可見《易經》中的「貞」字必另有他義。

　卦爻辭中的「貞」字，或作詞結的受詞，或作動詞。作受詞者，如利貞、利女貞等，《彖辭》多解為「正」，如解釋家人卦的卦辭「利女貞」說：「女正位於內，男正位乎外。」至於用為動詞則義為「守正」，朱熹釋屯卦六二爻辭「女子貞不字，十年乃字」說：「己守正不之許，至於十年……。」用「正」及「守正」來詮釋所有的「貞」字，都十分貼切。

　但怎麼做才合乎「正」？屈萬里先生據《國語・晉語三》的話：「不更厥貞，大命其傾。」說：不改變其經常之作法，則國運危殆。用「常」來解釋「貞」，「守正」就是「堅守素常本分」。

3. 用

　「用」字，甲骨文作[illegible]（前一、九、六），金文作[illegible]（戊寅鼎），并象鐘形，本義是「鐘」。但在卜辭則多引申為「施用」，如慣用語「其牢茲用」，就是「施用大牢」來祭祀的意思。

　西周典籍中，「用」字也常見，其義有二：一為「施用」；二為「以」。《詩・大雅・抑》：「誨爾諄諄，聽我藐藐，匪用為教，覆用為虐……於乎小子……聽用我謀，庶無大悔……。」說：「懇切地告誡你，卻隨隨便便敷衍我，不以為我是在教導你，反而認為我是在開你玩笑……哎！年輕小伙子啊！……我的謀劃，你要聽信，你要施用，這樣也許還不至於大後悔。」其中，「匪用、覆用」的「用」字是「以」，而「聽用」的「用」是「施用」的意思。

《周易》中的「用」字，共出現五十五次，其意義都不超過這兩個意思。如乾初九「潛龍勿用」之「勿用」是「不要展現才華」，「用」是「施為」的意思。至於觀卦六四爻之「利用賓于王」是「宜來使萬民敬服於王」，「用」則是採取「以」的意思。

4. 孚

「孚」字，甲骨文作[illegible]（菁六・一），金文作[illegible]（師寰簋），象以手逮人之形。甲骨文多了[illegible]形，象逮人於道中，《說文解字》說：「俘，軍所獲也。」應是原始本義。西周時《尚書》有「符」及「信服」二義。《詩經》則只有〈大雅〉的〈文王〉及〈下武〉兩篇有「萬邦作孚」及「成王之孚」兩句，一說各國信服文王，一說信服成王而已，「孚」字都作「信服」解釋。

《周易》中，「孚」字出現了四十一次。除有部分疑似保有「俘虜」的原始本義外，絕大多數是「信服」的意思。以「俘虜」為義者，如夬卦卦辭「揚于王庭，孚號，有厲……」，屈萬里先生以為「孚同俘」，意謂：不宜如俘虜之呼號怒罵於朝廷之上，徒然自召危厲。至於其他以「信服」為義者，也與《尚書》、《詩經》中的涵義稍有不同，在《周易》中，多用為「自己內心充滿誠信來待人」，而不是別人信服自己，例如講「追隨要領」的隨卦九四爻說「有孚，在道以明，何咎？」意思是：「心懷誠信，路人皆知，又會有什麼過錯？」就是。

5.往

「往」字甲骨文作□、□，義不明。西周時，有二義：一為往昔；二是前往。

《周易》中的「往」字出現了四十九處，全部都作「主動前往」解釋。它有時和「來」並用，如「小往大來」（泰卦辭）、「往蹇來譽」（蹇初六），有時和「復」並用，如「无平不陂，无往不復」，「往」指「前往」，「復」指「返來」。大部分時候，它是單獨使用的，如：「勿用有攸往」（屯卦辭）、「往見吝」（蠱六四）都是，這時的「往」是「主動前往」的意思。

6.厲

「厲」，甲骨文未見。

西周時，有二義：一為「礪」，指粗的石頭；二為兇惡或災厄。《周易》裡，「厲」字共出現二十七次，《文言》用「危」字來解釋，為後代學者所沿用，比對文義，也十分貼切。除單獨使用外，也經常以「貞厲」及「厲吉」、「厲无咎」的句式出現，如履卦九五「夬履，貞厲」，意思是：不顧一切，執意進行，是危害本職的行為。「貞厲」是「對本分有危害」。再如晉卦上九「晉，其角，維，用伐邑，厲，吉无咎，貞吝。」意思是：身為軍師，求被賞識，稍露跡象就被束縛，利用征伐為手段，雖危險，結果卻是良好，沒有過錯，但堅持這是本職而不斷出師，必有挫折。「厲吉无咎」是雖危而吉無咎。

動動腦

一、易經之定義、成書時代為何？

二、易經之符號結構為何？

三、易經之文字結構為何？

四、易經用詞有何特色？

五、易經常用字中「元」「往」「吝」涵義為何？

第二章　歷代釋法

主　旨

——研讀本章之後，學習者應能達成下列目標：

一、辨明義理派易學者解易方法及其缺點。

二、了解象數派易經者解易方法及其缺失。

三、探索《周易》原始本義的正確釋法。

摘要

本章共分三節。

第一節論歷代義理派學者釋易，承襲十翼，一脈相承，以八法釋易：㈠字義，㈡卦時，㈢卦體義，㈣爻德，㈤爻位義，㈥當位，㈦正應，㈧比附。後六者皆為符號的應用。

第二節述象數派易學者之釋易，除引用十翼外，又援引陰陽五行及占筮方法，詮釋卦爻辭及十翼中象象辭之「每一個字詞」來歷。

第三節介紹利用「考據學」中內證及外證法，參酌西周時代典籍，並就本文以求本義，探查《周易》之原始本義方法。

歷代對於《周易》的詮釋，皆祖「十翼」，所謂十翼，就是戰國至西漢初年學者解釋《周易》的十部著作，它們是：《繫辭上》、《繫辭下》、《彖辭上》、《彖辭下》、《象辭上》、《象辭下》、《文言》、《說卦》、《雜卦》、《序卦》。但因受時代潮流的影響，各有所增益變改，一般言之，有義理、象數、圖書三派。

「義理派」以「文字字義」及「符號」詮釋卦名卦爻辭，恪遵「十翼」之釋法原則，歷漢田何、費直，晉王弼，唐孔穎達，宋胡瑗、程頤、朱熹以迄元明清代之官學，流傳最久，影響最大。其間雖雜有陰陽、老莊、理學思想，但釋法平實易曉，則為共同特色。

「象數派」也以「文字字義」及「符號」詮釋卦名及卦爻辭，也採用「部分」十翼之釋法，但又雜以漢代流行的「陰陽災異占筮」之法，企圖利用「符號的變化」，來詮釋卦名及卦爻辭中「每一字詞」的「來歷」或「象徵意義」。始倡於孟喜、京房，繼踵於荀爽、鄭玄、虞翻，盛行於西漢中葉以後、東漢及南北朝，現存唐李鼎祚的《周易集解》最為完備。此派釋法穿鑿附會，失真最甚。

「圖書派」始創於北宋華山道士陳摶，取十翼中《繫辭》、《說卦》部分話語，結合道家煉丹書籍《周易參同契》及《易緯．乾鑿度》太乙行九宮等圖，闡釋《周易》之基本原理。在北宋歷經種放、穆修、李之才的傳授與發揚，而有周敦頤《通書》、邵雍《皇極經世》及劉牧《易數鉤隱圖》等的著作，而各人說法不一，南宋朱熹與其友人兼弟子蔡元定合著《易學啟蒙》，取圖書派九圖置朱著《周易本義》篇首，這九圖是河圖、洛書、伏義八卦次序、伏義八卦方位，伏義六十四卦次序、伏羲六十四卦方位、文王八卦次序、文王八卦方位、卦變圖。這些圖由於朱學在宋理宗之後成為舉子必考的書籍，而影響元明清三代。

但由於這九圖只有圖案而沒有文字，各人對其名稱及內容解說也不一致，又皆認為它們是《周易》之前的宇宙生成原理，所以事實上並未用以詮釋卦名及卦爻辭，故僅介紹其關係八卦及六十四卦形成之圖形於首章第二節符號結構中，而分別說明義理派及象數派釋易方法如後。

此外，後代又應用《說卦》、《雜卦》及《繫辭》以作占筮之用，由於並非用於詮釋《周易》卦爻辭，不予論述，僅於附錄中略述運用本書占筮之法。

第一節　義理派釋法

義理派自十翼以迄清代，一脈相承皆以下述八法釋易：一、字義；二、卦時；三、卦體義；四、爻德；五、爻位義；六、當位；七、正應；八、比附。除「字義」外，皆是符號的應用。

一、字義

利用字的意義來解釋卦名及卦爻辭。如《彖辭》說：「需，須也。」「師，眾也。」就是利用「須」字來解釋「需卦」的「需」，用「眾」字來解釋「師卦」的「師」。

此外，十翼也多用字義來解釋卦爻辭裡字詞的「原因」，例如解卦上六的爻辭是：「公用射隼于高墉之上。」《彖辭》就用字義來說明原因：「公用射隼，以解悖也。」意思說：周公會出手射下飛鷹，為的是要消除災患。

這種解釋方式影響歷代義理派學者，成為定式。

二、卦時

「卦時」表示此卦的時機或狀況，是此卦的總綱領，十翼以「卦名」來確定「卦時」。例如「泰」卦，《彖辭》包含兩則狀況：第一是「天地交而萬物通也，上下交而其志同也。」表示上下之間能夠完全溝通，所以心志完全一致之時。第二是「內陽外陰，內健而外順，內君子而外小人，君子道長小人道消也。」表示是善人出頭，惡人匿跡的時候。

在上章第二節已提到「卦名」是卦辭和爻辭的關鍵詞，所以卦時也為義理派釋卦爻辭所必備。

三、卦體義

六十四卦都由上下兩卦卦體組合而成，所以十翼的《彖辭》及《象辭》遂以上下卦體的「卦象」及「卦德」詮釋「卦名」，其中《象辭》必用「卦象」詮釋「卦名」，如泰（䷊）是天地交，小畜（䷈）是「風行天上」之類；《彖辭》則不但用「卦象」，也用「卦德」。例如前述泰卦的「天地交」及「內健而外順」就是，但十翼都僅用卦體義來解釋「卦名」及「卦辭」而已。

以卦體義的卦象或卦德來詮釋「爻辭」，則是後代易理派學者的擴大發揮。

四、爻德

「爻德」是爻的象徵意義，以「⚊」表陽剛，以「⚋」表陰柔，十翼就用陰柔、陽剛在爻位上的往來變化詮釋卦名及卦爻辭，例如「臨」卦（䷒），上四爻都是陰爻，下兩爻是陽爻，《彖辭》說：「臨，剛浸而長……。」朱熹注說：「二陽浸長以逼於陰，故為臨。」浸長是逐漸滋長的意思。

五、爻位義

每卦中的六爻爻位，在卦爻辭中就已隱然透露出各有其代表的意義，但這全由歸納而得，卦爻辭並未明言。歷代義理派學者詮釋時，全本十翼的解釋方式。但十翼本身也不甚明確，屈萬里先生歸納十翼裡的六爻爻位義是：

初爻：在下之物、事、位。遠。窮、極。始。

二爻：中。

三爻：不中、遲疑、憂懼。

四爻：不中、遲疑、憂懼。

五爻：中、尊位。

上爻：在上之物、事。高而無位。終、窮。極。

初上二者俱有窮、極之義，三四爻俱同，無法分辨。於是宋儒加以補充，初爻加「卑微無位」，二爻加「臣位」，三爻加「下位之上」，四爻加「近君之位」，定義較為明確。

六、當位

當位是「爻德」與「爻位」的「陰陽相配」。以初、三、五爻為陽位，二、四、上爻為陰位，「陽爻在陽位」或「陰爻在陰位」則為「當位」，如初九、六二、九三、六四、九五、上六是。「陽爻在陰位」或「陰爻在陽位」則是「不當位」，如初六、九二、六三、九四、六五、上九是。「當位」為「正」，「正」則安居其位，「不當位」為「不正」，「不正」則不安於位。

「當位」在十翼中或稱得位、正位、位正當。「不當位」或稱失位、非其位、未得位。唯以「當位」、「不當位」稱之為多，如否卦九五，《象辭》云：「位正當也。」於六三云：「位不當也。」

七、正應

在上下卦體中，「同一爻位」的「陰陽相配」就是「正應」。即初與四爻、二與五爻、三與上爻如一為陽一為陰，則是「正應」，如同為陰爻或陽爻則「非正應」。凡正應之爻關係密切，非正應之爻關係疏遠。

正應的名稱也有各種不同，有的稱「應」，也有稱「與」的，如困（䷮）九四，《象辭》說：「雖不當位，有與也。」謂四有初六相應。如果不相應就稱「敵」或「无與」、「未有與」、「不相與」各種稱呼，如艮（䷳）卦，《象辭》：「上下敵應，不相與也。」指六爻皆不應。

八、比附

相鄰兩爻的陰陽相配。凡上下兩爻俱陽或俱陰則相排斥，一陰一陽則相比附。比附的二爻，上陰下陽，是上爻乘剛，乘剛則易被僭越或有困難，如屯（䷂）六二，《象辭》云：「六二之難，乘剛也。」剛指初九。如果是上陽下陰則稱履柔、柔遇剛、剛柔接、剛柔際或剛柔節，履柔多吉，如姤（䷫）卦，《象辭》：「姤，遇也，柔遇剛也。」指初六在九二之下。

歷代易學者也應用此法以釋卦爻辭，如程頤《易傳》註鼎上九即云：「以剛柔節，故大吉也。」

以上八種釋法，在十翼時代多是個別單獨使用，但到後來則泰半是多種方法夾雜併用，以訟（䷅）九四：「不克訟」為例，程頤的解釋就是如此：

四以陽剛（爻德）而居健體（卦體義），不得中（爻位義）正（不當位），本為訟者（卦時）也，承五履三（比附）而應初（正應）。五，君也，義不克訟，三，居下而來不與之訟，初，正應而順從，非與訟者也，四雖剛健，欲訟而無與對敵，其訟無由而興，故不克訟也（字義）。

為了詮釋一個爻辭，八種方法全部都使用上了。至於是否正確，就值得商榷了，因為：

字義方面，十翼是戰國到西漢之間產品，距離《周易》成書的西周初年，至少五百年以上，字義已有變遷。

卦體義方面：上下卦體的結合，純屬「化學變化」，就如氫和氧化合成水一樣，一旦化合成「水」，就完全失去原有性質，另成新物，只有八卦自我重疊才能保持原來卦德不變，否則就成新義了。如「山下出泉」為「蒙」，實在看不出上下卦體與卦名間，意義有何關聯。

爻德方面：十翼用爻的陰陽剛柔及其往來變化來詮釋卦名及卦爻辭，對六爻都是陰爻或陽爻自我重疊的乾坤兩卦來說是正確的，但對其他卦則不妥。如《彖辭》以「剛浸長也」釋「臨」，臨是上級蒞臨下級，用「二剛浸長」的往來變化來詮釋，實在是牽強得難以理解。

爻位義方面：到宋儒，定位已較具體，卻依然十分籠統：一、初爻卑而無位，無位是平民或貴族？二、三四爻俱為臣位，三者職權及身分有何區別？三、上爻高而無位，是否高於尊位的「五」，既高又无位，則此「位」為何位？

至於當位、正應、比附方面這三者，全部是爻德、爻位與陰陽的搭配，應用陰陽學說來詮釋卦名及卦爻辭。如眾所周知，陰陽學說起於春秋晚期的陰陽家，盛行於戰國兩漢，在西周時代的典籍尚未發現有陰陽思想。所以運用當位、正應、比附來解釋卦名及卦爻辭是先秦時代的附會，其非《周易》原始本義是必然的。

第二節　象數派釋法

顧名思義，象數派釋法就是以象數詮釋卦爻辭的。象數一辭，《左傳・僖公十五年》曾有「龜，象也，筮，數也」的記載，杜預注解說：「龜以象示，筮以數告。」意思是說：占卜是利用龜殼顯現的兆紋形象顯示吉凶，筮卜則是利用計算筮草數字來顯示，漢象數派學者就是運用「占筮」方法，來詮釋「卦爻辭及十翼的每一個字詞的來龍去脈」，至於字句所蘊含的象徵意義則不予重視，例如未濟卦辭有「狐汔濟」三字，孟喜一看未濟卦卦體是上離下坎（䷿），下體是坎，所以就聯想到狐狸都穴居坑穴之中，說：「坎，穴也，狐穴居。」其實穴居的動物何止「狐」而已，野生動物莫不穴居野處。

在孟喜之前，絕無據「象」以求卦爻辭及十翼的表面字詞來源者，自孟喜以後始取陰陽五行比附之。京房、荀爽、虞翻更變本加厲以占筮之法附會。

象數派學者發現，光憑該卦「上下卦體」的卦德及卦象，實在不足以詮釋卦爻辭及十翼中每一字詞的來歷，所以就另創許多方法。依屈萬里先生的統計，就有互體、爻變、十二消息、卦變、爻位貴賤、納甲、世卦起月等十七項之多，其中有源於十翼者，有援用占筮之法者，有獨創者，當然也有些是比較平實的，現在就舉其中最常用及比較實際的幾個方法介紹於後。

一、互體

京房所創，他把一卦中的二三四爻取出，變成一個新的卦體，就稱它為「互體」，另外，又把三四五爻取出，也變成一個卦體，另稱它為「約象」，其實「約象」也是互體。於是一個卦就有四個卦體，再運用這四個卦體的「卦德」及「卦象」來解說該卦所有的字詞來歷了。例如中孚卦（䷼）九二爻「鳴鶴在陰，其子和之」，意思是：母鶴在樹蔭深處呼喚，小鶴隨聲應和。既有應和，必有動作，京房為了說明「動而和之」，卻發現中孚卦卦體（䷼）是上巽下兌，他們的卦德：巽是「順」，兌是「悅」，都沒有「動」的意思，所以就取䷼的二三四爻（☳）為互體，得到卦德是「動」的震卦，說「九二處和體震」（漢上易傳引），意思是：九二爻會處在應和的情況，是因卦體有「震」的緣故。

二、爻變

京房發現運用互體所產生的四個卦體還是有技窮的時候，遂又創了「爻變」的釋法。所謂「爻變」就是陰爻變陽爻，陽爻變陰爻。例如大畜（䷙）卦辭有「利涉大川」句，大川是大河，代表險難，可是大畜卦的卦體是上艮下乾，沒有象徵大川的「坎」卦卦體，京房就利用「爻變」，把第二爻的陽爻變成陰爻，形成䷕，然後取二三四爻的互體，就變成「坎」體，坎是水，於是「利涉大川」就得到解釋了。

三、十二消息

以乾坤兩卦為基準，自下而上，在坤卦中陽爻逐漸增多為「息」（又稱陽息坤）；在乾卦中，陰爻逐漸增多，陽爻逐漸減少為「消」（又稱陰消乾）。即成十二消息卦：

（陽息坤）䷁坤→䷗復→䷒臨→䷊泰→䷡大壯→䷪夬→䷀乾

（陰消乾）䷀乾→䷫姤→䷠遯→䷋否→䷓觀→䷖剝→䷁坤

十二消息卦起源於十翼之《彖辭》。《彖辭》釋剝卦卦辭「不利有攸往」說：「剝，柔變剛也。」柔變剛即「陰消乾」。意思是：處在外力侵蝕的剝卦時，不宜有所前進，因為陰柔的小人，已逐漸居上風，取代陽剛的君子。

《彖辭》釋夬卦卦辭「利有攸往」云：「夬，決也，剛決柔也。」剛決柔即「陽息坤」。意思是：處在陽剛君子勢盛，可排除陰柔小人的夬卦時，宜有所前進。

孟喜又以十二月配之，以復卦為十一月，依序是臨（十二月）→泰（元月）→大壯（二月）→夬（三月）→乾（四月）→姤（五月）→遯（六月）→否（七月）→觀（八月）→剝（九月）→坤（十月）。

虞翻就利用它來解釋大過卦九二爻辭「枯楊生稊」說：「陽在二時，十二月之時，周之二月。兌為雨澤，枯楊得澤，復生稊。」意思是：陽爻到了第二爻，正是臨卦十二月之時，在周曆是二月，大過卦（䷛）之上卦是兌卦，表示有雨水滋潤，枯乾的楊柳樹得到滋潤，就又可發芽了。大過卦的爻辭，卻用臨卦來解釋，可以看出象數派的附會程度。

四、爻位貴賤

以爻位配官爵，始見於京房《易傳》及《易緯・乾鑿度》。

〈乾鑿度〉云：「初為元士、二為大夫、三為三公、四為諸侯、五為天子、上為宗廟……。」本用以占說災異，鄭玄、荀爽、虞翻用以說《易》。鄭玄注困卦九二爻就引用之：「此二為大夫。」荀爽注訟上九「或錫之鞶帶」云：「鞶帶，宗廟之服；上為宗廟，故曰鞶帶也。」（周易集解引）

五、爻體

鄭玄以一爻代一卦，如陽爻在初爻之位則曰「震」（☳），在中爻之位，則曰「坎」（☵），在上爻之位，則曰艮（☶）；陰爻在初爻之位則曰巽（☴），在中爻則曰離（☲），在上爻則曰兌（☱）。鄭玄注損卦（䷨上艮下兌）卦辭「二簋可用享」云：「四，巽爻也，巽為木；五，離爻也，離為日，日體圜，木器而圜，簋象也。」（詩疏卷六之四引）即用此法。

「二簋可用享」謂有兩個竹製圓形飯籃，可用以進獻。鄭玄的解釋是：損卦第四爻是陰爻，爻體是巽，巽的卦象是木；損卦的第五爻是陰爻，爻體是離，離的卦象是日，日的形狀是圓形的，木製而形圓，正是簋的象形。鄭玄以爻體釋簋為木製品，又以爻體釋其為圓形。

六、升降

荀爽所創，謂：「陽在下者，當上升於五，陰在上者，當降居於陽所居之位。」其注明夷（䷣）六四「入于左腹，獲明夷之心，于出門庭」云：「四得位，比三，應於順首，欲上三居五，以陽為腹心也，言三當出門庭，升五君位。」（周易集解引）

「入于左腹，獲明夷之心，于出門庭」之本意是：處在被人中傷的明夷卦，位居第四爻之位，應深入了解中傷者的內心，猶如走出門外庭院去看那樣，清清楚楚。左腹就是「心」，于就是「如」。荀爽則認為一卦的君位是第五爻，君位應該是陽爻，但明夷卦第五爻卻是陰爻，而爻辭說六四爻獲明夷之心，則五爻就應該是陽爻才能被比附。如今六四爻是：陰爻在陰位，當位，比附於九三，又以坤卦的始爻與初九正應，當位、正應俱安居其位之象，只有所比附之九三爻可以變動，所以他認為爻辭「于出門庭」的意思是：要九三爻離開原位，上升到第五爻的君位上，然後以陽爻成為六四爻的腹心。

陽升陰降之說與《彖辭》相牴觸，例如《彖辭》在「泰卦」中說：「天地交，泰。」於「否卦」云：「天地不交，否。」坤上乾下為「交」，乾上坤下則「不交」，交則泰，不交則否，爻位根本不能隨意變動。

七、卦變

京房的爻變及荀爽的陽升陰降都會造成此卦變成他卦，這就是「卦變」。荀爽也喜歡利用「卦變」解釋卦爻辭及十翼，而最喜歡運用卦變的是虞翻。

虞翻的「卦變」，共有四種方式，本質上仍是「爻變」的引申：

1. 乾坤卦變

乾（䷀）的二五兩爻可由坤的二、五來而成離（䷝）；坤的二五兩爻可由乾的二、五來而成坎（䷜）；然後再利用互體，由離（䷝）生出☱（兌）、☴（巽），由坎（䷜）生出☶（艮）、☳（震）。

2. 不當位卦變

凡不當位的爻都宜爻變成當位，最後變成全部當位的最穩定狀態——也就是既濟卦（䷾）的形態，此種卦變又稱「成既濟定」。

3. 十二消息卦變

推衍十二消息卦：復（䷗）、臨（䷒）、泰（䷊）、大壯（䷡）、夬（䷪）、乾（䷀）、姤（䷫）、遯（䷠）、否（䷋）、觀（䷓）、剝（䷖）、坤（䷁），認定凡一陽五陰之卦多自復剝卦變而來；二陽四陰之卦，多自臨觀而來；三陽三陰之卦多自否泰而來；二陰四陽，變自遯大壯；一陰五陽，變自姤夬。

4.震巽卦變

震（☳）三爻俱變成「巽」（☴），巽三爻俱變成「震」。

八、反卦

虞翻又利用顛倒卦中六爻次序，另成新卦的方式，來詮釋卦爻辭及十翼。此法源出十翼之釋卦名「泰反為否」、「否反為泰」，但虞翻則認為反卦義可相通。如注觀（䷓）六二爻辭「窺觀，利女貞」云：「臨兌為女，竊觀稱窺，兌女反成巽，巽四五得正。故利女貞。」觀（䷓）與臨（䷒）符號顛倒，遂以臨之下卦「兌」解觀卦。

原來觀卦六二爻爻辭的意思是：以偷看的方式觀察，看不真切，只宜用於女子的嬌羞。虞翻用臨卦來解釋：臨（䷒）的下卦是兌（☱），兌的人事義是少女，少女嬌羞，用偷看方式觀人，所以用「窺」字，將「兌」（☱）的符號顛倒就成了「巽」（☴），觀卦符號是上巽下坤（䷓），其六四、九五兩爻，皆當位得正，貞就是正，所以說「利女貞」。

比較義理派及象數兩派的釋易方法，我們會發現，他們有兩個共同特色：

一、他們都企圖把《易經》本文字詞的來源找出來。

二、他們都沒有注意到《易經》的成書時代，完全用自己當代的思潮去解釋經文。由於各個時代的思潮各不相同，所以難怪歷代學者對《周易》的解釋也就眾說紛紜了。

對於義理派的釋法，由於是歷代學者所宗，我們一定要完全了解，至於象數派的釋法，因係漢代人援占筮之法入易，穿鑿附會太甚，除非有意研究占卜術數之學，否則只要了解簡單的幾個解法，如互卦、爻變、爻位貴賤之類，知其梗概即可。

第三節　原始本義釋法

歷代學者，義理派及象數派的釋法都不能得《周易》之原始本義。民國以來拜清儒考證學之賜，古籍泰半經過清儒全面校正，考證方法也十分精審，再加上陸續出土的古代文物，對《周易》原始本義的詮釋乃逐漸摸索出一條正確路徑來！

《周易》所以神祕，在文義不明；文義所以不明，是因不知「符號結構」及「卦爻辭原義」。今「符號結構」已介紹於前，所以本節特別探討「卦爻辭原義」的「釋法」。

探討卦爻辭原義必須從下列三事著手：

一、確定「卦名」的真正「原始本義」，以得全卦卦義的總綱領。

二、考證「六爻爻位」所代表的「身分」或「狀況」，使爻辭敘述對象具體明確。

三、運用正確資料及方法，考證卦爻辭「每一個字詞」的「原義」。

其中第三項：卦爻辭每一字詞原始本義的考證，與卦名的考證方法部分相同，不再重複贅述，現在就分別說明確定「卦名」及「爻位」的方法如後。

一、確定卦名原始本義

探查卦名原始本義，須採用「自本文以求本義」的「內證法」以及「參酌比對相關典籍」的「外證法」，兼籌並顧，其法有六：

㈠利用八純卦卦德詮釋卦名

「八純卦」指八十四卦中的乾、坤、坎、離、震、艮、巽、兌八個卦，這八個卦的上下卦體相同，係由八卦自我重疊而成，因此六十四卦的「乾卦」，仍然和八卦中「乾卦」的卦德一樣，具有「剛健」的意義，「坎卦」仍有「險難」之義，坤、震、離、兌、巽、艮諸卦也仍具有其卦德的順、動、明、悅、柔、止等意義。

㈡利用相反或顛倒的符號詮釋卦名

兩卦符號相反，卦名意義亦相反，符號顛倒，卦名意義也相對。

六十四卦的排列，都以兩卦為一組。兩卦的符號不是相反，就是顛倒。相反的有乾

（䷀）坤（䷁）、泰（䷊）否（䷋）、頤（䷚）大過（䷛）、坎（䷜）離（䷝）、漸（䷴）歸妹（䷵）、中孚（䷼）小過（䷽）、既濟（䷾）未濟（䷿）七組十四卦，顛倒的是其餘的二十五組五十卦。

符號相反的兩卦，意義必相反，如乾是剛健，坤是柔順；泰是小往大來，否是大往小來（卦辭語）；既濟與未濟，「既」「未」字義已相反，同理，其他如「頤與大過」、「坎與離」、「漸與歸妹」、「中孚與小過」的卦名意義必然也相反。

符號顛倒，義必相對。所謂相對，即面對一個共同狀況下，分從不同的兩個角度探討。例如需（䷄）與訟（䷅），二者同屬意見沒有交集的狀況，需卦能忍耐、溝通、等待；訟卦不能忍耐、溝通，致生齟齬。其他各組卦名義俱可據此推查。

㈢利用本卦卦爻辭詮釋卦名

卦名是卦爻辭的關鍵詞，卦名統合卦爻辭意義，自卦爻辭可反求卦名意義。

六十四卦卦名有五十八卦直接取自卦辭中；探查卦爻辭中與卦名相同字詞意義，即可獲知卦名義。如屯卦卦名取自屯六二與九五，其義則泛存於初九「磐桓」、六二「屯如邅如」、六三「幾不如舍」、六四上六「乘馬班如」、九五「屯其膏」中而有迍邅、欲進不能之意。

此外尚有坤、小畜、大畜、泰、大有、既濟六卦之卦名，不出現於其卦爻辭中，則須先以前述二法規範其大概內涵，再據卦爻辭推求其確切意義。

(四)比對他卦相同字詞字義詮釋卦名

部分卦名也出現於他卦，則取以比對其詞性及意義。比對結果，有意義完全一致者，如師卦中之「師」字與泰上六「勿用師」、同人九五「大師克相遇」、謙上六「利用行師」、復上六「行師」等爻辭及豫卦卦辭「行師」之意義全同，皆作「軍隊」解。則可確定卦名「師」之義。

比對結果有意義完全不同者，如噬嗑九四「噬乾胏」、六五「噬乾肉」之「乾」字，義為「乾燥」，比對乾九三「君子終日乾乾，夕惕若，厲无咎。」之「乾」字，意義完全不浹洽，則可斷定乾卦之「乾」或許是《周易》作者另造的新義字，可據以解釋乾卦的「乾」字意義。

(五)歸納西周典籍中與卦名相同字詞之字義，以詮釋卦名

《周易》成書於武王之世，與其相同時代典籍，可作為詮釋卦名原義的重要依據。如比卦的「比」字，《毛詩》皆作「比附」「親比」解，如「克順克比」「比于文王」（大雅・皇矣），取與比卦對照，如發現義洽理達，則可確定「比卦」中「比」字的意義。

所謂西周典籍，概指《尚書》的十二篇：〈大誥〉〈康誥〉〈酒誥〉〈梓材〉〈召

誥〉〈洛誥〉〈多士〉〈毋逸〉〈君奭〉〈多方〉〈立政〉〈顧命〉、《詩經》的〈周頌〉及部分〈大雅〉〈小雅〉以及甲骨、金石文字。這些典籍與《周易》時期接近，語言變遷較小，無論文字結構、文法或詞義都可相互比對。

但是，如卦名僅見於本卦，他卦未見相同字詞，而西周典籍或現存甲骨金石文字亦未見該字詞，如泰、謙、坤……之類，則可能是《易經》作者之「特造字」。此類卦名必須與另造新義字之卦名一樣，改採下述第六種釋法。

㈥參酌東周以後先秦典籍，以詮釋卦名

東周以後先秦典籍為數甚多，上述西周典籍以外之經、史、諸子及十翼等皆是。《周易》卦名之另造新義字及特造字，雖不行於西周，然至春秋戰國時代，當已沿用並逐漸普及，故卦名原義當可尋繹求之。如「謙」卦之謙字，他卦及西周典籍皆無之，在春秋仍多當卦名用「遇明夷之謙」（左傳・召公五年），戰國始隨處可見，且用為「恭敬卑退」之義與《彖辭》《繫辭》《雜卦》同，其卦名之原義當可據以推定。

上述六法，前四者為內證法，後兩者為外證法，內外兼參，卦名的原始本義當可具體呈現。後三者又是探討卦爻辭中，每一個字詞原始本義的主要方法。如果還有解不出意義的字，那可能是假借字或是衍、錯字了。就以坤卦六二爻的「直方大不習，无不利」為例，「大」字就是衍字，因為其他五個爻都是兩個字，而且押的都是古韻第十部的唐陽

韻，如履霜、含章、括囊、黃裳、玄黃，唯獨本爻卻是三個字，去掉「大」字後的「直方」就是與其他五爻完全相同了，此外，《象辭》說：「六二之動，直以方也。」也只說「直方」二字，更可得到證明。

二、確定六爻爻位意義

六爻爻位意義的確定，可使爻辭的敘述對象明確具體，對爻辭內容的正確詮釋關係非常重大。確定的方法大致循下述途徑：

(一)歸納歷代學者對爻位意義的詮釋

十翼及後代義理派學者對爻位意義，大略可區分為：一從身分地位分，初爻是位卑無位、二爻臣位、三爻不中之臣位、四爻近君之位、五爻是至尊的君位、上爻是高而無位。二從事物性質分，初爻是初始、卑微，二爻是中道，三爻是不中、猶豫，四爻也是不中、猶豫，五爻是中道，上爻是窮、極、高、上。

象數派學者多本十翼及占法釋易，重點放在對卦爻辭及十翼每一字詞來源的分析，所以對爻位所代表的意義以十翼為準，其中，《易緯》則明確地以「爻位貴賤」對爻位的意義，按「身分地位」作區分：初爻是元士，二爻是大夫，三爻是三公，四爻是諸侯，五爻是王，六爻是宗廟。十分具體。如果用爻辭的結構來比對，由初爻至上爻，剛好是由卑而尊，由遠而近，由疏而親，十分契合。問題是「三公」乃天子師，如《尚書》裡的太公、召公、周公，地位不應在諸侯之下，而「宗廟」乃是供奉周室先祖之處所，不應與士、大夫、諸侯及王等貴族人物並列。

㈡從爻辭稱謂判定六爻身分地位

1. 初爻

初爻用語全用「卑」「遠」的象徵語，如「潛」龍、「履」霜、賁其「趾」、需于「郊」，但也用「君子」（謙），君子是貴族的通稱，顯然是位卑族遠的貴族，《易緯》以「士」屬之，尚稱允當。

2. 二爻

訟卦九二爻說：「邑人三百戶」，食邑三百戶，鄭玄說：在西周是「下大夫」的采邑，又稱「王臣」（蹇），應屬大夫的身分，《易緯》以「大夫」屬之，應無疑義。

3. 三爻

爻辭對三爻僅有「君子」這個稱呼（如乾、屯、謙），而益卦及大有卦的第三爻都有說「中行告公」（將進行中狀況或已有妥善處理後，再稟告公），「公用亨于天子」（公提拔推薦之于天子），事事稟告於「公」，求「公」薦拔。此「公」字單稱，據《尚書》

西周十二篇五十處單稱「公」字之通例，應指「周公」，位居三爻者既凡事須稟告周公，又有求於周公，則周公職位自在三爻之上，《易緯》以三爻為朝中國師的「三公」，顯然有誤。依六爻由卑而尊的結構，地位應在大夫之上一級。唯若漢以「丞相、太尉、御史大夫」為「三公」，則位或相當。

4. 四爻

爻辭對四爻並無特定之稱呼，象數派學者認為四爻在西周是「諸侯」之位，從觀卦「利用賓于王」、益卦「中行告公」、升卦「王用亨于岐山」等爻辭觀察，可見，此爻應是王的屏藩，而且地位在王及公之下。再從「坎卦」來看，其他爻都凶多吉少，唯獨四爻「樽酒簋貳，用缶，納約自牖，終无咎」，意思是：被關在地牢中，還會有人從牢頂的小窗，偷偷地垂下繩索，繩上繫著大瓦罐，裡面放著一樽酒，兩盒飯菜，終究不會有罪過。這種特殊待遇，錯非王之親信，哪能得到？宋儒認為此爻是「近君之位」，確有至理。

5. 五爻

五爻在西周肯定是「王」者之位，在爻辭中有逕稱王、大君者。如比卦「王用三驅」、家人卦「王假有家」及臨卦「大君之宜」，明顯表示五爻的身分。

6. 上爻

《易緯》以「宗廟」歸之上爻，宗廟為祭祖所在，並非職位，故宜為居宗廟地位之人；十翼於上爻，則以「高而無位」稱它，事實上，上爻不但位高，而且權重。

上爻的用語，多為在上之事物，如耳、頂、角、高墉、天等，提到的稱謂則有「君子」、「王」及「公」三者。「君子」係貴族，與在上事物結合，可見此貴族當係高級貴族。稱「王」者為隨、離卦之上爻，如「維之，王用亨于西山」，言以繩拘繫之，然後由王烹殺獻祭于祖廟。又如「王用出征，有嘉折首」，言王遣其出師征討，戰勝而斬其首惡。兩爻皆稟承王命征誅，應為軍師或掌軍事之高級將領。故師上六於軍事完畢，奉大君之命行封賞之事：功大，封「國」為諸侯，功小，封「家」為卿大夫。非參與軍事之軍師或高級將領何能有此權勢及能力？

其稱「公」者僅解上六一爻：「公用射隼于高墉之上，獲之，无不利。」一切困難之紓解如「周公」於高城之上射鷹鷂，可以輕而易舉地捕獲。以「周公」屬上爻之意十分明顯。

總之，由爻辭的稱謂，可以探出：初爻為位卑族遠的貴族「士」，二爻是「大夫」，三爻位居大夫與諸侯之間，四爻為王的親信「諸侯」，五爻是「王」，上爻是軍師。

㈢從爻辭告誡語判定六爻身分

1. 初爻

爻辭的結構多為指導趨吉避凶的告誡語，雖各卦時機不同，各爻用詞不同，但是加以歸納後，卻發現各爻皆有其共通性，從中可以窺知各爻的身分。

占者對初爻的告誡，都要求：服從而不擅作主張，盡忠職守堅守本分，主動親近上級，不與人爭執。並且斷言：遇到困難，無人相救。例如「潛龍勿用」（乾）言不炫己能、「鳴豫凶」（豫）戒勿自作主張，「素履往无咎」（履）言秉素分行事、「有孚比之无咎」（比）主動誠心親近、「習坎，入于坎窞，凶」（坎）遇險無救……等皆是。

從占者對元士的告誡，可以看出居此爻者，必須以服從、盡職為本分，其職位猶如今日機關行號的「承辦人」。《易緯》認定初爻是「元士」，元士即「始士」，是最基層的領導人。

2. 二爻

占者對二爻的告誡，要他能服從而又有主張（豫），能視任務隨機應變（渙）；還要具備腳踏實地（頤）、默默奉獻（履）的心。做事不僅盡職守分，而且還必須在職權範圍內發揮才華（乾），化不可能為可能，行事以「達成任務」為唯一要求（晉），平時遇有不妥，就必須隨時導正（小畜），有內在掣肘時仍須盡心盡力（噬嗑），有外在剝蝕時，要成為中流砥柱，永不推諉（剝）。

人際方面，除要主動與上級親近（比），不與人爭執（訟），並得各級人員之相助（中孚）外，二爻還必須有寬廣的心（大有），廣交業務上沒有關係的人（同人），隨時隨地都要抱著「求婚」的心理與態度，廣結善緣（屯）。

二爻肩負重任、默默奉獻，既要發揮才華，達成任務，又要心地寬廣、廣結善緣，顯然是典型的執行負責人，漢代《易緯》將它劃歸為「大夫」之位，十分恰當，在今天，這個職位應該是負責實際執行的二級主管，如組長、科長之類。

3. 三爻

占者對三爻的告誡，強調以「戒慎」與「智慧」來堅決達成上級交付的任務（乾）。不盡責，則國家立刻有「輿脫輻」、「夫妻反目」的危險（小畜、否），自己也脫不了干係（需）；盡責，則被提拔的機會較多（大有）。

三爻很容易被中傷、攻擊（无妄），所以消極方面要防止被攻擊（同人），如嚴格規範下屬（家人），守正不阿（臨）、明察秋毫（震）；在積極方面要拉攏彼此感情（否），如心胸廣大（比）、謙和待人（謙）、得人信任（泰）等，發現有人中傷時，就要稍安勿躁，謀定而後動（明夷），因為救援無門（坎）。

從占者對三爻的告誡，時懷憂懼、嚴防中傷以及擔負推動決策重任，稍有失職，國家立刻陷入「輿脫輻」的危險，顯然三爻應該是個職司決策的推動，執行的反映，為承上啟下，宛如車「輻」的關鍵性職位。這個職位在「大夫」之上，「諸侯」之下，則三爻於西周應為「卿」。在今天，則是一級單位主管，如業務經理、行政院之部會首長之類。

4. 四爻

占者對四爻的告誡，要求必須有信心（小畜）、有主張（豫）、有創見（咸）、小心謹慎（蠱）、實地了解（臨）及因事制宜（恆）。除非秉命行事或進行溝通（需），並不主動任事（乾），當然不需負推動或執行業務的責任（師），地位尚稱尊崇。

人際方面，就顯得非常重要，他必須放棄主見（訟），與上級站在同一線上（觀），公開支持上級（比）；更要以寬廣的心（大有），從大局著眼，努力拉攏上下之間的感情（賁），而絕不炫耀自己（泰）或擅作威福（艮），以保護自己（同人），避免上級疑忌（離）、同事攻擊（噬嗑）。

從上述告誡之語可知，應為王之親信耳目，職司獻策備詢，而不干預庶務，所以要有創見，卻不能有主見；努力拉攏上下之間感情，卻必須防範上司疑忌；不必主動任事，卻須實地了解。這個職位在西周時，位在三爻「卿」之上，五爻「王」之下，所以漢儒說，應為「諸侯」之位。在今日，應是機要幕僚，如機要祕書、副首長之類。

5. 五爻

占者對五爻的告誡，是要清楚自己是處在能隨心所欲發揮才華、施展抱負的爻位（乾），必須具備三心：愛心（比）、信心（小畜）、盡心（蠱），來善盡本分（兌）、廣施德澤（姤），同時，也要能擇善而從（隨），不固執己見（觀）。

做事方面，要注意整體的綱紀、倫理（噬嗑），凡事循序漸進（漸），以及分層負責（坤）、充分授權（旅），但仍要隨時了解實際狀況（臨），以提供資訊並協助部屬克服困難（師）。

人際方面，立場絕對要客觀超然（訟），不偏袒（鼎）或批評任何人（豫），以謙敬（謙）及愛心（離）去尊重（中孚）、信任（益）、親近眾人（剝），盡量爭取賢才

（賁），同時也要保持必要的威嚴（大有）。

從上述的告誡語來看，五爻在西周確為位居「尊位」的「王」無疑，在今日，應為機關行號的最高決策負責人，如總統、校長、總經理之類。

6. 上爻

占者告誡上爻，內心方面，必須保守穩重（小畜、益、漸），謀定而後動（睽、歸妹），公正有原則（坤），又須能因事制宜（大畜、恆），不固執己見（豫），處處表現有信心（復）、有威嚴（革），值得信賴（家人）。

上爻平時不預世事（需、蠱、遯），動口不動手（咸、履），只備諮詢（蒙），也不受任何拘限（噬嗑），但一旦國家有事，就必須挺身而出（泰、剝），維護立國原則（坤）。從推動（剝、蹇）、指導（夬、渙），到領兵征伐（解）；從收拾善後（否）、考核賞罰（師），到收攬民心（觀、兌、既濟），都必須一力承擔（鼎）。

上爻必須以開闊心胸（大有）及謙卑態度（乾、謙），廣結善緣（屯、臨）；更要恪守本分（賁、升），絕對效忠天子（比、隨），切忌功高震主（晉），炫耀太露（離），否則一旦受到中傷（明夷）或被懲罰，就十分悲慘，無人可救（坎）。

總上所述，上爻在西周，應是掌軍事征伐及立國原則之「軍師」無疑。在平時，但備諮詢，不預世事，國家有事，則須稟王命征伐，維護立國原則。在今日，應屬顧問、上級督導之職位，如董事會之董事長、公立大學之教育主管之類。

綜合上述分析，可以將六爻的身分及職責表列如下：

初爻：士　承辦人　　四爻：諸侯　機要幕僚
二爻：大夫　執行負責人　　五爻：王　最高決策人
三爻：卿　承上啟下推動人　　上爻：軍師　軍事統帥、顧問、掌立國原則

我們不讀《周易》則已，如果有心研讀，就要知道它的真正原始本義；要了解本義，一定要充分掌握兩點：一是「時機」，二是「身分」。六十四卦的每一卦都包含四個重要部分：卦名、卦辭、爻位、爻辭。在第一章第二節〈周易的結構〉中說過，六十四卦的「卦名」，就是表示六十四個時機，每一卦底下的六個爻，就分別表示了六種領導人的身分，每一種身分的職責各不相同，所以在不同時機裡，就各有不同的行事原則，這就是「爻辭」，而「卦辭」所提示的吉凶及趨吉避凶之要領，就是六種身分的人必須共同遵守的原則了。至於詳細的應用方法，請續參閱本書第三至九章。

動動腦

一、試述歷代義理易學者釋易方法。
二、試述當位、正應、比附為何不適合解釋《周易》本經。
三、試述象數派釋易中「互體」之釋法。
四、試述六爻爻位在西周及現代各代表何種身分？

第三章 做事技巧

主旨

——研讀本章之後，學習者應能達成下列目標：

一、了解認清環境是陽剛或陰柔團體的要領。

二、了解開始進行任務時務要廣結善緣、凝聚共識。

三、知道面對不同歧見之溝通技巧。

四、充分體會促成團隊齊心協力之領導技巧。

五、了解執行前後必須注意之重要原則。

摘要

《周易》前十卦，說明身為領導人要和諧地完成任務，必須依循下述五步驟：一、認清環境，二、好的開始，三、消除歧見，四、齊心協力，五、謹慎執行。

在「乾坤」兩卦中敘述「認清環境」要領是：首要辨別所處環境是陽剛或陰柔的團體，但面對的方法卻只有一個：「堅守本分」。

「好的開始」在「屯蒙」兩卦中敘述：初一開始時要有好的開始，在外在行為上就要稍安勿躁，先廣結善緣；在內心啟迪上，要用啟發教學法讓大家了解任務內容。

「消除歧見」於「需訟」兩卦中要求：對不同意見者進行溝通，並由第四爻主政，其餘諸人協助；溝通不良，發生爭執，則必須立即停止爭執。

「齊心協力」在「師比」兩卦中呈現，師卦說明上級對下級的支持及授權；比卦說明全體相互之間的內聚力，鞏固領導中心。

「謹慎執行」在「小畜」、「履卦」中特別告誡，執行前充分沙盤推演；彼此鼓舞，執行時，採取「多贏」策略，務使全體受益。

有人以為做事還不簡單，領導人以身作則，認真去做，把事情順利完成就是了。《周易》作者不認為如此，不但要把任務順利做好，而且要所有的領導同仁和衷共濟，和諧愉快完成才行。因此，《周易》的前十卦，特別指導「和諧中完成任務」的做事技巧。

歸納《周易》前十卦，做事技巧可分五個步驟：一、認清環境；二、好的開始；三、消除歧見；四、齊心協力；五、謹慎執行。首節談「認清環境」。

第一節 認清環境（乾、坤）

俗話說：「事在人為」，做事必須看所處團體是什麼性質的團體，陽剛或陰柔？如果是陽剛團體，人人個性好強、意志堅定，不肯妥協，才能卓越，做事態度積極主動，展現出生氣蓬勃、競爭激烈的特色；要是陰柔的團體，那就完全另外一種狀態：人人個性溫和，意志薄弱，容易改變原則，才能平庸，做起事來也消極被動，呈現出死氣沉沉，敷衍苟且，得過且過，沒有原則，沒有是非的狀態。

領導人必須先認清所處環境，才能因勢利導，趨吉避凶。先適應環境、進而改善環境。

一、本文

㈠乾（☰）

乾，元。（開始）亨。（順暢）。利。（宜）貞。（堅守本分）。

初九　潛龍。（古代四靈之首，喻才華卓越），勿用。（表現）。

九二　見。（同「現」，展現）龍在田。（有疆界，喻職權範圍內），利見。（重視）大人。（影響重大之人）。

九三　君子。（貴族通稱）終。（整個，全）日。（白天）乾乾。（堅強不已），夕。（晚上）惕。（憂懼）若。（語末助詞），厲。（危險狀況），无。（同「無」）咎。（出錯）。

九四　或。（或許）躍。（龍躍出水面，喻展現才華）、在淵。（或在淵喻不表現），无咎。

九五　飛龍。（龍飛天上，能興雲作雨，喻創意無限，且嘉惠眾人）在天。（天無邊際），利見大人。

上九　亢龍。（亢，姿勢高亢，喻恃才傲物），有悔。（內心遺憾、悔恨）。

用九　見。（重視）群。龍。（各級領導人），无。首。（不強出頭），吉。

(二)坤（䷁）

坤，元亨。利牝馬（母馬，職司生育小馬）之貞。君子有攸（所）往（主動前往），先迷（迷失方向）後得主（客舍主人），利西南（西周「鎬京」所在地），得朋（志同道合之人）；東北（商紂都城「朝歌」所在地），喪（失）朋。安貞，吉。

初六　履（踐踏）霜，堅冰至（喻見微知著，宜未雨綢繆）。

六二　直（正直而行）方（並）大（衍字，宜刪），不習（一再占卜），无不利。

六三　含（擁有）章（文采，喻藝術技巧），可貞（堅守本分），或（否則），從王事（公家之事），无成（無成就）、有終（無有終，沒有圓滿的結果）。

六四　括（封住）囊（袋，括囊喻緘口不言），无咎，无譽（安）。

六五　黃裳（正色布，穿在下身，喻上下失序），元吉。

上六　龍（喻各級領導人）戰（爭戰）于野（喻戰場），其血（流血）玄黃（將黃土染成赤黑色）。

用六　利永（永遠）貞。

二、卦名

乾卦符號（䷀）由六剛爻重疊而成，坤卦符號（䷁）由六柔爻重疊而成，符號相反，意義也必定相反。

歷代學者皆以「卦象」言「乾」為天，「坤」為地；以「卦義」言「乾」為君，「坤」為臣，其實是不恰當的。原因是從「字義」上看，「乾」「坤」只有「剛健」、「柔順」的意思而已。

「乾」這個字，在《周易》本文裡，也出現在「噬嗑」卦中，如「噬乾胏」、「噬乾肉」，「乾」都作「乾燥」解釋，《詩・小雅・伐木》：「乾餱以愆。」言連乾糧都沒得吃，「乾」也作「乾燥」解。唯獨「乾」卦九三爻「君子終日乾乾」裡的「乾」字，卻是「自強不息」的意思，自強不息就是剛健，和乾卦的卦德相同。十翼的《象辭》：「天行健，君子以自強不息。」應該就是這個意思。

「乾」字在甲骨文及西周文獻中只有「乾燥」的意思，到東周才用為卦名，如「雷乘乾曰大壯」（左傳・昭公三十二年），「乾」作「剛健」解釋，應是《周易》作者的另造新義字。至於「坤」，在現有殷商甲骨文及西周鐘鼎文及典籍皆未見，只有在東周的典籍作為卦名，如《左傳・昭公十二年》：「遇坤之比。」〈二十九年〉：「其坤曰……。」《禮記・深衣篇》：「坤六二之動，直以方也。」「坤」字在《周易》成書之西周之前未出現，在《周易》之後仍為卦名，或與卦名有關的意義（如〈左昭二十二年〉：「坤，土也。」），「坤」應為《周易》作者之特造字。

再者，乾與坤二卦符號相反，在意義上應相反，乾為「剛健」，坤則應為「柔順」。

而且從「爻德」來視察，乾卦六爻皆剛健，並未發生化學變化而成另外的意義，所以乾卦有剛健之意義，坤卦有柔順的意義。

乾的剛健與坤之柔順，究竟代表何種意義？觀乾卦六爻，都以「龍」代表其剛健，龍為古代四種最靈異動物之首，其他三者：孔雀能飛，麒麟能走，烏龜能水，唯獨龍能飛天、能行陸、能潛水，三者具備，足見才華橫溢；其次，皆誡其務守本分，不宜僭越，如初爻宜如潛龍勿表現，二爻宜展現才華在本身職權範圍之內，五爻則飛翔天際，不受拘束，足見剛健者個性強，才能佳，主動積極，容易侵犯他人職權。

坤的柔順剛好相反，由於生性柔順，不與人爭，故應堅持原則時，亦不能堅持，容易妥協，故坤之六爻爻辭多誡其務必正直、守原則，如六二爻言其如能「直方大，不習，无不利」，要求其一切秉正直之道而行；誡五爻切莫「黃裳」，正黃色衣服本應穿在上半身，如今卻穿在下身，上下失序，否則，不守原則的結果是：始雖吉終則不吉（元吉）。坤的柔順，導致本身的本分不能堅守。

總之，「乾」不表天、或君，而是指人人才能卓越，容易侵犯他人職權的時機；「坤」不表地、或臣，而是指人人溫柔，容易妥協，不能堅守原則，不能堅守本分的時機。

三、卦辭

乾卦才高，易於僭越、坤卦柔順，不能堅守本分，故其卦辭皆誡其宜「堅守本分」，亦即「利貞」：

乾，元亨。利貞。

坤，元亨。利牝馬之貞。君子有攸往，先迷，後得主，利西南，得朋；東北，喪朋。安貞，吉。

二卦皆「元亨」，一開始皆能諸事順暢，原因或許是乾卦人人個性剛健，剛則好強，健則意志堅定，主動積極，自強不息，再加上人人才華橫溢，故整個團體充滿生氣，始則諸事通暢；然也因個性好強，做事主動積極，才華橫溢，故易有僭越之弊，唯日久病生，則反而相互牽制，力量彼此抵消，反無法順暢進行。故卦辭誡以「利貞」，人人宜堅守本分，如此則不相僭越，而趨吉避凶。

坤卦由於人人個性溫和，不堅持己見，一開始相處，彼此和氣，故諸事亦能順暢，然隨著時日益久，而破例之事漸多；遂使既有規章原則不斷破壞而蕩然無存，制度既壞，行事自無法順暢。故《卦辭》誡以「安守本分」，猶如母馬般不事驅馳，只要安守生育小馬之職責即可。如或不然，欲有所作為，必因無原則可供遵循而迷失方向，經一段時日之摸索，乃能得到歇腳之處，然由於整個團體皆無原則可循，故宜努力把握方向，如政治上必往西南之周，勿往東北之商一樣，方能獲得真正志同道合之人。當然，最好的方式是不要摸索前進，而只要安守本分即可。

四、乾卦爻辭

乾卦特色為人人企圖心旺盛，才能卓越；缺點為競爭激烈，故卦辭誡以「利貞」，堅守本分，各爻辭因職責及身分不同，作法亦異：

初爻職位最低，雖才能卓越，然須聽令行事，故爻辭誡以「**潛龍勿用**」，猶龍之潛藏深淵，不宜展現才華。如店員雖深諳經營貿易之道，然若不經老闆首肯，不應擅專。

二爻負責某部分之業務執行，爻辭則認為應在所職上盡情展現才華，以貫徹上級決策，故爻辭言：「**見龍在田，利見大人**。」田有疆界，喻職責有範圍，不宜踰越，唯下轄初爻，上承三、四、五爻，初爻是否配合，三、四、五爻及上爻是否支持，亦關係成敗，故爻辭此誡，正誡二爻，必須重視關係重大之人。歷來皆以「大人」屬之五爻，其實不然，果如此，豈非變成奉承上司，藐視下級之勢利小人，如此有違《易經》尊人卑己之典則。活動組長只要得上級支持，組員合作，不要管到總務組長的事。

至**五爻**，爻辭言：「**飛龍在天，利見大人。**」與二爻類似，所不同者，五爻為最高決策人，猶龍飛天上，天無邊際，行事無所羈絆，可盡情發揮創意，展現理想，唯，如欲落實，仍須賴所有部屬之相助。故亦須「利見大人」。此「大人」亦為關係重大之人，非但與決策有關之軍師、諸侯，執行階層之人亦關係密切。一校之長空有理想，沒有各級人員配合，仍無法達成。

傳達五爻決策之人為三爻，**三爻**承上啟下推動，本身無決策權，亦無法實際執行，卻又須負執行成敗之重任，故爻辭特加告誡：「**君子終日乾乾，夕惕若，厲，无咎。**」「君子」為西周貴族之通稱，此爻之君子，必須整日操勞，白天面對才華卓越、個性剛烈、充滿企圖心、態度主動積極、競爭激烈之決策人與各執行負責人，故必須時時自我堅強，自強不息；夜晚還須抱著憂懼之心情反省，如此，縱使遇到再危險之狀況，亦能不出差錯。如果掉以輕心，則狀況頻出，處境將十分艱難。所以教務長等一級主管責任重大。

西周政府為二級制，一決策階層，一執行階層，正與一卦之上下兩卦相對應。執行階層中，三爻承接決策，二爻規劃，初爻實地執行；決策階層中，五爻發布決策，然其決策過程則由王室親近之四爻諸侯，就本身封國之需要撰擬決策，再交由周天子決策發布，然發布前，又先諮詢上爻之軍師、三公，故過程亦堪稱十分嚴謹。

四爻諸侯，既為王之親信，又據自己封國之需要撰擬決策，故爻辭言：「**或躍、在**

淵，无咎。」展現才華與否，俱可不出差錯，此佐貳之官，既無裁決之權，自亦不負成敗之責。且人才濟濟，自不需其本人費心。主任祕書如得主管賞識，怎麼做都行。

上爻軍師亦然，唯既身為王師，位高權重，而不親庶務，若恃才而驕，姿態高亢，則人不敢親近，孤獨自處，內心將十分遺憾。故爻辭誡之，言：「**亢龍有悔**。」董事長必須自我節制。

總上所述，皆以「尊人卑己」為誡，故處此乾剛之道，作者特提二原則：「**見群龍，无首，吉**。」前者欲各級領導人，宜尊重所有傑出才華之貴族，不拘其職位高低；後者則欲各級領導人謙卑自己，凡事不要僭越、不要強出頭，如此才能逢凶化吉。《周易》所謂吉，皆表：圓滿達成任務。

五、坤卦爻辭

與乾卦相反，坤卦各級領導人個性溫和，不願得罪人，故整個團體充滿妥協氣息，不守原則，沒有是非、沒有公理。因此《周易》作者大聲疾呼，不論決策階層或執行階層，都要各自「堅守本分」，切勿妥協。

初爻奉令行事，但爻辭要他知道：「**履霜，堅冰至**。」實際執行的人猶如俗話說的：「天寒，鴨先知。」是第一個對不守原則感受到情況不妙的人！所以必須有踐踏到冷霜，就要曉得嚴寒的冬天就要來到，見微知著，先事預防的警覺心，並能未雨綢繆。承辦人意見，上級要留心聽。

二爻負責執行，大家不守原則，他可不行，所以爻辭說：「**直方大，不習，无不利**。」正直又正直，一切直道而行，不必一再占卜，也知道必無不利。爻辭中有「大」字，比對其他五爻、履霜、含章、括囊、黃裳、玄黃，都是兩個字，而且第二字押唐陽韻，古韻第十部，可見「大」字是衍生的贅字。眾人皆醉，我獨醒，執行負責人可不能迷糊。

三爻承上啟下，上級沒原則，決策變來變去，當然無法推動，除非有很好的才華，否則絕對無法推動公事，所以爻辭說：「**含章，可貞，或從王事，无成、有終**。」王事就是公事，「无成、有終」就是「無成，無有終」，上級或自己都不守原則，絕對不能成功，沒有好結果，當然沒有辦法盡到本分。像夾心餅乾，就裡外不是人了。

四爻是親信，對五爻必須善盡輔佐之責，如果發現五爻決策有誤，本應全力輔佐，使決策正確，但如果自己也不守原則，甚至因循苟且，知而不言，以致決策錯誤，雖然自己不必負什麼責任，但吾不殺伯仁，伯仁為我而死，心裡也會十分不安心，所以爻辭說：「**括囊，无咎，無譽**。」老闆有外遇，身為親信的祕書，知道了一定要勸，否則造成家庭悲劇，就於心不安了。

不守原則，在他爻都不致發生太大問題，發生在最高決策人的五爻及軍師的上爻，問題就嚴重了。**五爻**爻辭說：「**黃裳，元吉**。」正黃色的衣服只能穿在上身，如不守上下之序，而改穿在下裳，就會使制度混亂，所以《詩・邶風》有「綠衣」一章就說明「綠衣黃裳」的可悲。周威烈王封了廢晉君，又瓜分晉國國土的韓趙魏三家卿大夫為諸侯，使天下諸侯知道天子不再庇佑他們而人人自危，使天下卿大夫受到鼓勵，知道只要有實力就可以推翻他們的國君成為諸侯，於是各自擴張武力，相互征伐，終於禮制崩潰，開啟了戰國時代。周天子以為封韓趙魏三家為諸侯，可以減輕自己的壓力、威脅，卻造成禮制的大崩潰，從此戰亂頻仍，真是不守原則，上下失序的最佳殷鑑。身為最高首長，一定要堅守原則，言出必行，樹立威信。

至於**上爻**軍師，掌管天下軍事及立國原則，如果不守原則，則天下諸侯將無法可依，無例可循，所以其結果就是相互摩擦、爭執，甚至兵戎相見，所以爻辭說：「**龍戰于野，其血玄黃**。」將偌大的黃淮平原變成血流遍地的沙場。身為上級督導的教育部政策搖擺，各級學校及學生家長一定亂成一團。

基於上述緣故，《周易》作者極力呼籲：處不守原則的坤卦，必須人人安守本分，絕對堅持原則。

第二節　好的開始（屯、蒙）

當我們做事時，首先要認清所處環境是人人競爭，容易侵權的陽剛團體，或是人人消極，沒有是非公理，沒有原則的陰柔團體，這樣，才能知道如何面對。面對的辦法，很簡單，只要讓各級領導人都守住自己本分即可。環境認清以後，接著開始進行「人和」的工作——好的開始。

好的開始，可以從內外兩方面進行，外在方面要廣結善緣，奠定良好的感情基礎；內在方面，要凝聚共識，讓大家取得共同的認知。《周易》屯、蒙兩卦分述內外兩方面的進行要領。

一、本文

(三)屯（䷂）

屯，元亨。利貞，勿用（不須）有攸往（主動有所行動），利建侯（建立屏藩，封建諸侯）。

初九　磐桓（徘徊、盤旋）利居貞，利建侯。

六二　屯如邅如（迍邅，徘徊不進貌），乘馬（登上馬背欲行）班如（「班」通盤，盤旋不進貌），匪寇（非來進襲），婚媾（來締結婚姻關係），女子（少女）貞，不字（愛）十年乃字。

六三　即鹿（追逐麋鹿）无虞（掌山林之官），惟（想）入于林中，君子幾（接近）不如舍（同捨），往，吝（挫折）。

六四　乘馬班如，求婚媾，往吉，无不利。

九五　屯（迍，延宕、阻滯）其膏（恩澤），小（小屯其膏），貞，吉；大（大屯其膏），貞，凶。

上六　乘馬班如，泣血（淚盡，繼之以血）漣如（淚下不止貌）。

㈣蒙（䷃）

蒙，亨。匪（非）我求童蒙（童稚蒙昧之人），童蒙求我（指施教者）；初筮（開始占筮時，喻內心誠敬）告，再三（一而再再而三），瀆（怠慢），瀆則不告；利貞。

初六　發蒙（啟發其蒙昧），利用（利於運用）刑人（典型之人，即模範），用（用以）說（同「脫」）桎梏（枷鎖；在足曰桎，在手曰梏），以往（採取主動往教方式），吝。

九二　包（包容）蒙（蒙昧之人），吉；納婦（接納媳婦），吉；子克家（謂能繼承祖宗基業）。

六三　勿用（勿庸，不須）取（借為「娶」）女，見金夫（尊貴之人）不有躬（本身），无攸利。

六四　困蒙（蒙昧之人學習困難），吝。

六五　童蒙（童其蒙，謂視蒙昧之人如童稚），吉。

上九　擊蒙（打擊蒙昧），不利為寇（主動進擊），利禦寇（被動方式）。

二、卦名

屯卦（䷂）與蒙卦（䷃）符號顛倒，表示在同一前提下，有相對意義。

「屯」字，甲骨文作（鐵雲藏龜四、四），于省吾先生以為即「春」字，卜辭有「今」，即「今春」，春天草木初生，所以《說文》說：「屯，難也，象屮木之初生，屯然而難，从一，一，地也。」與《序卦》釋屯為「物之始生」相同。

《易》中，「屯」字僅見於屯卦，其義皆有「難」義，如「屯如邅如」是徘徊不進，「屯其膏」是「阻滯不通」，此與《彖辭》言：「屯，難也。」意義相同。

「屯」應有「初開始，屯難阻滯，不易進展」之意。

「蒙」字於《易》七見，全在蒙卦，且俱作「童蒙」解，其義為「象幼童之始生蒙昧」。《詩》《書》中西周諸篇未見，僅東周時有「散亂」、「覆蓋」之意。如《詩・鄘風・君子偕老》：「蒙彼縐絺。」言覆蓋薄紗，《詩・唐風・葛生》：「葛生蒙楚。」言葛藤覆蓋荊棘。以散亂、覆蓋釋易蒙卦六爻，意不洽。

戰國時代之十翼，於「蒙」字，則有「始生蒙昧」之義，與《易》中蒙卦之義相同，如《序卦》：「物之穉也。」言物之始生幼稚，《雜卦》：「雜而著。」言明顯雜亂無章。

綜上二卦，「屯」是初開始，屯難阻滯，不易進展，「蒙」是始生蒙昧，不易明瞭，而共同前提則是「初開始」，二卦符號顛倒，顯示意義相對，屯於卦辭主「利建侯」，以破除外在之阻滯，「蒙」於卦辭主「去童蒙」，以消內在之蒙昧，則二卦之時機，顯然是：

「屯」：初開始時，外在屯難阻滯。

「蒙」：初開始時，內心蒙昧不明。

三、卦辭

初開始時，對環境、人物、任務本身是完全陌生的，要排除屯難阻滯，卦辭告誡大家要有好的開始，必須從「外」「內」兩方面下工夫：

屯，元亨。利貞，勿用有攸往，利建侯。

蒙，亨。匪我求童蒙，童蒙求我；初筮，告，再三，瀆，瀆則不告；利貞。

任務甫接，對實際內在情況雖陌生、不理解，但由於沒有任何包袱，未來發展空間甚大，故卦辭稱其「亨」。此時，切不可操之太急，一心想有所作為（勿用有攸往），而應先「利貞」：確實了解本身身分及職責。然後盡全力廣泛結交對遂行業務有幫助的朋友（利建侯），感情融洽，推展業務自能得心應手。俗話說：「新官上任三把火。」大錯特錯。

蒙卦的目的是凝聚共識，讓大家對任務有相同的認知，因此採用啟蒙的方式進行教育宣導，必然可以得到十分順暢的成果，所以卦辭說「亨」。但技巧必須研究，卦辭提供三要點：一、要讓受教者渴望知道任務內容，主動求教；二、要讓受教者態度虔誠恭敬，不敢怠慢，才能虛心受教；三、各級教育宣導人要各盡本分，通力合作，共同宣導。

這三點正是最先進的「啟發教學法」。

四、屯卦爻辭

消除外在的阻礙，最好的方法是：一、充分的掌握本身的身分及職責，二、避免操之過急，急功近利；三、廣結善緣，建立情感，增加助力，這在爻辭中，也在各級領導人的身分及職責中，充分顯現。

初爻承辦人直接遭遇外力阻礙的衝擊，所以上述三者都須具備。爻辭說：「**磐桓，利居貞，利建侯**。」磐又作「盤」，徘徊不進的意思，也就是卦辭的「勿用有攸往」，誡其切勿躁進，先弄清任務、本分，並增進與相關人士的情感以增加助力為要。業務員初接業務，先了解業務內容，並與相關人員做好人際關係。

二爻執行負責人也一樣，爻辭說：「**屯如邅如，乘馬班如，匪寇，婚媾，女子貞，不字，十年乃字。**」用古代搶婚之風俗為例，說明位居負責執行的領導人，不要操之過急，雖然要去搶親，也得停、看、聽，再三來回徘徊、觀察、別驚擾對方，更不可搶錯了人（屯如邅如，乘馬班如）。同時要擺出姿態，告訴女方，不是來侵略的，是來娶親的（匪寇、婚媾），努力拉近彼此的情感。執行負責人既要表達善意，拉攏情感，自不可咄咄逼人，引起對方反感。同時要堅持意志有貫徹任務的決心，就如搶親，儘管女子根本不愛男方，男方也要忍耐、等待，不管經歷再長久的時間，縱使十年之久，也要等到女子回心轉意的一天，達成搶親的目的。科長初上任，要花時間和各位科員建立友誼。

三爻承上啟下，任務是將上級決策傳達並督促二爻規劃執行，職責十分清楚，因此，重點在初開始進行時，特別需要上下級的協助。廣結善緣，拉攏彼此感情，就顯得特別重要了。故爻辭說：「**即鹿，无虞，惟入于林中，君子幾不如舍，往吝。**」就像打獵時追逐麋鹿，眼看就要手到擒來，達到目的了，這隻鹿卻跑入叢林之中，這位貴族縱然很想追入林中，但卻沒有熟諳山林的林官嚮導，儘管很接近麋鹿，還是不如捨棄的好，路徑不熟，無人相助，不可造次，若一意前進，必然會迷路，挫折難免。業務經理要發展業務，要先把人員訓練好。

四爻是親信，在情況不明的初開始階段也一樣，不可造次，而要努力廣結善緣，拉攏上級與大家的感情，故爻辭說：「**乘馬班如，求婚媾，往吉，无不利。**」其他事情都暫時擱下，萬事莫如感情急，要主動去拉攏，如此自然事無不成，大吉大利。被選為副班長，就要下決心拉攏班長和大家的情感，做好公關。

五爻為王，職司發布決策，嘉惠天下。初開始施澤天下，不必操之過急濫施，如能一點一滴慢慢發布，再看施行成果，逐步漸進，則看似阻滯，其實成果較圓滿。當然，如果停頓下來，就不能達成自己的職責，也無法建侯自輔了，故爻辭告誡：「**屯其膏，小，貞吉，大，貞，凶。**」天子仍宜不徐不疾，廣結善緣，遂行本分為宜。公司有賺錢，總經理要發紅利是應該的，但要漸進，想到明年，不宜一次發太多。

上爻軍師，職司征伐及立國原則之確保，理宜一開始就主動迅速確定方針，使眾人有所遵循，以期萬眾一心，這是軍師廣得民心的最佳方式，如今一開始即乘馬欲行，卻又躑躅，使眾人不知所措，以致離心離德，則是於職守有虧，縱欲補救，為時已晚，失去民心，罪莫大焉，這時就只有椎心瀝血，淚流不止，悔恨在心而已。故爻辭言：「**乘馬班如，泣血漣如。**」軍師亦以完成任務（利貞）及得民心（利建侯）為首要考量。董事長不要吝惜施恩給全體員工，該推動就應給予支持。

五、蒙卦爻辭

屯卦著重感情的建立，蒙卦則強調共識的凝聚，凝聚共識的方法，由於各爻身分及所職不同，對卦辭的三法各有所重，分述如次：

初爻承辦人，肩負教導的實際工作，依照卦辭啟蒙的原則，必須設法讓蒙昧的人主動求教，所以爻辭說：「**發蒙，利用刑人，用說桎梏，以往，吝。**」用典型的人做模範，激起受教者見賢思齊的學習動機，主動求學，來擺脫蒙昧的束縛。如果受教育者內心並不想學，就主動去教，則易遭挫折。教人一定要先引起受教者學習動機。

二爻負責教導方法的設計，施教者的心態非常重要，爻辭告誡：「**包蒙，吉；納婦，吉；子克家。**」施教者面對眾人的蒙昧，必須以包容的心胸來寬容，對待受教者的態度，就像接納新進門的媳婦，忍受她的無知，用愛心一點一滴地耐心教導；同時，也要像教導兒子繼承父祖的事業般，一絲不苟，悉心的嚴格地教導。務使大家了解任務的內容，具備承擔的能力。寬嚴並濟最為重要。

三爻承上啟下，推動任務的進行。在啟迪眾人蒙昧這方面，必須意志堅定，負責執行的人才能確實執行，如果見異思遷，不能堅守任務內容、教育宗旨，上級的決策就無法貫徹了，所以爻辭以「擇妻」為誡：「**勿用取女，見金夫不有躬，无攸利。**」女人看見尊貴有錢的男人，就迷失了自己，這樣羨慕虛榮的女人，不要娶她，娶了也沒有好處。堅定執行教導課程是教務主管的責任。

四爻是政策內容或教育宗旨的設計人，也是五爻決策的撰稿人，如果所設計的政策內容或教育宗旨窒礙難行，或令人難以理解，則蒙昧的大眾，在學習上必然十分困難，因此，爻辭說：「**困蒙，吝。**」學習困難，施教工作就會產生挫折。

五爻身為最高決策人，在對教育宣導內容作決策時，應站在受宣導者立場，考慮其接受度及宣導難易度，才能有圓滿的成果，所以爻辭說：「**童蒙，吉。**」最高決策人唯有如此，才能使大家都心領神會，得到全體一致的支持。

上爻軍師，職司征伐及維護立國原則，位高權重，不干預庶務，對於政策內容及教育宗旨不宜主動干預，而應採取被動的方式，如撞鐘，不叩不響；王不來問，則不宜往教，故爻辭說：「**擊蒙，不利為寇，利禦寇。**」以守勢來被動因應，正符卦辭原理。

第三節　消除歧見（需、訟）

認清環境是陽剛或陰柔團體，並在外在情感及內心共識有了良好開始後，不免仍有部分成員還有不同的意見，《周易》作者深盼完成任務之同時，大家都能團結一致，圓滿和諧，所以將消除歧見，列為一個重要的做事步驟。

歧見的消除，必賴溝通，因此，繼「蒙」卦之後，又接著安排「需」卦；如果溝通沒有結果，勢必起了爭執，有了爭執，如何化解？「訟」卦就勢必扮演重要角色了，需、訟兩卦也是促成「人和」的另一重要步驟，《周易》於需、訟兩卦敘述如次。

一、本文

(五)需（䷄）

需，有孚（有信心，有誠意），光（「廣」之假借字），亨；貞，吉；利涉（渡越）大川（黃河，喻危險、困難）。

初九　需（同「須」，等待）于郊（城外，喻關係疏遠），利用（利於）恆（常），无咎。

九二　需，于沙（護城河外沙灘地，喻略有關係），小有言（稍有批評之語），終吉。

九三　需，于泥（泥淖，喻關係密切無法置身事外），致寇至（導致對方侵襲）。

六四　需，于血（「洫」之假借字，喻無法置身事外），出自（從）穴（洞穴，喻安居之處）。

九五　需，于酒食（飲酒、食肉，不操心，又以酒食款待，溝通），貞，吉。

上六　入于穴（喻隱居不問世事），有不速之客（速，召，促駕。不速之客，謂不請自來之客人）三人（喻多人）來，敬之，終吉。

(六)訟（䷅）

訟（爭執），有孚，窒（塞，無法溝通）惕（憂慮），中吉終凶（半途停止，則吉，爭執到底則凶），利見大人，不利涉大川。

初六　不永（久）所事（所從事，指爭執之事），小有言，終吉。

九二　不克（能）訟，歸（返）而逋（逃亡、逃避），其邑人（采邑之人）三百戶（鄭玄注《禮記》云：「小國下大夫之制」采邑三百戶）无眚（災）。

六三　食（同「蝕」）舊德（舊行為，指爭執），貞，厲終吉；或從王事，无成。

九四　不克訟，復（返），即命（就令，接受命令），渝（變），安貞吉。

九五　訟，元吉。

上九　或錫（賜）之鞶帶（大帶），終朝（早上）三（一再）褫（脫掉）之。

二、卦名

需卦（䷄）與訟卦（䷅）符號顛倒，表示在共同前提下，有相對意義。

「需」字於《易》僅見於需卦。甲骨文、金文、《詩經》、《尚書》西周諸篇未見其字。《彖辭》說：「需，須也。」《說文》亦云：「需，須也。」需字應是《周易》後方有之字。「須」字甲骨文作（乙、八七二）（乙、二二六〇一），金文作（易叔盨）皆象鬍鬚之形，甲骨文假借作人名，西周典籍則多用為「等待」之義，如《尚書・多方》：「天惟五年須假之子孫。」說上天以五年的時間，等待湯的子孫；〈顧命〉亦言：「伯相命士須材。」言召公、畢公命令業務承辦人備妥待用之物。以「等待」釋需卦各爻辭之「需」字，如需九二「需，于沙」，謂等待於護城河沙灘之上，意義也十分妥當。

「訟」字，甲骨、金文未見其字，西周典籍除《尚書・盤庚》有「予弗知乃所訟」，「訟」作「爭論、爭執」外，餘未見。《周易》中，也僅見於「訟」卦。東周以後亦多作「爭論、爭執」解，如《詩・召南・行露》有「何以速我訟」，言何以招致我與人發生爭執。以「爭執、爭論」釋訟卦諸爻辭，義頗浹洽。

需訟二卦意義相對，「需」為等待，能等待則有耐心溝通，「訟」為爭執，缺乏耐心溝通，則生爭執，故二者之時機為：

「需」，有耐心溝通，能等待的時機。

「訟」，缺乏耐心溝通，或溝通無效發生爭執之時機。

其共同前提為：必須溝通，以待消除歧見時。

三、卦辭

消除歧見，必須透過耐心溝通，溝通不良，則必有爭論或爭執發生，溝通固然可消除歧見，「爭執」也可消弭不同看法，《周易》作者於此二卦有如下的告誡：

需，有孚，光，亨；貞，吉；利涉大川。

訟，有孚，窒惕，中吉終凶，利見大人，不利涉大川。

比較二卦卦辭，消除歧見必須「有孚」，有誠意、有信心，而且也都要有善意，所以兩卦都強調：「有孚」。自己有誠意，也對對方有信心。需卦要求自己心胸寬廣（光），能包容別人的不同意見，訟卦則憂慮彼此的歧見無法溝通（窒惕），這種誠意、信心及善意，正是化除歧見的有力條件。

需卦因能耐心等待，放開心胸，全力溝通，所以諸事可以順暢，但溝通的目的，是要讓態度不合作的人，能夠轉變立場來支持，所以進行溝通的人，必須要堅守自己的本分，才有圓滿的結果（貞，吉），能溝通，必能化險為夷，度過種種難關（利涉大川）。

訟卦既然發生爭執，當然無法順暢完成任務，所以卦辭不說「亨」、「吉」，而只有告誡。《周易》作者有四點告誡：

1. 有孚

發生爭執時，首先要認定對方出發點是出於善意，自己誠心誠意，來得到對方的信任與好感。

2. 息事寧人

憂慮彼此的歧見不能溝通（窒惕），適可而止，見好就收（中吉終凶），尤其是「中吉終凶」，幾乎在六個爻位中都是強調的重點。因為如能懸崖勒馬，半途停止爭執，才能有圓滿的結果，否則爭執到底，勢必破壞和諧，影響團結，妨礙決策的執行。

3. 尊重同僚

卦辭說「利見大人」，發生爭執，從另一個角度看是對決策的辯解與詳析，得到的支持越多，執行的成效就越好，爭執時隨時尊重大家，對化解歧見就越有幫助。

4. 不進行艱險的工作

發生爭執，人心已不團結，無法齊心協力，若此時進行艱難危險的工作，不但無法成功，有可能使情勢更加混亂惡劣，所以爻辭告誡：「不利涉大川。」

四、需卦爻辭

化解歧見，何人最適合出面溝通、協調？《周易》作者以為非第四爻的親信莫屬，其他各爻或不參與，或從旁暗中相助即可。

初爻承辦人就沒有溝通、協調的餘地，他只有本負責、服從的態度照常執行他的業務，所以爻辭說：「**需于郊，利用恆，无咎。**」溝通的工作，必須對決策的內容、過程相當了解，才能盡釋群疑，他只能奉令行事，所以只能站在郊野之地遠遠旁觀，根本插不上手，也無須插手，只有以平常心把本身業務做好就可。拖吊車司機，只要認真拖吊車輛就好，不必溝通。

二爻是業務執行的負責人，但僅止於負責執行而已，對於決策只有奉行，並無置喙的餘地，所以就像站在護城河邊的沙灘地般，只是沾上邊，但並不能作實質的溝通。別人看他是執行負責人，卻無法圓滿溝通，難免會有所批評，但終究會了解二爻的實際困難。所以爻辭說：「**需，于沙，小有言，終吉。**」警察依法拖吊，民眾埋怨，不干他事。

三爻職司推動，爻辭卻說：「**需，于泥，致寇至。**」原因是推動得越積極，決策的貫徹就可越見成效，但反對的聲浪也就越高，但他沒有改變決策的能力，所以進行溝通之時，處境必然艱難，甚至遭受反對人士的誣衊攻擊。車子違規被拖吊，交通大隊長一定會被罵。

初、二、三爻都只能執行，不能改變決策，所以談溝通都有實際的困難，只有決策的撰擬人最了解決策的真正目的，及作此決策的原因及過程。所以爻辭說：「需，于血，出自穴。」血是「洫」假借字，四爻是當事人，猶如陷身在溝洫之中，當有人對決策提出質疑時，他責無旁貸地必須挺身而出解釋，不可躲起來讓下級執行人遭受批評、攻擊。警察局長必須出面替政策辯護。

至於發布決策的五爻，是最高首長，決策既經決定，有不同意見，信任四爻撰擬人去說明、溝通，自己則安心等待就可，爻辭說：「需，于酒食，貞，吉。」決策既經決定，五爻就必須堅守本分，充分支持，不可擅自變更，才能使決策貫徹落實，否則，一旦意志動搖，本分不守，所有的溝通努力，就非常不值得了。因此爻辭會特別強調「貞、吉」，縣市首長必須全力支持拖吊政策，不能動搖。

上爻是軍師三公，也是王之師，在今日乃上級督導、顧問，雖對決策必然支持，但並不實際參與庶務，不負任何實際責任，因此爻說：「入于穴，有不速之客三人來，敬之，終吉。」最好的做法是安居不出，但由於身分崇高，難免有持反對意見的人，三五成群登門來表示個人意見，企圖透過這個管道來影響五爻的決策，上爻既不便表示同意，也不便表示反對，唯一的辦法是抱著尊敬之態度招待他們，靜靜聆聽他們的反對意見，笑而不言，絕對不表示任何看法。當然也不會對五爻採取任何干涉行動。唯有如此，決策才能圓滿地落實執行。縣市議會議長正應擔任這種角色，支持縣市長執行違規拖吊政策。

總之，遇有反對意見，第四爻就要挺身而出，一方面化解執行的阻力，一方面為上級決策辯護，其他各級人員就站在支持的立場，適時支援即可。

五、訟卦爻辭

一旦發生爭執，卦辭提出的四點告誡，在各爻爻辭中只強調其中的一句話「中吉終凶」，退一步海闊天空，消除爭執，最重要的是懸崖勒馬，停止爭執！

初爻爻辭說：「**不永所事，小有言，終吉。**」初爻奉令行事，面對廣大群眾，壓力甚大，有不同意見，與上級產生爭執，應屬為圓滿執行決策而起，故雖有違服從原則，上級縱或批評，於決策之執行，當更為有益，故終吉。宜適可而止，懸崖勒馬，不再繼續爭執下去。店員本來就不應與老闆鬧意見。

二爻為執行負責人，爻辭說：「**不克訟，歸而逋，其邑人三百戶無眚。**」所以不克訟是因在職務及身分兩方面都不能與上級爭執，在職務方面，是負責執行決策，根本不可以和上級有不同意見，所以不克訟。在身分方面，身為下級更不能違抗上級。今既公然與上級爭執，違背了「職務」和「身分」所應為，所以只好「歸而逋」，返身而逃，用「逋」字本是迅速逃竄的意思，強調立刻抽身而退，逃避爭執之意十分明顯。

西周是否實施「連坐法」不得而知，但主管與上級爭執，部屬亦必受連累，於本爻爻辭可以確定。「三百戶」是大夫的采邑，取以為食祿，可據以證明二爻確為「大夫」職位無疑。更可證明「訟卦」乃領導階級間之爭執，不涉及被領導之群眾。三百戶邑人所以無災，乃因其主管半途停止爭執、立刻抽身而退使然。本爻辭也強調「中吉終凶」懸崖勒馬之重要。

三爻乃承上啟下之推動人，更必須立刻停止爭執，爻辭說：「**食舊德，貞，厲終吉；或從王事，无成**。」中國人是重「情」的民族，有情感基礎，事情就好推動，所以人和而後政通，人際和諧非常重要，三爻承上啟下推動業務，接觸的不是人就是事，所以爻辭勸他：改變原先的爭執行為，不再與人爭執（食舊德），只盡力做好本分該做的事（貞），最後就可以轉危為安，化險為夷（厲終吉）。

事實上，三爻並不須負責溝通，更沒必要和人發生任何爭執。要知中國人雖重「情」，一旦撕破臉，就可能變成不共戴天的大仇人，所以親如夫妻，一旦對簿公堂，那就覆水難收，復合無望，三爻一旦與人爭執，要再辦好公事，那就永無成功之希望了（或從王事，无成）。所以食舊德、中吉終凶都得在未撕破臉前完成，否則就徒勞無功了。

四爻為王親信，決策之撰擬人，必須和王站在同一立場，所以爻辭說：「**不克訟，復，即命，渝，安貞吉**。」無論身分或職責都不能和王爭執、抗衡（不克訟），所以要回頭來接受命令（復即命），唯有改變原先的態度（渝），安於本身的本分，才能圓滿達成任務。所以一有爭執也要立刻停止。夫妻吵架，床頭吵架床尾和，互退一步何妨？

至於**五爻**，最高決策人的「王」，照常理推論，應該是「唯我獨尊」，無人敢與爭執了，所以歷代易學著作，都釋爻辭「**訟元吉**」為「斷訟大吉」，事實上，「元」是「始」的意思，爻辭的立場是占筮者告訴求占者，處在某卦時機下，如何趨吉避凶的要領，所以五爻在「訟」的時機內，並不能跳出「訟」的狀況而變成「決斷訴訟的人」。

身為「王」者，應如乾九五之「飛龍在天，利見大人」，立場客觀而超然，能夠一視同仁，尊重所有共事之各級領導人，如今自己卻與屬下爭執，無形中已失去客觀超然的地位，這樣以上臨下，雖然爭執的結果必然勝利，但卻失去了威信，失去了臣下對他的尊敬與愛戴，可謂得不償失，始雖似吉，而終不吉。所以身為「王」者也必須立刻停止爭執。

中國是個父權社會，為父者為小事嚴詞喝叱子女，表面上保住一家之主之威嚴，實則親子親情隨之蕩然無存，亦得不償失。

上爻位尊權重，與人爭執，自然所向披靡，非勝不可，但爻辭說：「**或錫之鞶帶，終朝三褫之**。」如果因為與晚輩爭執而受到王的賞賜，頒贈大帶，也是以大欺小、以強凌弱而得，因此就是把大帶佩戴起來，心裡也會不自在，這種不自在，使得他在朝見天子的短短早上時光裡，再三地想脫掉它！所以儘管位高權重的上爻，也要立刻停止爭執。婆婆對媳婦有意見，造成他們夫妻失和離婚，婆婆是否心安？

歧見經過溝通協調，步伐就可以一致、團結和諧進行了。

第四節　齊心協力（師、比）

透過溝通及爭執消除了歧見，接著就得凝聚向心，齊心協力，凝聚的方法有二：一是上級對下級適度授權，二是下級對上級相互親比。《周易》師卦和比卦分別敘述其要領。

一、本文

(七)師（䷆）

師，貞，丈人。（人人敬重之大人），吉，无咎。

初六　師，出。（出動）以律。（法、軍紀），否。（不）臧。（善），凶。

九二　在師中。（中，甲骨文作[illegible]，指揮旗。師中，喻居中軍指揮），吉无咎；王三錫。（賜）命。（封賞之誥命）。

六三　師，或輿。（車載）尸。（屍體），凶。

六四　師，左次。（左，退；次，舍，停留；左次，喻敗退，停止前進），无咎。

六五　田。（畋獵）有禽。（同「擒」），利執言。（屈萬里先生云：「執言」即執訊。擒捉俘虜而訊問之）无

上六　咎；長子帥（率）師，弟子輿尸，貞，凶。
大君（最高元首，指「王」），有命（詔令），開國（封為諸侯）承家（承，受，授予卿大夫之位），小人（平民）勿用（勿庸，勿須分封土地，爵位）。

(八)比（䷇）

比，吉，原筮（即「初筮」，誠敬在心），元（始）永（長）貞，无咎；不寧方（即「不廷方」，方，邦國，謂心不服，而勢又不得不來歸之邦國）來，後夫（後至之人）凶。

初六　有孚，比之，无咎；有孚盈缶（盈滿如缶之中寬盈）終來（終將到來）有它吉（有意外之吉，它，「蛇」古字，指意外）。

六二　比之自內（職務所司範圍之內），貞，吉。

六三　比之匪人（匪，通「非」，匪人，非己願親近之人）。

六四　外（對外界）比之，貞，吉。

九五　顯比（明顯表達親比之意），王用（於）三驅（畋獵時，自三方面驅趕野獸）失前禽（同「擒」），邑人不誡（熹平石經作「戒」，備也），吉。

上六　比之，无首，凶。

二、卦名

師卦（䷆）與比卦（䷇）符號顛倒，表示在同一前提下，有相對的意義。

「師」字，甲骨文作（前五、十八、三），金文作（殷盤），本義不詳，西周典籍多以「軍隊」為義，如《詩・大雅・常武》：「整我六師，以脩我戎。」言整頓六軍，做好軍事準備。

《周易》中，言及「師」字者十一次，全以「軍隊」為義，如泰卦上六「勿用師」，謂不要動用軍隊，以「軍隊」釋本卦各爻辭，義亦浹洽。

「比」字，甲骨文作，象兩匙並排之形；西周典籍多為「親密」它義，如《詩・周頌・良耜》：「其比如櫛。」言親密如梳子。《周易》中，言「比」者七處，全在比卦，以「親密」解之，義皆洽。

師卦言出動軍隊在外，國君命將之方及獎賞之宜，其重點厥為適當授權以團結對外之道；比卦則論內在君臣相互親比之要領，一外一內，意義相對，而其前提則皆在團結一致，齊心協力。

三、卦辭

師卦主團結對外，比卦主對內相互親近，其要領，卦辭有重點分析：

師，貞，丈人，吉，无咎。

比，吉，原筮，元永貞，无咎；不寧方來，後夫凶。

出師在外，卦辭以為如果做到「貞」及「丈人」，就可以圓滿達成任務，而不出錯。「貞」，依《周易》各卦爻辭之義為各級領導人都盡其本分，此外，歷代學者也有解釋為「師出以正」的，出師要名正言順，就只有奉王命征伐，在師卦之卦爻辭中，上爻確有奉王命征伐之跡象，否則「大君」怎會命令上爻軍師論功行賞呢？

其次，率兵出征之統帥，必須是眾望所歸之「丈人」才能號令全軍。相傳諸葛亮的八卦陣，擊其首則尾來應，擊其尾則首來救，擊其腹則首尾俱來，或進或退，人人堅守崗位，且完全接受主帥號令，就完全合乎這兩個原則，所以全軍團結一致，成為有機的整體，所向無敵。

至於對內的相互親近，《周易》作者認為凝聚力強的團隊一定可以圓滿的達成任務

（吉），在《周易》六十四卦中，言「吉」者僅有三卦：比、泰、謙，比是彼此親近，泰是彼此信任，謙是卑己尊人，共同特色都在人際和諧。

但要彼此親近也有原則的，首先，待人要抱著「誠敬」的態度（原筮），其次，不能前倨後恭，而要一開始就抱著「永遠堅守本分」的信念去親近對方（元永貞），第三，如果原本是敵對的關係，但情勢所逼，又不得不去親近對方時，就得趕快放棄成見，及早親近，否則時機一過，就沒機會了。

人一生當中，有些人非親近不可，如父母、兄弟、子女、親戚、鄰居、同事，那就應該以誠敬之心，一開始就親近。當工作環境裡的主管，新舊任交接時，不論喜歡與否，就主動親近便是。

四、師卦爻辭

「貞」，在《周易》中都表示各級領導人堅守其本分，師卦六爻要彼此團結，一致對外，當然也必須各盡本分。

初爻直接管轄兵士，猶如現代軍中之班長，爻辭說：「**師，出以律，否臧，凶。**」口令動作之要求必須完全合乎軍隊的紀律，如果要求不嚴格，是軍紀廢弛，大家進退不一致，作戰就不能齊一戰力，自然容易被敵人分化各個擊破。學校教師教育學生，人人嚴格管制品質，學校就能呈現欣欣向榮景象。

至於**二爻**這位大夫，是執行對外作戰的負責人，也是統領大軍的元帥，他是作戰成敗的關鍵人物，爻辭認為：「**在師中，吉无咎；王三錫命。**」古代通訊不發達，只有看統帥旗行動，這面旗幟就是「中」，統帥旗在那兒，元帥就在那兒，大家就趨附過去，所以在軍隊裡，「在師中」，意謂九二的「大夫」，力能指揮全軍，領導大家群策群力，所以「吉无咎」。

但為了增強大夫領導的威勢，《周易》作者認為最高領導人的「王」必須對這位領軍在外的元帥，一而再，再而三，不斷給予封賞誥命造勢、打氣（王三錫命）。班長領導全班，老師就要不時地在大家面前獎勵他、推崇他，提昇他的領導威信。

三爻是決策的推動人，自己雖然並不披掛上陣，但卻背負著成敗的連帶責任，所以爻辭說：「**師，或輿尸，凶。**」軍隊要是打了敗仗回來，就凶多吉少了，因為沒有完成上級交付的任務。明思宗崇禎皇帝遣將清剿流寇，每一失利，則戮兵部尚書以督其責，正符爻義。

但同樣是打敗仗，在國君身邊的親信——**四爻**，雖然是決策的撰擬人，卻沒有責任，爻辭說：「**師，左次，无咎。**」因為雖然四爻職司獻策，可是用不用，權在決策人，而四爻也不像三爻，負有推動、執行的權責，所以作戰成敗與否，並不干他的事。請教好友買股票賠錢，並不干好朋友的事。

也許有人問，二爻帶兵作戰，將在外，君令有所不受，所以**五爻**就只有聽候捷報就可以了，《周易》作者不以為然。他認為最高決策人的工作很重要：「**田有禽，利執言，无咎；長子帥師，弟子輿尸，貞，凶。**」「王」雖然遠在京師，卻必須做兩件事：一、隨時提供作戰情報：審訊作戰時擒獲的俘虜，刺探軍事情報，提供給前線作戰指揮官；二、作戰失利時，不要堅持作戰到底。

第一件事容易理解，第二件事就值得深思，因為作戰的失利，臨場的智慧自然重要，如果已用老謀深算、又得人敬重的穩健長者領軍，年輕子弟卻仍載屍而回，這表示決策有誤，再堅持下去，可能全軍覆沒，王者保護子民之本分就沒盡到了。所以必須當機立斷，停止作戰。二次大戰，盟軍在日本投下兩顆原子彈，日本死傷慘重，昭和天皇立刻宣布無條件投降，就是符合易理的明智之舉。

上爻爻辭云：「**大君有命，開國承家，小人勿用。**」身為軍師，職司征伐，軍隊出征，論功行賞，本其職責，但賞由上出，故必須在「王」之授權下，始可進行封賞，故爻辭叮嚀：「大君有命。」而其賞格，功大，則封以大塊土地，使成諸侯，功小，封以小塊土地，使成為卿大夫，至於平民百姓，則不用封賞土地，這是封賞的基本原則。

為何平民百姓不得「開國承家」？原來周初仍沿部落征伐之舊習，戰勝之部落，是為貴族、為君子；戰敗之部落，則其女子淪為婢妾，男子編為僕役，是為小人。為恐小人因戰功得勢，危及貴族，故論功行賞時，特別規定：開國承家，小人勿用。記功獎勵千萬不要有後遺症。

師卦以軍隊出征為例，說明上級對下級適度授權時，任務之推展，如何群策群力，各司其職，團結一致。

五、比卦爻辭

下級對上級的相互親比，在比卦中則視身分與職責各有不同。但，萬變不離其宗，「誠敬」是其基本原則。

初爻承辦人，平時奉令行事，親比之道，就在一個「誠」字，所以爻辭說：「**有孚，比之，无咎；有孚盈缶，終來有它吉。**」唯有誠誠懇懇、實實在在地把上級交代的任務完成，才能得人信任，才不會發生差錯。如果，誠懇的態度發揮到極致，就像缶罐的圓滿，得到上級的激賞，那麼，被人意外拔擢或賞識的機會就終會到來。「有它」是「有蛇」，表示發生了意外。許多企業的領導人，都是從基層做起，憑著誠懇、實在做事，被提拔起來的。

二爻執行負責人的親比之道，與初爻一樣：「**比之自內，貞，吉。**」對上級，只要好好把上級交付的任務忠忠實實地落實執行，就能得到上級的信任及肯定，對下級，只要堅定地把上級決策徹底執行，不讓部屬懷疑困惑，或施予心理或體力的不當壓力，就能使下級敬愛。不論何者，二爻的親比之道，都可以在本身業務範圍內去達成，而且只要堅守本分，誠敬落實就可。身為子女的，在學期間，努力學習，敦品勵學，就是對父母的最大孝敬。

三爻是決策的推動者，對上級固然不能選擇，對下級也無從選擇，可是上級決策卻必須達成，因此爻辭說：「**比之匪人。**」對那些自己並不欣賞，甚至討厭的人，仍然必須勉強自己去親近，對這種不得已的要求，做起來實在很痛苦，但是，站在職責立場來說，為了圓滿達成任務，卻又不得不如此。面對這些內心厭惡的人要如何親近呢？爻辭沒說，卦辭已表明「原筮，元永貞」，仍須以「誠敬」待之，一誠天下無難事，精誠所至，當可化戾氣為祥和。江海不擇細流，用人不分黨派，才能成其大。

相較於二爻親比之道的「比之自內」，**四爻**則為「比之自外」，爻辭說：「**外比之，貞，吉。**」一樣的親比，由於身分職責不同，方式亦異。

四爻職司獻策及輔佐五爻，出面溝通協調，拉攏大家感情，所以無法如二爻僅在實際工作執行中，和上下級進行親比，而要擴大範圍，和各階層貴族拉近彼此距離，所以爻辭告誡他，必須「外比之」才行。

但外比的同時，也要留意不可踰越自己的本分，所以爻辭又說：「貞，吉。」既然是五爻親信，就得事事站在五爻同一立場才行。許多先生在外鬧緋聞，太太依然支持丈夫，便是「外比之」的最佳例證。不知太太在外鬧緋聞，先生是否有此雅量？

五爻是最高決策人，也是最高首長的「王」，職在廣施德澤，普濟天下，因此爻辭說：「**顯比，王用三驅，失前禽，邑人不誡，吉。**」他的親比原則是要把自己對大家的愛，廣為周知，讓所有人民或部屬都深刻感受到，這就是「顯比」。

王者如何顯比？當然是透過決策的執行，使人人受惠，人人知道王的仁慈，因而對王的作為安心。爻辭舉畋獵為例：一般人對「王」的感覺是高高在上，有生殺之權，望之生畏的，但當王從三個方向驅趕野獸進行畋獵時，前面方向是擒捉野獸的唯一途徑，當地的人民原本負有擒捉的任務，卻讓野獸逃掉了，這在以畋獵訓練作戰的情況下，是很嚴重的失誤，但當地人民並不恐懼，因為人民深信王的仁心，這就是王已做到顯比的具體證明了。因此，當一個領導人能和部屬有說有笑，毫無隔閡時，這位領導人的親比工夫應算圓滿完成了。

上爻在西周是軍師，與「王」關係最為密切，如周公與成王，姜子牙與周文王，當然必須率先表示親近，其次，軍師掌管軍事征伐，如果不率先表示對王的親近，很容易讓王覺得他有叛變的懷疑，非常危險。再者，上爻位高權重，對下級以及敵對之國，皆有表率意義，如果不率先對王表示親近，則將引起下級疑慮及敵對國家之臆測，對國家之安定，關係重大。基於此故，上爻之軍師，就得帶頭對王表示親近、效忠，否則結果不堪設想，故爻辭說：「**比之，无首，凶**。」一董事長如果對校長不表支持，校長就做不下去了。

人和才能政通，上下彼此親比，凝聚向心力，才能一致對外。

第五節 謹慎執行（小畜、履）

《周易》做事技巧非常周到，從認清環境、好的開始、消除歧見、齊心協力，都是事前的準備，目的全在造成團結、和諧的先決條件，本節「小畜」及「履」卦，始真正進行執行的工作。

一、本文

(九)小畜（䷈）

小畜，亨。密雲（烏雲密布）不雨（下雨），自我（作者所在地，即「鎬京」）西郊（京城西邊郊野）。

初九 復（返）自（從）道（正路），何其（彼）咎？吉。

九二 牽（引）復，吉。

九三 輿（車）說（同「脫」）輻（子夏易傳作「輹」，即車下「伏兔」，連結車體與輪軸），夫妻反目（乖離）。

六四 有孚，血（「恤」假借字，憂也）去（離去）惕（憂慮）出（離去），无咎。

九五 有孚，攣如。（相連，如，無義），富。（「畐」假借字，盈滿也。）以。（及）其鄰。（左右）。

上九 既。雨。既。處。（既已下雨，又停止了），尚。（還）德。（古「得」字）載。（乘載），婦貞。（如已婚婦女之守常不變）厲，月幾。（接近）望。（十五日，月圓，喻事近圓滿）君子征，凶。

(十)履（䷉）

履。（踐履）虎尾。（老虎尾巴，喻執行傷害到別人），不咥。（音「ㄉㄧㄝˊ」咬也）人，亨。

初九 素履。（素色無文采之履，士所服）往。（素履往，喻本其素分，主動進行）无咎。

九二 履道。坦坦。（依循平坦之大道進行）幽人。（幽，幽深無人知曉，幽人，喻默默做事，不求人知之人）貞，吉。

六三 眇。（少一目，喻視不明）能視；跛。能。履。（不良於行，喻行不穩），履虎尾，咥人，凶。武。人。（剛壯勇猛之人）為。（助）于大君。（王）。

九四 履虎尾，愬愬。（愬，本字為虩，音ㄒㄧˋ，恐懼貌），終吉。

九五 夬履。（夬，決也，斷裂，喻執行過當，斷裂，不能行）貞，厲。

上九 視。（察看）履。（執行情形）考。（稽考）祥。（吉凶之兆），其旋。（甲骨文作[illegible]（後上、二十八、三）以旌旗指揮）元吉。

二、卦名

小畜卦（䷈）與履卦（䷉）符號顛倒，表示二者在共同前提下，有相對的意義。

小畜的「畜」字，甲骨文未見，金文作[illegible]，本義是蓄積，引申為畜養，周代典籍又有「蓄止容留」的意思。如《詩・小雅・我行其野》有「爾不我畜，言歸斯復」句，言你不容留我，我就只好返歸己家。《周易》中的「畜」字，多作「畜養」解，如「畜牝牛吉」、「畜臣妾吉」。但小畜卦裡的「畜」，則以「蓄止容留」之解釋較為恰當，「小畜」就是「小小地蓄止停留」，至於第廿八卦的「大畜」，就是完全蓄止停留了。

履卦的「履」字，在坤卦初六爻已出現過，是「踐履」的意思，金文作[illegible]，西周典籍也是「踐履」的意思，如《詩・大雅・行葦》：「牛羊勿踐履。」《周易》中，作動詞用也為「踐履」之意，作名詞用，則有「鞋」及「執行情形」二義，如本卦九五爻之夬「履」，及上九之「視履考祥」。

比較小畜及履二卦的相對意義，履是著手執行，則小畜是執行前的小小停留，而其共同前提應是開始付諸實施。

三、卦辭

著手執行時，是否能夠順暢，圓滿，《周易》卦辭分兩階段分別敘述，首在充分的準備，其次在謹慎的執行：

小畜，亨。密雲不雨，自我西郊。

履虎尾，不咥人，亨。

小畜是什麼時機？卦辭用一個比喻說明：就像城西的西山，烏雲密布，但卻不下雨，這是山雨欲來的前奏，就像正式著手執行前的那一段緊鑼密鼓，蓄勢待發的時刻。

西周位在晉陝甘高原上，雨量極少，因此西周典籍多視雨為吉祥之物，有潤澤黍稷之功，陝西高原，雨之降臨更為難得，故《詩・小雅、莆田》說：「以祈甘雨，以匄（求也）我稷黍，以穀（養）我士女。」密雲不雨，雖潤澤未施，然已有普降甘霖之望，故小畜卦辭說：「亨！」

小畜是執行前小小的停留，卦辭充滿著成功的熱望。

至於履卦，已著手執行。執行要順暢，最基本的原則是：踏到老虎尾巴，也不會遭到老虎反噬。按常理說，老虎尾巴被踩，必定會反咬，為何不咬。不是不痛，就是沒有敵意。同樣的道理，決策執行時，侵犯到人民的權益，而人民竟不覺得痛苦，甚或滿心歡喜地欣然同意，一定是決策的本身，對人民有利，或者執行的方法，人民並不吃虧。

就以土地重劃為例，政府要地主拿出土地，然後徵收百分之四十作公共設施，闢建道路，最後地主只剩百分之六十土地，但地主卻心甘情願，歡迎都來不及，原因無他，表面上面積減少了，但全在道路邊，農地變建地，實際價值卻大大增加了。政府也不費分文取得了百分之四十的土地。雙贏的措施，使得執行十分順暢。這是「履虎尾，不咥人，亨。」的具體證明。

四、小畜卦爻辭

小畜卦辭說：「小畜，亨，密雲不雨，自我西郊。」只說小畜的小小停留，蓄勢待發，就像西山的烏雲密布，並未告誡大家。那麼，在這個山雨欲來、緊鑼密鼓的短暫時刻，各級領導人應做什麼因應呢？大體說來，執行階層宜加強協調溝通，步調一致，在決策階層則著重信心的鼓舞及決策的穩定。

初爻承辦人在著手執行前，爻辭說：「**復自道，何其咎？吉。**」復自道，就是回歸正路而行，所謂正路就是平坦寬闊、人人樂於依循遵行的大路。初爻凡事順著眾人認同的方式去做，循著日常遵奉的禮法習慣去做，不標新立異，就是平坦寬闊的大路。一切做法回歸這種正路，就不會出錯，當然就會有圓滿的結果，所以爻辭接著又說：「何其咎？吉。」

二爻是執行負責人，初爻要回復正道，必須由二爻設法牽引，故爻辭言：「**牽復，吉**。」組長要先規定做法，發現組員做法有偏差，就要立刻糾正。

三爻是決策與執行之間的聯繫人，猶如連接車體和車輪間的伏兔，伏兔如果脫離，就如車子癱瘓一般，決策無法執行。又如本是一體的夫妻，如果各看各的方向，各走各的路，彼此乖離，自然不能同心協力，同舟共濟。三爻負責決策的推動，自然不能發生決策與執行脫離的現象，所以爻辭說：「**輿說輻，夫妻反目**。」在著手執行前的緊張時刻，自須發揮聯繫協調的功能。如果一級主管不把開會的決定轉達給下級，政策就沒法貫徹。

四爻乃決策撰擬人，如今決策即將著手執行，四爻已無用武之地，故爻辭：「**有孚，血去惕出，无咎**。」保持信心就可，無須憂慮。

在著手執行之前，身為**五爻**的決策決定人必須有什麼舉動？爻辭說：「**有孚，攣如，富以其鄰**。」他只要以無比盈滿的信心影響左右之人即可。古代帝王經常在最危險的時候，御駕親征，正是要鼓舞士氣，使之勇往直前。

而**上爻**的軍師，在決策決定的時刻，業已發揮了諮詢的功能，並且在立國原則的考量下，做成了決策。在這蓄勢待發的時候，他該如何？爻辭說：「**既雨既處，尚德載，婦貞，厲；月幾望，君子征，凶**。」

一切既已定案，就像下雨業已停止，正整裝待發，決策的妥適性，應該已可接受，就如車況及路況都還可乘載啟程，就放心讓車子啟動吧！如果還像已嫁婦女般，固執守常不變的觀念，守著原來的老方式、舊觀念，不因勢順變，認為那是祖宗的老規矩不能擅自改變，那就危險了。

可是身為軍師，也不能夠擅專、多變，決策業已形成，就像月亮已接近十五日了，既大又圓，可以有解決問題的完整方案了，如果又出新的點子，要求執行，這就弄亂了整個執行步驟，勢必造成許多無謂的困擾，甚則引起執行階層對上級出爾反爾的不確定感。不敢放手執行，對決策的圓滿執行必產生不良的結果。

歷代學者多說上爻是高而無位；似乎地位雖崇高，卻無實權，然自本爻辭觀之，顯然不但位高，而且權重，他的守舊觀念可以遲滯新決策的施行，他臨時增加的新點子，又可以弄亂整個既定執行計畫，上爻所代表的領導地位，其實是舉足輕重的。

五、履卦爻辭

小畜著重執行前的溝通及信心的鼓舞，履卦則是強調著手執行時應有的態度。在六爻爻辭中，執行階層雖肩負執行成敗的重任，忠實執行，但決策階層也必須密切注意進度，小心翼翼，隨時準備應變。

初爻負責業務的承辦，爻辭說：「**素履，往，无咎。**」承辦人秉命而行，因此只要守其本分，主動任事就可不出差錯，不要擅作主張。

二爻也一樣，爻辭說：「**履道坦坦，幽人貞，吉。**」決策的執行，依循平坦易行的正路去做，力求平穩順暢。因為如果執行起來坎坷崎嶇，障礙重重，必然倍增困擾。同時，在執行過程中，也必須抱持默默奉獻、不求人知的態度，去完成任務。

初、二爻默默執行就可，**三爻**的推動，則必須穩健而且勇猛積極。爻辭說：「**眇能視，跛能履，履虎尾，咥人，凶。武人為于大君。**」身為推動人，必須對所執行的決策，及下級的反映瞭如指掌。如果像眼睛少了一隻，致視線不清，或像腳跛了一足，致步履不穩，雖仍可看、可走，但看不真切，行不穩健，那就非常危險，做起事來，常常就會像踐踏到老虎尾巴被咬一般，使決策的執行，得不到好結果。業務經理知道上級決策的方向，也知道下級執行的狀況，必須全力推動。

推動人除必須穩健外，還必須勇猛積極，因為決策是否貫徹，關係著國君德澤的普施，必須強力督促二爻及初爻的執行。

在執行時，最緊張的人，應該是四爻了。因為**四爻**職司決策之擬訂，執行是否能順暢，與之息息相關。故爻辭說：「**履虎尾，愬愬，終吉。**」由於決策的內容，及執行過程，一有不當，立刻傷及人民，造成民怨，則美意反成惡意，故時懷恐懼，處處留意，則終會有圓滿的結果。

許多決策的本身內容，出發點完全出於善意，但執行的技巧有偏差，就反成惡意了，宋代王安石推行「青苗法」，他在仁宗慶曆七年擔任鄞縣知縣任內就試行過，當稻米生產青黃不接時，先行貸舊米給貧苦農民應急，待新穀收割後，再加收些微利息償還政府，如此可避免農民被富人以高利貸剝削，本是好意；不料，王安石為相，頒行天下時，地方官為了討好上司，增加業績，竟強迫農民非貸不可，助民反成擾民，新法遂因民怨而失敗，所以縱使是良法美意，執行是否會發生偏差，擬策者也絕對不可掉以輕心。

至於最高決策人的**五爻**，更必須注視決策的推動情形，爻辭說：「**夬履，貞，厲**。」履卦以穿著草鞋踐履，比喻決策之執行，如草鞋製作不良，或奔行太速，或行之太久，以致鞋帶斷裂不能行，表示決策已無法繼續執行，則必須懸崖勒馬，止而不行，若堅持續行，必有危險。

宋神宗信任王安石實施新法，不料舊黨反對，最後看到王安石所提拔，卻被舊黨收買的光州司法參軍鄭俠私繪的「流民圖」，描繪百姓逃荒的狼狽情形，憂戚嗟歎，遂罷新法。

上爻之軍師也必須注意決策之施行，但卻不可越俎代庖。爻辭說：「**視履考祥，其旋，元吉**。」軍師掌立國原則，自宜仔細觀察執行情形，明辨其吉凶徵兆，倘踰越祖宗樹立之立國原則，自當發揮君王之師的功能，提醒國君注意，如諸葛亮以出師表告誡後主一般。

但軍師究屬「顧問」身分，不宜親自操觚，所以爻辭又誡以「其旋元吉」，「旋」是以旌旗指揮之意，如親操軍旗，直接指揮，則有擅專之病，將侵奪其他各爻之職權，破壞制度，故始吉，終則不吉。退休之人就應放手讓晚輩做，不要退而不休。

總之，一件任務之完成，必須依靠眾人之努力，大家的關懷及協助，一個人的努力是無法圓滿完成的。這也是《周易》作者為什麼時時強調團隊合作、和諧守分的原因了。

動動腦

一、乾坤兩卦俱言「利貞」，其原因有何不同？

二、俗話說：「新官上任三把火」，是否正確？

三、如何運用蒙卦之教育方式，宣導公司政策？

四、最高首長為何不宜與下屬發生爭執？

五、何謂「比之匪人」？

六、何謂「雙贏」之執行策略，試舉一例說明。

第四章 人際相處

主旨

——研讀本章之後，學習者應能達成下列目標：

一、了解為人「真誠」的重要。

二、知道心胸寬廣者應有的待人要領。

三、了解擁有主見的人應有的待人之道。

四、知道事奉上司應遵行的原則。

五、了解蒞臨下屬應有的基本態度。

摘要

任務的圓滿完成，必須透過分工合作的團隊力量，「人際和諧」是必要的基本條件。

泰、否兩卦從正反兩面敘述和諧的最重要基礎在真誠相處。唯有真誠相與，才能贏取信任，做事事半功倍。

同人、大有兩卦從大小不同的範圍論述人際和諧的第二基礎在心胸寬廣，但心胸寬廣並非一味寬容，而是必須是非分明、遏惡揚善。

謙、豫兩卦從人性觀點出發論人際和諧。人人皆有主見，能謙虛待人則和諧，固執己見、自以為是，則造成不和諧。

隨、蠱兩卦從事奉上司方面論人際和諧。不論被動追隨，或主動服事，都必須以「恪守本分」為事奉上司之基本原則。

臨、觀兩卦，從蒞臨下屬方面論人際和諧。面對幹部要溫和，蒞臨群眾要誠敬慎重。

《周易》的做事要領，是透過分工合作的團隊精神，以恪守本分的態度，運用兩全其美的雙贏措施，使任務在和諧中圓滿完成。但事情是「人」做的，人際相處是否「和諧」，對於任務的圓滿完成，就居於舉足輕重的地位。因此，《周易》非常重視人際的和諧，所以從第十一卦到二十卦，就探討了人際相處的內容。

本章第一節的泰、否兩卦，敘述人際相處和諧的首要關鍵因素：是否內心真誠。真誠則相互信任，做事事半功倍，不真誠則彼此猜忌，事事窒礙難行。

第二節的同人、大有兩卦，敘述相處和諧的第二重要因素：是否心胸寬廣。《周易》分從「同事」和「全體」兩範圍來立論。

第三節的謙、豫兩卦，敘述相處和諧的第三重要因素：是否各持己見。每人都有主見，何時該堅持？何時該捐棄成見，拿捏不當，常會影響人際的和諧。

第四節的隨、蠱兩卦，討論下級面對上級，如何自處才能與上級保持和諧的關係。尤其在被動追隨，與主動服事之間的分際究要如何拿捏，最是關鍵。

第五節的臨、觀兩卦，討論身為上級，面對下級時，要如何保持尊嚴又和諧的關係？尤其在面對個別的部屬，以及一般群眾時，究應如何對待，最宜注意。

《周易》的這十個卦，充分顯現中華民族的民族性：「和」為貴，應用在今天，正是克制西方文化：「自私自利」，以及工商社會「勾心鬥角」的最佳良方。

第一節　真誠相與（泰、否）

人與人間，最重要的和諧因子是彼此真誠相與，周易第十一卦泰卦（䷊）及第十二卦否卦（䷋），就說明截然不同的兩種狀況。

一、本文

(十一)泰（䷊）

泰，小往大來，吉，亨。

初九　拔茅（香茅），茹（柔嫩），以（及）其彙（莖），征吉。

九二　包（匏瓜）荒（大），用馮河（用來據以渡黃河），不遐（語中助詞，無義）遺（失墜），朋亡（無）得尚（爬上）于中行（路中央喻安全之處）。

九三　无（無）平不陂（崎嶇）、无往不復（返），艱貞，无咎，勿恤（憂）；其孚，于食有福（祭祀之胙肉）。

六四　翩翩（翱翔自得狀），不富（通「畐」，盈滿）以（及）其鄰（左右），不戒，以（因）

孚。

六五　帝乙（紂父）歸妹（嫁女兒），以祉（合禮），元吉。

上六　城（城牆）復（返）于隍（護城河），勿用師（出兵），自邑（都城）告命（發出命令告諭），貞，吝。

(十二)否（䷋）

否之匪人（非我族類），不利君子貞，大往小來。

初六　拔茅，茹，以其彙，貞，吉，亨。

六二　包（包容）承（承受）小人（百姓）吉，大人（貴族）否（不）亨。

六三　包（包容）羞（進獻）。

九四　有命（命令）无咎，疇（類）離（離散）祉（福澤、吉祥）。

九五　休（停止）否（猜忌、不信任），大人吉，其亡（無）、其亡，繫（繫住）于苞桑（茂桑，喻根深柢固）。

上九　傾（傾覆）否，先否後喜。

二、卦名

泰卦符號（䷊）上坤下乾，戰國時代的陰陽家以八卦卦象解釋泰卦符號上下卦體說：「坤」表地及小人，「乾」表天及男子，所以「坤下乾上」在大自然就是：天地相交，而萬物通泰；在人事上就是內君子而外小人，所以是君子道長、小人道消也（彖辭）。配合天地交泰的好時機，來保護人民百姓。《彖辭》這樣解釋，純粹從「泰」是「通泰」的解釋而來。

至於否卦，符號是（䷋）上乾下坤，位置相反，意義就完全不同了，變成了天地不交、萬物不安泰的時機，內小人而外君子，所以是小人道長、君子道消的時候，這時，只有自我約束、避禍消災，千萬不可以富貴驕人，自取其辱了。

《彖辭》這樣的解釋好像言之成理，可是，在西周武王時代，還沒有陰陽家的理論，君子與小人，也只有貴族與百姓的意思，所以「泰」與「否」應該另有涵義。

經查「泰」字，在西周同時代的典籍未發現，甲骨文也未見，直到東周時才作「地名」用，如泰山。或假借為「太」字，如泰廟（禮記・祭統）、泰龜（禮記・曲禮上）。《周易》卦爻辭除本卦外，他卦也未出現，直到《論語》中才有「君子泰而不驕」句，顯然亦引申「大」意而來。

比對泰否兩卦卦辭：「泰小往大來」、「否大往小來」，而二卦符號又相反，則泰、否兩字之字義必相反。

考「否」字，於《詩經》有「不」及「不善」二義，如「或醉或否」（小雅・賓之初筵）、「未知臧否」（大雅・抑），《周易》亦然，師初六云「師出以律，否臧凶」，「否」義為「不」；鼎初六「利出否」，「否」義為「不善」。再查否卦上九云「先否後喜」，則「否」有「不」或「不善」之義。然則，泰有「大善」之義甚明。

三、卦辭

「泰」何以大善？「否」何以不善，純因彼此是否「真誠相與」以為定。且看兩卦之卦辭：

泰，小往大來，吉，亨。

否之匪人，不利君子貞，大往小來。

泰卦何以大善？因只要付出小小的勞力、金錢或精神，就獲得很大的協助、金額或熱誠回報過來，事半而功倍，故做起事來，輕鬆地就可完成任務，萬事亨通。何以能夠如此？有錢？有勢？有名？都不是，看否卦卦辭便知。

否卦卦辭說：「否之匪人，不利君子貞。」處於否卦時，看人都不順眼，認為別人都非我族類。以這種瞧不起人的心態待人，又怎能真誠待人？又怎能欣賞別人的優點、能力？所以卦辭說：這種待人的態度，對身為領導人的君子來說，要守住自己的本分，是非常不利的，自以為是嘛！總是不相信人。所以這種人做起事來，花很大的力氣出去，回收的成果卻只有一點點，事倍功半。

只有真誠待人，信任別人，包容別人，才能得道多助而萬事亨通。

四、泰卦爻辭

能真誠待人者，人恆以真誠待之，大家和諧、信任，做起事來必然輕鬆如意，各階層的人都一樣，**初爻**爻辭就以「士」於祭祀時，準備香茅草作為薦牲之物為例：

他在拔取香茅的時候，香茅很柔嫩，他只要輕輕一拔，就可以整株連根都拔起來，愛拔多少就可以拔多少，不必擔心別人阻擾、責難，更不必擔心是否會發生困難、真心待人，彼此相處和諧，自然得人家的信任，可以隨心所欲去做，所以說：「**拔茅，茹，以其彙，征吉**。」從前靠人力收割的時候，稻子過熟就會掉落，所以全村的人都真誠相與，輪流協助收割，大家都輕鬆收成了。

二爻的決策執行人也一樣，在彼此真誠相待、和諧信任的泰卦中執行決策，縱使沒有親密朋友協助，也能履險如夷。就像沒有竹筏或舟船，抱著大匏瓜要渡過波濤洶湧的黃河，也不會失墜，掉進河中，沒有友人相助，照樣可以爬上岸，到達路中央的安全地方。真誠相與，自然小往大來，得道多助。所以說：「**包荒，用馮河，不遐遺，朋亡，得尚于中行。**」科長待人真誠，須加班時，大家都會捨命相陪。

三爻承上啟下，既要得上級信任，又要能得執行人擁護，才能貫徹上級決策，完成使命。在彼此真誠信任的泰卦，縱使再艱難的任務，只要意志堅定，百折不回，不用憂愁擔心，一本真誠待人之心，人家自然會體諒他，有祭肉吃的時候也可以分一塊給他的。爻辭說：「**无平不陂，无往不復，艱貞，无咎，勿恤，其孚，于食有福。**」強調的也是：堅貞、有孚，精誠所至，金石能開。

四爻是人家的親信、配偶，猶周王朝的諸侯，處處以屏藩周天子為主要任務，如果君臣上下真誠相與、彼此信任無間，毫無猜忌，則言行自由自在，心中歡愉自不在話下，這時就可以像翩翩飛鳥一樣悠遊逍遙，不驕不滿，不炫不耀，當然，既以真誠待人，更無須處處提防別人的暗算了。爻辭說：「**翩翩，不富以其鄰，不戒，以孚。**」最重要還是真誠待人。夫妻真誠相與，自然心心相印。

至於**五爻**，身為最高決策人，言行當然必須出於真誠，否則就會像商紂的父親帝乙一樣，懷著籠絡的野心，以為將女兒嫁給周文王，完全依禮數而行就可高枕無憂，沒想到，到頭來，親家仍然變成仇人，這是政治婚姻的悲劇，所以爻辭說：「**帝乙歸妹，以祉，元吉**。」要和諧，除了合禮外，最重要的還是要出於真誠信任。

內心真誠相與，對於身為**上爻**的軍師或上級督導來說，也常能大事化小，小事化無。縱使情況惡劣到城牆被剷除，護城河被填平，也無須動用軍隊，只要從京師捎一封信，動之以情，說之以理，就可以化干戈為玉帛。如果不是憑著真誠的心，與人相處，堅持用兵，就會招來挫折，惹出更大麻煩了，爻辭說：「**城復于隍，勿用師，自邑告命，貞，吝**。」真誠相與，真是人際和諧的最重要關鍵。

五、否卦爻辭

否卦與泰卦完全相反，人與人之間無法真誠相與，甚至相互猜忌，自然無法和諧相處。所以卦辭說：大往小來，行事事倍而功半。處在這種否卦的環境裡，我們該怎麼辦呢？

身為承辦人的**初爻**來說，除了服從外，最重要的是凡事不能太主動。在泰卦時人人相互信任，所以可以主動放手去做（征吉），在否卦時，彼此相互猜忌，事事都往壞處想，做任何事就必須堅守住自己本分，合乎本分才去做，唯有如此才能順暢，不遭人忌。所以同樣是「**拔茅茹以其彙**」的輕鬆小事，泰卦是「征吉」，否卦就必須「**貞**」才能「**吉亨**」。處在不能真誠信任的否卦裡，為了避免人家猜忌，就只有乖乖地守本分，一個口令一個動作了。

對於執行負責人的**二爻**來說，就沒有初爻那樣幸運，初爻只要被動地去做便可無事，二爻則必須貫徹上級決策，可是卻又得不到各級長官及部屬的真誠信任，怎麼辦呢？爻辭說：多包容百姓的無知，多接受百姓的建議，贏取百姓的愛戴來落實上級決策吧（**包承小人吉**）！不然，如果為了包容那些虛偽不實的同僚，而曲意讓步、逆來順受的結果，就是行事不順暢，任務無法達成，決策不能貫徹（**包承大人，否亨**）。

在否卦的環境裡，處境最艱難也最具關鍵性的人物，要數承上啟下的**三爻**了。為了落實上級決策，使部屬樂意執行，他必須排除自己的猜忌心及不信任感，對上級的不信任及部屬的猜忌言行，曲意包容，然後又要把破壞上下關係的話語或舉動加以美化，使上下之間充滿和諧。爻辭說的「**包羞**」，對於化解不信任，雖然做起來不容易，但卻常有不可思議的效果。

在泰卦，身為親信的**四爻**，可以逍遙自在，翩翩翱翔，在疑心重重的否卦就完全不一樣了，就像曹丕對待曹植一樣：「煮豆燃豆萁，豆在釜中泣。」這時該如何是好？爻辭說：「**有命无咎**。」凡事「秉承上意」才能免禍。要不然，縱使誼屬至親同類，也毫無福氣可享（**疇離祉**）。真的是「本是同根生，相煎何太急」了。

從以上四爻看來，處在彼此不能真誠信任的否卦環境中，實在活得十分痛苦。誰能化解這種痛苦呢？爻辭認為只有依賴身為最高決策人的五爻及上級督導的上爻了。

原來五爻爻辭說：「休否，大人吉，其亡，其亡，繫于苞桑。」意思是說：身為最高領導人，如果你能停止猜忌多疑，多信任你的部屬，你的部屬就能圓滿完成任務，只要你放棄猜忌，以一顆真誠的心對待大家，大家的心就可以像長得茂密枝葉的桑樹般，對你的擁護根深柢固，忠心不渝。君不見，一家之長如能以真誠的心，信任、疼愛子女，自然能贏得子女的孝敬嗎？

至於身為上級督導的上爻，猶如企業界的董事長，家庭中的祖父母，他們如果多疑善忌，就會帶給大家內心的不安定感，如果也能放棄猜忌的心，真誠對待大家，縱使再不快樂的環境，也能轉化為一團和氣。所以爻辭勸他們要「傾否」，清除猜忌之心，改以真誠，則可以「先否後喜」，旋乾轉坤，全在老人家的一念之間，千萬別低估自己的影響力。

人際關係是否和諧，最重要的關鍵，是在大家待人是否真誠，真誠則沒有猜忌，彼此相互信任。能真誠相處，自然相處和諧，不但沒有壓力，精神愉快，而且做起事來，通力合作，事半功倍。因此，我們如要締造良好的工作環境，那就麻煩主事的主管們，務必不要耍手段，說是一套，做的又是另一套，真真實實，誠心誠意地對待大家吧！只有這樣做，才能得到大家的擁護，而得以圓融和諧地貫徹自己的決策，達成既定的目標。

第二節 心胸寬廣（同人、大有）

人際關係的和諧，除了需要彼此真誠相與外，心胸寬廣也是重要因素。所謂心胸寬廣，並不是毫無是非、毫無防範，一味寬容。而是要講求是非善惡分明，能遏惡揚善的良性和諧。依其範圍大小，《周易》於十三、十四兩卦中，分述面對同事及天下人的寬容。

一、本文

(十三)同人（䷌）

同人，于野（原野），亨。利涉大川，利君子貞（盡其本分）。

初九 同人，于門（家門），无咎。

六二 同人，于宗（宗廟，喻同宗族之人），吝。

九三 伏戎于莽（敵人隱伏兵器於草莽之中），升其高陵（登上高地）三歲（喻長時間）不興（起）。

九四 乘其墉（登其城牆），弗克攻（不能圖謀），吉。

九五　同人，先號咷（哭叫）而後笑，大師克相遇（不期而遇）。

上九　同人，于郊（城外），无悔。

(十四)大有（䷍）

大有，元亨。

初九　无交害（彼此不傷害），匪咎，艱則无咎。

九二　大車以載，有攸往，无咎。

九三　公（周公）用（用以）亨（進用）于天子（指周武王），小人弗克。

九四　匪（即「篚」，籮筐）其彭（即「旁」，盛滿貌），无咎。

六五　厥孚，交如（彼此信任）、威如（得人信服），吉。

上九　自天祐之（同「右」，助也），吉无不利。

二、卦名

「同」字於《周易》中僅出現於同人卦，他卦未見。經查甲骨文，「同」字作[illegible]（菁十、二），金文作[illegible]（同卣），李孝定先生引《說文》的解釋說：「同，合會也。」《尚書》的西周諸篇，除假借為「童」「筒」的字義外，也有「會同」的意思，如

〈無逸〉：「怨有同，是叢于厥身。」說怨怒會合聚集於他一人身上。但《尚書》中並沒有「同人」這個語詞。

至於《詩經》，也有「會同」的意思，如〈大雅・文王有聲〉說：「四方攸同。」說四方之君，齊來朝會。與《尚書》不同的是，雖沒有「同人」這個語詞，卻有「同寮」這個稱呼，如〈大雅・板〉：「我雖異事，及爾同寮，我即爾謀，聽我囂囂。」言我和你雖職務不同，但與你同朝為官，我將移樽就教，請你聽聽我的囉嗦傾訴。顯然「同寮」義近「同人」，本卦卦辭「同人于野」及爻辭「同人于門、于宗、于郊」，皆表同一城內外共事之貴族，亦有「同寮」之義，「同人」或許就是今人所謂的「同事」、「同仁」。

「大有」的「有」字，《周易》本經中，共出現了一百一十一次，除假借作「又」，如豫卦六三爻「遲有悔」，及「於」，如家人卦九五爻「王假有家」外，其餘都用為「有無」的「有」，如乾上九「亢龍有悔」。《尚書》西周諸篇未見「有」字，但《詩經》則常見，僅〈周頌〉中就出現了三十二次，其字義，除作語詞如「明昭有周」（時邁篇）外，也都是「有無」的「有」，如「潛」：「潛有多魚。」言「潛水」這條河中魚類豐富。

「大有」顧名思義，是「廣泛擁有」，較諸「同人」範圍大為不同，而二者符號又呈顛倒之勢，故應是在人人有寬廣心胸的大前提下，「同人」卦面對的是「同事」，而「大有」則是天下人。

三、卦辭

心胸寬廣，對促進人際和諧來說，是否絕對可以辦得到，卦辭告訴我們：面對同是領導階層的同事來說，或許是可以的，但面對天下人就不見得可以辦得到了！所以卦辭說：

同人，于野，亨。利涉大川，利君子貞。

大有，元亨。

「野」，是原野，已見於坤卦上六爻：「龍戰于野，其血玄黃。」面對同事之人，以如處原野般，無邊無際、沒有隔閡的遼闊心胸，就可以使大家和衷共濟，和諧相處，所以做起事來容易順暢（亨），利於同舟共濟，渡過艱難險阻，也更有利於各級領導人在和衷共濟中，完成自己應盡的本分。

可是「大有」卦卻只有「元亨」兩字，「元亨」是開始時順暢，後來呢？卦辭沒說，也沒有提出告誡的話，不知是否意謂著：未來必定不順暢，或無法預測。照常理推測，心胸寬廣應是很好的品德修養，爻辭也沒有不好的批評，所以戰國時代的《象辭》就解釋道：擁有寬廣的心胸，君子宜「遏惡揚善，順天休命」。意思是說：不可不論是非善惡，一體包容，而須順應上天給予的大好機會，遏制邪惡，顯揚善人，使天下變成一個是非、善惡分明的太平盛世。

《象辭》這個說法很好，因為天下人，包含貴族（當時稱為君子）及百姓（當時稱為小人），這些百姓並沒有受到很好的教育，有些還是被征服的異族俘虜，時刻懷有復仇的憤怒，在位者雖心胸寬廣，也不得不預作提防，所以師上六爻辭說：「開國承家，小人勿用。」正是擔心小人因戰功受封土地後，乘機背叛復國！大有對九三爻，也有類似的意思，《象辭》的補述，十分有道理。

四、同人卦爻辭

面對同事，各級領導人為了克盡本職，都必須充分發揮寬廣的心胸，以廣結善緣，使大家相處和諧，和衷共濟，但身為承上啟下的三爻及專司擬議決策的四爻，有責無權，他們的寬廣心胸卻最容易受到攻擊，必須特別防範，注意保護自己。

初爻說：「**同人，于門，无咎。**」《周易》於「門」四見，皆為「家門」之義，誼屬最親近的共事同仁，「士」承辦業務，以服從盡責為務，人際關係較單純，故其寬廣之心僅及同一辦公室之同僚，應不致產生不良影響。

二爻的執行負責「大夫」則不可，不但要留意自己與上司下屬之關係和諧，也必須與業務有關或無關之平行單位，保持和諧，以期得道多助，如果心胸僅能包容同宗族或業務有密切之單位，則無法廣結善緣，容易發生挫折。《周易》重視團隊合作分工，彼此本應相輔相成，才能克竟全功。故爻辭云：「**同人，于宗，吝**。」同屬學校的教務處管教學，訓導處管品德，雖各有專司，但學生品德不好，老師教學再認真，學生成績也不理想。

初二爻力求心胸寬廣，範圍盡量擴大，但三、四爻則唯恐太寬廣而受害。**三爻**爻辭說：「**伏戎于莽，升其高陵，三歲不興**。」三爻有責任貫徹上級決策，但待人寬宏，疏於防範，易為宵小所乘，陽奉陰違，甚至僨事，故爻辭誡之：要提防敵人隱匿於不易發現之草莽中，伺機攻擊，別忘了要登高監視，要永遠不讓惡人奸計得逞。

四爻也要求：「**乘其墉，弗克攻，吉**。」爬上高高的城牆之上，憑險自保，讓惡人無法圖謀，才能達成任務。身為親信，並為決策之撰擬者，當然要心胸寬廣、廣結善緣，但是正由於地位尊貴，樹大招風，必須居高自保，使覬覦者知難而退，不敢挑釁、妄施離間。唐高宗長孫皇后被廢、王皇后被讒死，皆因心胸寬廣不知提防，遂為武則天所害。

三、四爻有責或位尊無權，易被離間中傷，故宜提高警覺防範，五爻之王，則必須將心胸盡量擴展，包容部屬，如此縱使遇到悲慘哀號的困境，也可以因眾人齊伸援手不約而同的相助而破涕為笑，旋乾轉坤。故**五爻**爻辭云：「**同人，先號咷而後笑，大師克相遇**。」劉邦假戲真做，封韓信為真齊王，終贏得韓信之忠心相助。

上爻亦然，欲得眾心歸向，必須心胸極度寬廣，廣泛包含，如果尚有藩籬，區分內外、親疏，則內心或無悔恨，然於大局則不利。爻辭言：「**同人，于郊，无悔。**」身為軍師，心胸不能寬廣無邊際（野），而只限城外之近郊，格局顯然不足，僅能無悔，而不能大吉。祖父母必須廣泛疼愛所有內外孫，才不致心生遺憾。

五、大有卦爻辭

心胸寬廣以面對天下人，對各級領導人來說，除了初爻，由於直接接觸，必須防範被傷害以外，其他爻位都無妨。

初爻要堅持兩不相害的原則，自己能寬大待人，但也必須設法讓上級及百姓尊重自己，才不會出問題。所以爻辭說：「**无交害，匪咎，艱則无咎。**」人無傷虎意，虎有害人心，處初爻，害人之心不可有，但防人之心不可無。

二爻能如大車，包容上下，對業務之推動才能不生差錯。爻辭故言：「**大車以載，有攸往，无咎。**」班導師能包容班上良莠不齊之學生，才能因材施教。

三爻承上啟下，心胸寬廣，能包容上下之人，則決策自能貫徹，故周公一定會推薦這種人才給天子，畀予重任。但《周易》作者也告誡，進薦人才一定要深謀遠慮，平民百姓縱使也一樣地心胸寬廣，能包容上下，卻不可能被推薦，以免養癰貽患，後果堪虞，所以爻辭說：「**公用亨于天子，小人弗克。**」

至於決策階層的四爻，為人親信，度量能寬宏，才能欣賞眾人優點，盡到廣結善緣，做好人際關係之本分，不生差錯。故爻辭誡其心應如籮筐之圓融，云：「匪（箍）其彭，无咎。」

而心胸寬廣的最高決策人，他的真誠，必能與上下水乳交融，彼此信任，一言一行，皆令人信服，很容易地達成任務。故五爻爻辭云：「厥孚，交如、威如，吉。」威如並非威猛，而是言出必行的威信。劉備以敗兵之將，終以真誠三顧茅廬，得到諸葛亮衷心的感戴匡扶，終成鼎立之勢，誠哉斯言。

同樣地，上爻之軍師，以大公無私掌持立國原則，包容上下，自得天助，行無不利，故爻辭云：「自天祐之，吉无不利。」《尚書・金縢》載周公為維護國家安定，自行退出攝政之位，以破除將不利於成王之謠言，率軍東征，終於擊潰商朝遺族之反撲，使周朝轉危為安。正是不以私利為重的大公行徑。

第三節　擁有主見（謙、豫）

每一個人都有主見，有的人能把主見暫時按下，傾聽別人的看法，給人的印象是謙虛和藹；有的人不能，固執己見，自以為是，於是為人際的相處，投下不和諧的因子。《周易》第十五卦的謙卦，與十六卦的豫卦正說明這兩者的吉凶及因應之道。

一、本文

㈤謙（䷎）

謙，亨，君子有終。（有好的結果）。

初六 謙謙。（極度謙抑），君子用。（用以）涉。（渡越）大川，吉。

六二 鳴謙。（以謙虛聞名），貞，吉。

九三 勞謙。（努力行謙），君子有終，吉。

六四 无不利，撝。（同揮，發揮）謙。

六五 不富以其鄰，利用。（利於）征伐，无不利。

上六 鳴謙，利用行師，征邑國。

㈥豫（䷏）

豫，利建侯、行師。

初六 鳴豫。（以胸有定見聞名），凶。

六二 介。（同砎，堅硬）于。（如）石，不終日，貞，吉。

六三　盱。（音義同「旭」，夙、早也）豫悔，遲。（慢）有。（又）悔。

九四　由。（順）豫，大有得，勿疑，朋盍。（同「合」）簪。（聚）。

六五　貞，疾。（病）恆不死。

上六　冥。豫。（冥頑自是），成。（終）有（又）渝。（變），无咎。

二、卦名

「謙」與「豫」符號顛倒，表示在同一前提下，二者有相對的意義。「謙」字，《尚書》及《詩經》西周諸篇皆未見，《春秋》及三傳則多作卦名，如《左傳・昭公五年》：「遇明夷之謙。」「明夷」及「謙」皆為卦名。《周易》本經僅出現於「謙」卦中。比較戰國時代之《彖辭》，「謙」字字義，多與「盈滿」之義相反，如：「天道虧盈而益謙，地道變盈而流謙，鬼神害盈而福謙，人道惡盈而好謙。」顯然，「盈」為盈滿，「謙」為不足。

再查謙卦爻辭，六五爻辭云「不富以其鄰」，意為對於左右之人，不盈滿驕恣，「謙」確有「不盈滿」之義。再觀《象辭》對初六爻辭，「謙謙」之解釋說：「謙謙，君子卑以自牧也。」認為身為初六之承辦人，應能自我約束，以低姿態待人，則謙確有自居卑退之意。心有主見，卻必須「自牧」，自我約束，呈現謙卑之姿態，這就是「謙」。

至於「豫」字，西周多借為逸樂、安逸。如《尚書》中屬西周典籍之〈康誥〉說：「無康好豫樂。」謂不要專嗜逸樂之事。《詩・大雅・板》也說：「無敢戲豫。」言不敢沉湎於遊樂。到東周，「豫」字又多了「預先」之義，如《左傳・隱公元年》，記載周天子竟然在仲子還沒過世時，就預先送奠禮過來，對這種非常失禮的情形，《左傳》說：「豫凶事，非禮也。」「豫」是「預先」的意思。

《周易》中，「豫」字僅見於此卦，無他卦可供比對，但觀豫卦卦辭說：「豫，利建侯、行師。」以「逸樂」解之顯然不妥，哪有把出兵作戰當兒戲享樂的？但如果以「事先、預先」解釋，分封諸侯、調動軍隊，要預先準備，胸有成竹，則辭義就十分通順了。

總之，謙豫二卦，符號顛倒，其共有前提，應是在「人人皆各有主見」的情況下，「謙」卦能卑以自牧，謙虛和藹待人，豫則已預存成見，堅持到底，不肯妥協了。站在人際關係力求和諧的觀點上看，二者孰優孰劣，已判然分曉。

三、卦辭

謙，亨，君子有終。

豫，利建侯、行師。

兩相比對，我們不難發現：雖然人人各有主見，能自我約束的謙虛之人，做起事情就非常順暢了（亨），而更由於與人相處和諧，所以身為各級領導人的貴族們，也都有很好的結果（君子有終）。可是，反觀「豫」卦，情況就不一樣了。

《周易》作者說話是非常含蓄的，如果沒有好的結果，就不說「吉」、「亨」這類的話，立刻會提出告誡的話語，「豫」卦的領導，心有主見，就預存成見，不肯妥協，所以他的人際關係一定不會和諧，所以就指出唯有在「分封諸侯」及「出兵作戰」時，能預見先機，未雨綢繆。較為合宜。

其實，如果能綜合應用謙豫兩卦，在為人處事方面都會有很大的幫助，例如在任用幹部時，先用「謙卦」以謙虛之心，多方請教、全力打聽傑出的人選，不要預存成見，一旦理想人選浮現，則利用「豫」卦，不必猶豫，大膽起用（利建侯），完全信用，使之全力衝刺（出師），則沒有後顧之憂，也免遭掣肘之患。

四、謙卦爻辭

謙卦的初六爻辭，許多人都斷句為「謙謙君子，用涉大川，吉」，其實正確的斷句應是「謙謙，君子用涉大川，吉」。這樣才能與其後各爻的「鳴謙」、「勞謙」、「撝謙」前後呼應，結構一致。

初爻以服從盡職為本分，凡事不得擅專，今能謙卑自我約束，不固執己見，故縱有困難（大川），也可稟告上級相助，圓滿解決，故爻辭說：「**謙謙，君子用涉大川，吉**。」店員售貨，一切遵照老闆交代，不擅自降價，態度又謙虛和藹，必能得到老闆信任、顧客喜愛，自然工作順利愉快。

可是，如果身為執行負責人的**二爻**，就不能像初爻一樣，放棄自己的主見，一意服從，因為他有部屬聽他指揮，他有上級要他拿出主張來推行決策，所以爻辭告誡：「**鳴謙，貞，吉**。」一味以尊重別人意見出名的人，要特別注意凡事以達成自己應盡本分為原則，這樣，才能圓滿完成任務。二爻若放棄自己主張，則人多嘴雜，部屬將無所適從，怎能貫徹使命？

至於負責承上啟下，推動決策的**三爻**，就又與初、二爻不同，對上級的決策，他沒有置喙的餘地，必須完全服從，可是，他也不是執行人，他要督促所屬的所有執行負責人，徹底執行上級決策，這些執行負責人為因應各種不同情況，所以做法各異，這些做法的不同，不能違背決策的實質精神及內容，這時的三爻，就必須一方面拋棄個人的見解接納下級意見，一方面費心分辨是否與上級決策有所牴觸，有的話，還得費盡口舌疏導，試想，處在這個身分的人，是否必須放棄主見？是否必須勞心勞力？所以爻辭說：「**勞謙**。」不過，能這樣做，最後一定得到很好的結果，所以爻辭又說：「**君子有終，吉**。」

執行階層的二、三爻，因有任務在身，所以還必須帶有或多或少的主見，但身為決策階層的四、五、上爻，就必須放棄自我的成見。

四爻是五爻的親信，對於五爻當然必須放棄一己之見，全心支持，所以爻辭說：「**无不利，撝謙**。」充分發揮「謙」的美德，則無有不利。很多夫妻吵架，就是因為自己的另一半，在眾人面前，不但不支持，還讓自己丟臉，惱羞成怒。

五爻的最高決策人能心懷謙虛，不驕恣自是，多方探詢眾人意見，就是非不得已必須出兵征伐，也不是因為他個人的野心或成見，而是基於眾人的共識，如此必能萬眾一心，戰無不勝。所以爻辭說：「**不富以其鄰，利用征伐，无不利**。」現代許多決策皆透過相關會議做成，如果主持人一意孤行，必遭反對，破壞和諧。

與五爻情況相同，**上爻**的上級督導或軍師，也必須虛懷若谷，廣徵意見，做成最佳方案，否則怎能得到眾人支持，達成預期戰果，無怪爻辭要特別叮嚀：「**鳴謙，利用行師，征邑國**。」教育部要進行教改，如果不能廣納各方意見，怎能讓大家心服口服，充分配合？

五、豫卦爻辭

時機、狀況沒有絕對的好壞，不同的身分也沒有一致的做法。謙卦能尊重他人意見，不堅持，不見得就放諸四海而皆準，豫卦堅持己見，也不見得就不對。大體而言，豫卦在執行階層不宜預存成見，更不可堅持己見；但在決策階層，則主張宜有主見，在自己本分上，更須堅持，但必須擇善固執。

初爻是執行的承辦人，所以爻辭說：「**鳴豫，凶**。」初爻身分必須服從決策，不宜預存成見，更不宜堅持己見，否則，因接觸面不廣，無法從大局著眼。容易誤事。

二爻是決策的執行負責人，如果個人有強烈的主張，而且十分堅定，必無法貫徹上級決策，所以爻辭勸他：「**介于石，不終日，貞，吉**。」不可始終堅持，宜堅守本分才是。

初、二爻是決策的執行人，不堅持己見就好。但**三爻**是負責推動決策的人，又要有主見去分辨執行方案的是非對錯，又要放棄個人主見，忠實貫徹上級意志，所以爻辭說他：「**盱豫悔，遲有悔**。」決策未定，太早預存成見，就可能無法承受上級之決定；決策已定，卻遲遲無法確定下屬的執行方案，也容易造成延宕或困擾，太早、太晚有主見皆造成內心的不安。要拿捏得恰到好處，才能和諧圓滿。

在決策階層方面，**四爻**是決策撰擬人，更是最高決策人的親信，當然必須有主見，才能凝聚共識，提出最好的方案。所以爻辭說：「**由豫，大有得，勿疑，朋盍簪**。」順著自己的主見去研擬方案，必能大有作為，不必懷疑是否可以行得通，只要眾人有共識，就會引起共鳴，得到大眾的支持。

五爻也必須預存主見，所以爻辭說：「**貞，疾恆不死**。」只要是堅守本分，凡事以保國衛民為出發點去堅持，則縱使國家遇到再大的困境，也可以絕處逢生，不會一病不起的。最高決策人的意志力非常重要，所以古代的國君對分封諸侯有自己主見，不容干預，而在國家遇到危難時，也時常御駕親征，自己親自到最前線去，展現必勝意志。

至於**上爻**，擔任軍師的元老重臣，在古代，行師征伐是其職責，維護國家綱紀也是他本分，最怕見事不明，判斷錯誤，偏又堅持己見，讓國君及所有大臣十分為難，所以爻辭勸告說：「**冥豫，成有渝，无咎。**」只要發現自己做成的判斷是錯誤的，立刻又加以改變，仍然來得及，不致僨事。

言下之意，身為最高顧問，須有己見，但必須擇善固執，而且也要有知錯能改的勇氣，才不致誤導大家，壞了大事。

第四節　恪守本分（隨、蠱）

人際的和諧，除真誠相與、心胸寬廣、擁有主見以外，在「事上」與「臨下」方面也很重要。事奉上司方面不論是被動的追隨或主動的任事，都必須以「恪守本分」為基本原則。唯有部屬堅守本職，人際才能和諧。本節特敘述「隨」、「蠱」兩卦之卦爻辭以明趨吉避凶之要領。

一、本文

(十七)隨（䷐）

隨，元亨。利貞，无咎。

初九 官（館，官署）有渝（變），貞，吉；出門（離開崗位），交（迭，交錯）有功（事）。

六二 係（同「繫」）小子（幼童），失丈夫（大人）。

六三 係丈夫，失小子。隨，有求（刻意追求），得，利居貞。

九四 隨有獲，貞，凶；有孚，在道（路人）以明，何咎。

九五 孚于嘉（美善），吉。

上六 拘係之，乃從。維（捆綁）之，王用（用以）亨（烹）于西山。

(十八)蠱（䷑）

蠱，元亨。利涉大川，先甲（行事之日前）三日，後甲三日。

初六 幹父（主動敬承父志行事）之蠱（事），有子（好的後代），考（父）无咎，厲（危）終吉。

九二 幹母（主動承順依賴母命）之蠱，不可貞。

九三 幹父之蠱，小有悔（遺憾），无大咎。

六四 裕父（寬緩鬆懈父志行事）之蠱，往（自動任事），見吝。

六五 幹父之蠱，用譽（心安）。

上九 不事王侯（地位超然），高尚（上）其事（高尚其事謂：不主動任事）。

二、卦名

「隨」字於《周易》本經除本卦外，又見於咸卦「咸其腓，執其隨」，假借為「腿」字，言動其大腿，則執其小腿，不能前行。以「腿」釋本卦爻辭「隨有獲」、「隨有求」，義不可通。考《詩・大雅・民勞》中「無縱詭隨」一句，言不敢放任那些心懷不軌前來追隨的人，「隨」有「追隨」之義。屈萬里先生謂：隨，古通「追」，為「追隨」之義。以「追隨」釋本卦六三「隨，有求，得」，九四「隨有獲」，能追隨，則有收穫，意甚融洽。

「蠱」字，《周易》本經僅見於此卦，其他西周經典亦未發現。成書於戰國、漢初時代之十翼之一《序卦》言：「蠱者，事也。」證諸蠱卦各爻，或言「幹父之蠱」，或言「幹母之蠱」或言「高尚其事」，以「事」釋「蠱」，確實頗為恰當。

在「蠱」卦爻辭中，經常出現的「幹」字，《尚書》皆用為「身體」（名詞）或「身體力行」（動詞）之義，如〈多士篇〉：「爾乃尚寧幹止。」就是：你務必保重玉體。古文名詞、動詞多並用，如春風風人，夏雨雨人，「幹父之蠱」「幹母之蠱」，「幹」字在本卦中多用為動詞，顯然寓有「挺身而出，主動任事」之義。

「蠱」既為主動任事，「隨」卦符號與之顛倒，意義自然相對或相反，所以「隨」就有「被動追隨」之意。他們的共同前提都是在事奉上級的情況之下。

三、卦辭

事奉上司，不管是被動的追隨，或是主動的任事，在開始都是順暢無礙的。但是要能保持永恆的和諧，那就有不同的做法了，卦辭說：

隨，元亨。**利貞，无咎。**

蠱，元亨。**利涉大川，先甲三日，後甲三日。**

人所以會被動的追隨，顯然不是出於本人的意願，而是被情勢所逼。既已表示服從，人際的和諧，初步已完成，但往後呢？卦辭認為要恪守本分，雖不可能更進一步水乳交融，卻可以不發生差錯。

蠱卦主動任事，恪守本分應無問題，與上級關係不但和諧，而且可以共患難，但卦辭卻叮嚀千萬不可輕忽。一定在事前三天就要仔細規劃準備，事後三天，也要仔細檢討，瞻前又顧後，方保無事。其實，身為部屬，處處恭敬唯謹慎重將事，也是「恪盡本分」的表現。

四、隨卦爻辭

被動追隨，不管基於什麼因素，最重要的是要恪守本分。

身為業務承辦人的**初爻**，爻辭說：「**官有渝，貞，吉；出門，交有功。**」官署有了變化，也許是職務交接，上司換了自己不喜歡的人，最好的做法是堅守崗位，做好自己應做的本分，如果擅離職守，將會不斷出事。

可是，身為執行負責人的**二爻**，原本就應將決策主動予以規劃執行，如今卻主動或被動地採取被動追隨的態度，其結果將如爻辭所說：「**係小子，失丈夫。**」捆住了無戰鬥力，不能生產的孩童，卻讓大人逃掉了，得小失大，損失慘重，這於本職是有虧的，當然上下之間無法和諧相處。

不同於二爻必須有創意，必須承上啟下的**三爻**，被動追隨反而是最有利的相處方式，爻辭說：「**係丈夫，失小子，隨，有求，得，利居貞。**」被動聽候上級指示，秉命而行，大得小失，如另有創意，可以有收穫，但仍以堅守本分為宜。因為如果情勢所限，本應被動追隨，創意實非本職所宜。

身為親信並擔任決策撰擬人的**四爻**，又與三爻不同，它本就應有一己創意，如果僅能被動地仰承上意，就有虧職守，故爻辭說：「**隨有獲，貞，凶**。」其實，憑四爻係五爻之親信，如能發揮精誠之心，連路上行走的陌生人都能洞見明悉，又怎會因盡忠職守而遭上級疑忌呢？所以爻辭又說：「**有孚，在道以明，何咎？**」既已結婚，就要真心誠意主動經營婚姻。

身為最高決策的**五爻**，又要追隨何人？《周易》爻辭不言怪力亂神，說：「**孚于嘉，吉**。」誠心誠意追隨美善之人，就能恪守本分，和諧人際關係。《詩・大雅・烝民》也說：「柔嘉維則。」一樣的意思：唯嘉善是法。唐太宗就是能重用魏徵等賢人，才有貞觀之治。

要求被動追隨，絕對不能打折扣的是上爻的軍師，**上爻**掌立國原則，並秉王命征伐，如不追隨最高決策人的天子，下場就是：「**拘係之，乃從。維之，王用亨于西山**。」不表態追隨，直到被逮捕，才服從，就犯了叛國罪，這時國君就會將他捆綁起來，送到西山宗廟之地，下油鍋祭祖。當政黨輪替時，許多國軍將領就被要求表態，正因此故。

五、蠱卦爻辭

事上主動任事，爻辭仍然要求恪守本分。

初爻服從盡職，爻辭要求必須像子女事奉父親一般恭敬唯謹：「**幹父之蠱，有子，考无咎，厲終吉**。」就像子女一般，承父志業，使上級無後顧之憂，再艱危之事，亦能替上級化險為夷。

凡子女對父母之恭敬，自古事父皆為精神意志上之承志，故恭敬唯謹；於母則為感情及身體上之依賴寄託。**二爻**為執行負責人，宜掌握上級決策之精神，化為具體措施，主動承志，不可凡事依賴，故爻辭誡以：「**幹母之蠱，不可貞**。」

三爻承上啟下，亦須如二爻，恭敬唯謹，掌握決策精神，主動督促下級執行，如此，縱然還有不滿意，最後也不致出錯，故爻辭慰之：「**幹父之蠱，小有悔，无大咎**。」一切盡己之心就是。

至於**四爻**，如自恃親信，因而弛緩了（裕）敬謹承志之心，忽略希意承旨的必要性，主動任事往往被誤會為冒瀆僭越，遂招致疏遠誤會，如此，必生挫折。故爻辭誡以：「**裕父之蠱，往，見吝**。」越是親近的朋友，就越要尊重對方。

五爻貴為一國之君，仍然必須抱著恭敬唯謹的孝子之心，繼承父祖之志，凡所決策，必須求得心安。故爻辭云：「**幹父之蠱，用譽。**」「譽」於西周典籍，除稱譽外，亦有「安心」之意。參見坤六四爻辭。

上述五爻，皆實際參與政事，故皆誠以恭謹唯謹之心，承上級之志以恪守本分，唯上爻屬軍師顧問之職，不干預實務，故爻辭誠其應保持地位之超然，不宜主動任事：「**不事王侯，高尚其事。**」，不從事王侯所為之事，不主動干預王侯所做之決定。從這八字看來，不主動任事就是恪守本分了。不在其位，不謀其政，就是尊重對方。

不論是被動的追隨，或主動的效力，都必須在本職上，盡忠職守，恪守本分，才能使上下之間充滿和諧。

第五節　溫和誠敬（臨、觀）

人際之間，上下相處是彼此對待的，孔子說：「君使臣以禮，臣事君以忠。」恭敬唯謹，恪守本分是忠，循君臣之禮、禮遇部屬是禮。《周易》第十九、二十卦之「臨」與「觀」，便是指導古代身為領導階級之貴族們，如何禮遇其臣民，以求得彼此之和諧。

一、本文

(十九)臨(䷒)

臨，元亨。利貞，至于八月。(肅殺之氣盛)，有凶。

初九　咸。(溫煦)臨。(以上蒞下)，貞，吉。

九二　咸臨，吉，无不利。

六三　甘。臨。(甜美臨下)，无攸利，既憂之，无咎。

六四　至。臨。(親自到臨)，无咎。

六五　知。臨。(以瞭解待下)，大。君。(國君)之宜，吉。

上六　敦。臨。(勉強蒞臨)，吉，无咎。

(二十)觀(䷓)

觀，盥。(行盥手禮，以誠敬求神降臨)而不薦。(進獻牲品以備祭)，有孚顒。若。(態度溫和誠懇)。

初六　童。觀。(幼童之見，喻觀察不深入)，小人无咎，君子吝。

六二　闚。(同窺)觀，利女貞。

六三　觀我生。（生民）進。（前進）退。（退出）。

六四　觀國。（諸侯封地曰國）之光。（光彩、勳業），利用賓。（敬服）于王。

九五　觀我生，君子无咎。

上九　觀其生，君子无咎。

二、卦名

臨卦符號為（䷒），觀卦符號為（䷓），符號顛倒，表示在同一前提下，有相對的意義。

「臨」字於《周易》本經中出現七次，全在臨卦，他卦未見。經查《詩經》中共出現十處，皆有「上級蒞臨下級」之義，如〈大雅・皇矣〉：「皇矣上帝，臨下有赫。」言偉大的上帝，蒞臨部屬有威。

以「上級蒞臨下級」解釋臨卦各爻，頗為允當。

「觀」字於《周易》本經中九見，除本卦外，又見於頤卦，俱作「觀覽」解，如頤卦初九爻辭「觀我朵頤」，謂看我動口了才做。在《詩經》中也有十六處出現，意義也是「觀覽」，如〈周頌・有瞽〉：「永觀厥成。」言讓後人能永遠觀覽到他們的成就。「觀」字的字義十分明顯。

這兩字在西周的運用時機，在《詩‧大雅‧皇矣篇》中有明確的劃分：「皇矣上帝，臨下有赫，監觀四方，求民之莫（瘼）。」言偉大的上帝，蒞臨部屬有威，觀察天下之民生疾苦。「臨」與「觀」之範圍顯然不同，「臨」乃直接面對下屬，「觀」則廣泛觀覽天下之人。

臨、觀二卦在以上待下的共同前提下，範圍廣狹顯然不同。

三、卦辭

由於「臨」卦直接面對部屬，部屬對上司有直接的感觸，所以促進人際和諧，著重在「心裡的感受」。「觀」卦遠距離與民眾接觸，故在神態上要給天下人「印象」、「感覺」：

臨，元亨。利貞，至于八月，有凶。

觀，盥而不薦，有孚顒若。

臨卦既然是直接的接觸，因此，在初見之時，未來發展空間無限，故卦辭言「元亨」，始必諸事順暢，然隨著相處時間之延長，心性、言行逐漸了解，好惡之情逐漸顯現，在上位者，必須言行永守分寸，不做不符本分之要求，並且要常懷溫煦，切忌待下冷峻，有如八月般帶有肅殺之氣。《象辭》說得好：「君子以教思無窮，容保民無疆。」戒上級要以教育家的寬容、愛護之心面對下屬，確實做到有教無類。

至於觀卦，因係遠距離的觀覽，給天下人的印象應是慎重（盥而不薦）、誠懇（有孚）而溫和（顒若）的。所以身為各級領導人，在觀覽天下人之時，就要慎重、誠懇而又溫和，內外如一，不是表面的做作。

卦辭用「盥而不薦」來表示態度要慎重，因為在西周開始行祭祀之禮時，先盥洗雙手，以不同容器酌取鬱鬯於地，以求神祇降臨（尚書・顧命），神態最為慎重。等到進薦各種牲品時，態度就輕鬆多了。觀天下必須出諸以敬謹慎重的態度，不得輕率（詩・周頌・雝）。同時，詢求民生疾苦，心態也應該是誠懇而溫和的，不是虛應故事作秀，不是作威作福，而是真正誠心要探求民瘼，真正為人民解決痛苦的。《象辭》說：「先王以省方、觀民、設教。」非常正確。只有真心誠意到各國去訪問、觀察人民之心聲，才能因事制宜，制出好決策。

四、臨卦爻辭

人際關係的和諧，在與屬下親自見面時，必須先獲得他們對自己的向心。但也不可為了獲取向心，而忘掉了自己的本分，尤其是執行階層的初、二、三爻。

初爻承辦人，奉令行事，面對的是平民百姓，所以說：「**咸臨，貞，吉**。」「咸」是「和」的意思，《尚書・無逸》有「用咸和萬民」句，言以溫和的態度，使萬民順服。初九於溫煦待民之時，仍須堅守本分才能吉。違規超速，警察取締時，雖面帶笑容，罰單仍須照開，才能整頓交通、嚴飭不法，否則是怠忽職守。

但**二爻**是執行負責人，面對的屬下是初爻的承辦人，所以說：「**咸臨，吉，无不利**。」溫煦對待執行人，才能和諧任事，所以工頭對待自己的工人，如言語粗暴，工人必然一有機會就離開。體諒、溫煦，大家相處就愉快，工作自然圓滿順利。

負責承上啟下的**三爻**，為了讓初、二爻努力貫徹決策，溫和對待是對的，但千萬不可許以任何好處，否則，此例一開，以後無利可圖就無法推動了。所以爻辭說：「**甘臨，无攸利，既憂之，无咎**。」能明白後果的嚴重而預為綢繆，就不致犯錯了。獎金、嘉獎都不能亂給的。

決策階層亦然。決策要能針對事實需要，易於執行，身為擬訂決策的**四爻**，就要親自查訪、了解，所擬策略才能浹洽人心，所以爻辭說：「**至臨，无咎**。」

五爻貴為一國之君，乃決策之核定人，發布任何號令，都必須對事實真相、執行人員及過程充分了解，也才能得到全民擁護。所以爻辭說：「**知臨，大君之宜，吉**。」所以身為國君，應知人善任，知屬下勞逸狀況，方為明君。

至於**上爻**，位高權重，不親庶務，本無須蒞下，但爻辭卻說：「**敦臨，吉，无咎。**」原來，「敦」是勉強，若上爻能勉強自己蒞臨參與，予人榮耀，則吉而無咎，更能鼓舞人心，使大家相處更和諧。董事長能蒞臨員工婚喪致意，人心將十分振奮。

五、觀卦爻辭

觀覽天下應慎重、誠懇而溫和，各級領導人都不能輕率，以免觀察不實，決策無法浹洽人心。

初爻直接接觸百姓，要從大局著眼，不可蔽於一隅，故爻辭云：「**童觀，小人无咎，君子吝。**」承辦人之觀覽百姓，若如幼童，視野不廣，觀察草率不深入，則易有偏執之病，無法正確。

二爻亦然，爻辭云：「**闚觀，利女貞。**」自門縫窺視，視野不廣，所見不真，此為當時女子之常行，執行負責之二爻則不宜，因其無法宏觀，無法察識大體。

三爻承上啟下，彙集初、二爻觀覽所得，提供決策階層參酌。由於初、二爻所觀或不能深廣，或有偏執之病，因此三爻必須親自觀覽生民以資比對，確為生民所急需者進獻之，其不當者，退而複查。故爻辭言：「**觀我生，進退。**」

四爻於西周，位為諸侯，為王耳目屏藩，故爻辭言：「**觀國之光，利用賓于王。**」宜察本國辦得最好之光彩勳業，撰擬制度，提供採取，以發揚光大，使人民賓服於君王。

身為國君的**五爻**，決策時，必須親自慎重觀察生民之反應，將四爻所撰擬決策詳細比對，如此當不致發生差錯。故爻辭云：「**觀我生，君子无咎。**」古人認為率土之民，莫非王臣，故云「我生」，《詩・大雅・假樂》中，國君亦為君子，故云「君子无咎」。

上爻不預庶政，生民非其所屬，故觀其生民之疾苦而為建議。故爻辭云：「**觀其生，君子无咎。**」

總之，無論何種身分，身為貴族，在觀覽天下生民之疾苦時，皆必須慎重，誠心為人民設想。

動動腦

一、家人相處不和諧，何人應該出面調和？
二、同事之間應如何防範被陷害？
三、做什麼事一定要有主見。
四、母親改嫁，面對繼父應如何相處？
五、身為單位主管，對部屬應如何「知臨」？

第五章　危機處理

主旨

——研讀本章之後，學習者應能達成下列目標：

一、了解層層節制的必要性。

二、知道情勢每下愈況的原因及因應之道。

三、學會突發狀況的處理要領。

四、了解壓力造成危機的應變之道。

五、知道變生肘腋的預防及因應要領。

摘要

本章包含十卦，分五節敘述如何化危機為轉機。

第一節的噬嗑與賁兩卦，敘述層層節制對富有企圖心之人的重要性，以及一旦沒有外力的節制，而形成一意孤行時造成的危機，其因應之道在嚴守本分。

第二節的剝卦及復卦，敘述外在侵蝕及內心頹喪所造成的信心危機，使得整個情勢每下愈況。

第三節的无妄及大畜卦，敘述突發狀況造成的遲滯危機，輕則延緩了進行的速度，重則使業務停擺。

第四節的頤與大過兩卦，敘述突來壓力造成的危機，在平常足以負荷及難以承擔的非常壓力狀況下，各有不同的因應之道。

第五節的離與坎卦，敘述人在得意忘形及一時失察，誤蹈法網時造成的飛來橫禍，各有不同的預防及因應之道。

《周易》指導統治階級的各級貴族做事技巧，以及人際和諧相處的原則後，開始指導遇到各種危機的處理要領。這些危機或來自本身的因素，或由於情勢每下愈況、或突發事故、或壓力陡增、或飛來橫禍。由微而著，由輕轉重，各級領導人必須妥慎因應，化危機為轉機。

第一節 一意孤行（噬嗑、賁）

每一個人都期望凡事自主，尤其企圖心旺盛的人，都期望能擺脫束縛，隨心所欲，大展才華。可是，如沒有外力的限制，就很容易陷入一意孤行的危險，《周易》非常強調層層節制的必要性，於「噬嗑」及「賁」兩卦中，特別分析其利弊及轉化之道。

一、本文

㈢噬嗑（䷔）

噬嗑，亨。利。用。獄。（利於訟獄審判）。

初九 屨。（草鞋）校。（刑具）滅。（即「蔑」，無也沒也）趾。（足），无咎。

六二　噬。（食）膚。（通「福」，胙肉也）滅鼻，无咎。

六三　噬腊肉。（祭祀過之乾肉），遇毒，小吝，无咎。

九四　噬乾胏。（乾脯），得金矢。（貴重金屬之箭頭），利艱貞，吉。

六五　噬乾肉，得黃金。（即金矢）貞，厲无咎。

上九　何。（負荷）校滅耳。（遮蔽其耳），凶。

㈢賁（䷕）

賁，亨小。（亨通機會小）。利有攸往。

初九　賁。（同「奔」）其趾。（足），舍。（放棄）車。（車輛）而徒。（步行）。

六二　賁，其。（且）須。（稍待）。

九三　賁如，濡如。（沾濕），永貞，吉。

六四　賁如皤。如。（白），白馬翰。如。（其疾如飛），匪寇，婚媾。

六五　賁于丘。（山丘）園。（園林），束。帛。（成綑之絲織品）戔戔。（委積貌），吝，終吉。

上九　白。（素）賁，无咎。

二、卦名

噬嗑卦（䷔）與賁卦（䷕）符號顛倒，表示在同一前提下，意義相對。

「噬嗑」之「噬」字，除本卦外，另見於睽卦六五爻之「厥宗噬膚」，比對本卦之「噬膚」（六二）「噬腊肉」（六三）「噬乾胏」（九四）「噬乾肉」（六五）其義明顯為「食」之義。「嗑」字僅見於此卦，西周典籍未見，十翼中之《序卦》言：「嗑者合也。」

「噬嗑」二字，言欲食而口合，顯然無法隨心所欲。猶如企圖心旺盛之人，處處受到外在限制，無法施展。

「賁」字，十翼及其以後之學者多釋為「飾」，然考諸《詩》《書》諸篇，則多借為「奔」字，如《詩・小雅・白駒》：「賁然來思。」言白馬飛奔而來！《尚書・立政》：「虎賁。」謂行如猛虎奔行之戰士。以釋《周易》本卦，義頗浹洽：如初九欲奔行，故誡以「徒步而行」，二爻一意往前奔馳，故誡以「且稍待」！

二卦之共同前提為：有心作為，富企圖心。其不同處為：噬嗑受外力限制，無法隨心所欲；賁卦則不受任何限制，可全力發揮。

二者孰優？一般人或以為必為「賁卦」，然《周易》作者不以為然！

三、卦辭

對於這兩卦，《周易》作者以為：

噬嗑，亨。利用獄。

賁，亨小。利有攸往。

有外在限制的「噬嗑」卦，做起事來，順暢亨通；但對於沒有外在限制的「賁」卦，反而是：順暢的機會小。換言之，能有層層節制的話，反而做起事來更順暢。原因就在：沒有外力的限制，極易流於一意孤行，甚至在「一言堂」的情況下，步上獨裁暴君之路，引起眾人的反感，種下失敗的因子。而噬嗑卦因為有外在的層層節制，所以不致一意孤行，胡作非為，尤其在審判時，由於有法律之種種限制，不致全憑主觀認定，造成冤獄，判死刑時，更須層層上報，才能定讞，不致草菅人命。如子女有父母隨時照拂、指正，雖不能為所欲為，卻減少許多犯錯的挫折。

賁卦由於不受限制，雖然會有一意孤行，造成不順的弊病，但是也不是一無是處，它的發展空間是無限的，只要能勇往直前，主動突破困境，力爭上游，情勢依然大有可為。

許多創業的大企業家，沒有父母的奧援，完全憑著個人的主動奮鬥，白手起家，也能開創出一番新天地來，原因是他雖然沒有任何依靠，但也沒有任何包袱或限制，可以放手施為。

這是完全不同的兩個卦，有利也有弊，遇到危機時，如何認清時機，並且化危機為轉機，是各級領導人必須注意的課題。

四、噬嗑卦爻辭

在層層節制時，無論執行階層或決策階層能接受節制，堅守本分則不致發生過錯或困阨。

初爻是承辦人，不宜一意孤行，唯因企圖心強，汲汲於行，處於層層節制之時，不得自專，有如腳鐐繞足，以致不良於行，因而才不致貿然前進，發生差錯。故爻辭說：「**屨校滅趾，无咎。**」子女尚未成年，不解世道險惡，猶如初生之犢，如能遵長者戒護，則可不入歧途；身為店員，未得老闆授權，也不得隨意削價售貨，以求績效。

同理，**二爻**身為執行之負責人，祭祀時身為助祭，得嚐胙肉，如有肉大遮鼻之限制，則可緩食慢嚥，不致因操之過急致噎，故爻辭言：「**噬膚滅鼻，无咎。**」班長遵導師之命令處理棘手事情，雖不能隨心所欲，但不必承擔任何責任。

三爻承上啟下，受上級節制，推動決策，不能自專，但秉命而行，縱然被人中傷，心生挫折，也非己過，故爻辭言：「**噬腊肉，遇毒，小吝，无咎。**」猶如吃祭祀過的乾肉，發現肉中留有毒箭的毒，吃起來將更小心翼翼，不致中毒。平素謹慎自制，亟思跟會儲蓄，縱被倒會，有了小損失，也不致家破人亡。

四爻雖身為親信，如急於事功，在上級的節制下，將如「**噬乾胏，得金矢**」，吃乾肉，吃到尖銳的金屬箭頭，非常危險，必須遏制自己的慾念，堅守自己的本分，一切唯上級命令是聽，如此必吉。故爻辭誡之：「**利艱貞，吉。**」

身為**五爻**的最高領導人，如果企圖心強，任性而為，將如四爻一樣，吃乾肉，吃到尖銳的金屬箭頭，也非常危險，必須守住自己的本分，保國衛民，如此再危險也無礙了。許多父母以為自己最大，任意打罵子女，引來子女仇恨不孝，如能盡到慈愛的本分，自得子女孝敬。故爻辭言：「**噬乾肉，得黃金，貞，厲无咎。**」

至於**上爻**軍師，雖位高權重，掌立國原則及軍事，倘因企圖心強，在國君之強烈節制下，必有功高震主之危，一如韓信之被囚，荷負刑具上頭，其凶無比。故爻辭言：「**何校滅耳，凶。**」公司首長退休，擔任顧問，就不要再汲汲干涉公司業務，否則必遭唾棄，上爻遵守不干預世務之本分自然無咎。

五、賁卦爻辭

企圖心強的人，有外在節制時，能堅守本分就可無咎，沒有外在限制時，是否就可恣意而行，不必堅守本分呢？不。

爻辭誡**初爻**云：「**賁其趾？舍車而徒。**」可以放足狂奔，恣意而行嗎？捨去乘車的迅捷，改以徒步而行吧！初爻承辦人，宜聽令而行，故戒以安步當車。上進心強的孩子，不喜父母師長嘮叨，但要知自我節制。

二爻負責規劃執行，企圖心強，勇於前進，在上級信任，下級服從之時，為避免一意孤行，步入歧途，爻辭誡以：「**賁？其須。**」要衝啊？且慢！班長急著要帶領班上同學外出旅遊時，先報告導師、學校，徵得同意再出發吧！執行上級決策，才是本分啊，不宜擅自做主。

三爻承上啟下，本分在推動上級決策，由於企圖心強，在上級充分授權，下級忠誠執行之時，可以積極推動，努力得汗流浹背，濕透衣裳，但別忘了，推動的事務，一定要是上級的決策，如此才不致對下侵權，或對上越權，而守住了本分。我們在得到別人的信任，替人傳達口信時，一定要忠於原義，不得有半點增減或扭曲，故爻辭云：「**賁如，濡如，永貞，吉。**」

四爻是五爻的親信，得到五爻的信任，沒有任何的限制，四爻當然要更加自愛，盡到親信的本分，為五爻做好人際關係，猶如觀卦六四爻之「觀國之光，利用賓于王」，所以爻辭誡以：「**賁如皤如，白馬翰如，匪寇，婚媾**。」四爻企圖心強，得到五爻寵信，外無限制，故能盡情奔馳，其疾迅如白馬之飛奔，絕塵而去，但見一片白，然勿侵犯他人，而應堅守本分，拉攏五爻與各級領導人之情感，使眾人如締結姻盟般穩固。為人至友、配偶、祕書本應全力為對方做好人際關係。

至於最高領導人之**五爻**，有旺盛的企圖心，又無人予以限制時，當司何事？爻辭言：「**賁于丘園，束帛戔戔，吝，終吉**。」他應該汲汲於探訪人才，廣施恩惠，羅致隱逸賢人來輔佐自己，就如劉備三顧茅廬，禮聘諸葛亮一般，終於使自己脫離被曹操追殺之挫折，而擁有一席之地。有心的父母或師長，怎能不投下巨資或精神，發掘子女或學生的才華，而努力予以栽培？

有心的軍師，得國君之倚重信任，得以放手施為，爻辭認為更應該自重，凡事本其素分而行，不越權限，如此才能不出錯。故**上爻**爻辭說：「**白賁，无咎**。」退休不管事的父母雖受子女敬重，事事諮詢，言行就要更加自愛，不要因自己的固執為子女帶來困擾。

第二節 每下愈況（剝、復）

企圖心太強而形成的一意孤行所造成的危機，只要嚴守本分，就可化危機為轉機；但有時候，內心頹廢或外來侵蝕所造成的信心危機，光是嚴守本分就不見得能夠化解了。《周易》本經的「剝」、「復」兩卦提出解決之道。

一、本文

(三)剝（䷖）

剝，不利有攸往。

初六 剝（侵蝕）床以（及）足，蔑貞，凶。

六二 剝床以辨（版）。蔑貞，凶。

六三 剝之（漢《帛書易經》、《熹平石經》無「之」字），无咎。

六四 剝床以膚（切身之肌肉），凶。

六五 貫（串）魚（吉祥之物，西周有獻魚祭宗廟求福之俗）以（及）宮人（同宗室之親人），寵（尊榮），无不利。

上九　碩（大）果不食（即「蝕」字，侵蝕也），君子得輿，小人剝廬（帳篷屋）。

㈥復（䷗）

復，亨。出入（隨時隨地）无疾（疾病），朋來无咎，反復（返）其道（康莊大道）七日（近期）來（至）復，利有攸往。

初九　不遠復，无祇（致）悔，元吉。

六二　休（止）復，吉。

六三　頻（同「顰」，縮小也）復，厲，无咎。

六四　中行（道中），獨（單獨），復。

六五　敦（勉強）復，无悔。

上六　迷復，凶，有災眚（災害），用行師，終有大敗，以（及）其國君，凶。至于十年，不克征。

二、卦名

剝卦（䷖）與復卦（䷗）符號顛倒，在同一前提下，有相對意義。

「剝」字，西周典籍或作「宰殺」，或作「扑擊」，前者如《詩・小雅・楚茨》：「或剝或亨。」謂或者宰殺，或者烹煮；後者如《詩・豳風・七月》：「八月剝棗。」至春秋，始有「侵蝕」之義，如《尚書・秦誓》：「剝盡元良。」謂侵蝕傷害善良之人。於《易》，又見於兌卦九五爻「孚于剝」。比對本卦爻辭「剝床」、及上九「碩果不食（蝕）」，言侵蝕其床、碩大之果實不被侵蝕，則「剝」字以「侵蝕」之義解之，十分允當。用在現在，「剝」就是因為外力，打擊、剝奪了信心、鬥志。

「復」，於《易》十七見，全作「返」解，如泰上六「城復于隍」，於《詩》亦十四見，除〈大雅・綿〉：「陶復陶穴。」復為「覆（複穴）」之假借字外，餘亦均作「返」解，如〈大雅・公劉〉：「復降在原。」言又回到平原地帶。「復」字原義，顯是「回到原來位置」。

仔細觀察卦辭：「出入无疾，朋來无咎，反復其道。」顯然，此回歸原點，非關疾病、亦非朋友影響，所以回歸原點，必然是由於個人的缺乏信心，導致心志消沈。

比較剝復兩卦，「剝」受外力侵蝕，「復」為內心的意志消沈、頹廢；而其共同現象則是喪失信心、缺乏鬥志，導致情勢每下愈況。

唯戰國以後出現的《象辭》，則解「復」為「恢復」，於復卦云：「先王以至日閉關，商旅不行，后不省方。」認為冬至日一元復始，宜休養生息。然釋「復」為「恢復」，西周典籍未見，以釋復卦卦爻辭，義亦不洽。詳見復卦爻辭之分析。

三、卦辭

情勢江河日下，當然是個危機，而其原因，或由於外力扑擊侵蝕，或由於內心意志消沈，無心振作。《周易》於此時之作法，有如下建議：

剝，不利有攸往。

復，亨。出入无疾，朋來无咎，反復其道，七日來。復，利有攸往。

《周易》作者認為「剝」是外力的侵襲，縱有良好構想也無法執行，所以不宜繼續往前衝。而把心力投注在內部的團結上。《象辭》說：「上以厚下安宅。」厚待下屬，使其安心生活，是最佳的應對之道。

至於「復」卦，因為是內心的頹廢，由於自己意志的消沈，以致自甘墮落，所以應對之道，不假外求，因此，卦辭說「亨」。只要有心改進，自可亨通。此無關疾病，亦無朋友影響，只要自己回心轉意，則回歸正道，就為期不遠了。只是要自己主動罷了。

卦辭言「七日來」，比喻為期不遠。按《易》言日，三日為最近期，如前述蠱卦「先甲三日」；「旬日」（十日）為較遠期。近期則以「七日」表示；如用「十年」則表「非常長久」的時期了。有心振作，只需要一段短時間的醞釀而已。

剝卦時，「不利有攸往」，復卦時「利有攸往」，一靜一動，應對的方法完全相反。

四、剝卦爻辭

外力侵襲信心鬥志時，執行階層必須堅守本分，努力穩住局勢，使之不再繼續惡化，決策階層則必須致力鞏固屬下的向心，共同渡過危機。

初爻之承辦人，猶如床之四隻腳，外力侵蝕了承辦人之信心，就像剝蝕到床腳，整張床，將有倒塌之危險，故爻辭云：「**剝床以足，蔑貞，凶**。」必須堅守自己之本分，才能穩住崩潰。許多有外遇之人，拋家棄子，便是不守本分，導致家庭破碎。

二爻之執行負責人亦然，他們就像床板，外力侵蝕了二爻的信心鬥志，就像剝蝕到床板了，整張床也會有倒塌之危險，故爻辭亦言：「**剝床以辨，蔑貞，凶**。」自己不但要不受侵蝕，堅守本分，也要鼓舞承辦人堅守本分，穩定鬥志。

初、二爻之受侵蝕，源自外力，故**三爻**爻辭云：「**剝之，无咎**。」外在之剝蝕，並非承上啟下之三爻造成，故非其過錯，然為達成任務，三爻仍應厚下安宅，安撫維繫屬下之信心鬥志才是。例如，取締交通違規，承辦的警察及負責執行的交通大隊長備受議員責難時，身為警察局長的三爻就必須出面全力支持，為他們辯護。

四爻為最高領導人之親信，猶如睡在床上的人，如果外力的侵蝕，已到了人身，那就十分危急了。故爻辭說：「**剝床以膚，凶**。」如果連貼身的祕書、至友、配偶都失去了信心，缺乏鬥志，情勢危急可知。

化解外在侵蝕的人是誰？五爻的最高領導人及上爻的軍師。**五爻**的化解方法是：「**貫魚以宮人，寵，无不利**。」他要用一連串的恩澤，施予同族之人，尊寵他們，給他們信心，一致團結對外。

而這時，掌握立國原則之軍師，更是要保持大信心，維繫大鬥志，不要受侵蝕，唯有如此，各級領導人才會鼓起勇氣，迅速動員起來，百姓也會毀家紓難，舉家追隨。正如**上爻**爻辭所說：「**碩果不食，君子得輿，小人剝廬**。」在家庭中，父母慈愛子女，祖父母作風穩健，態度堅定，家庭氣氛溫馨則子女自然不受外界不良習氣之薰染，充滿信心，接受環境挑戰。

五、復卦爻辭

意志消沈，缺乏奮鬥信心，任何職級領導人如此，對業務推行都是非常嚴重的危機，《周易》作者不斷諄諄告誡。

初爻承辦人，消極頹廢，因係聽令而行，所以開始時，還不致發生遺憾之事，本身任務尚可照常運作，但時日一久，就非延誤公事不可，所以爻辭說：「**不遠復，无祇悔，元吉**。」店員心志消沈，懶得做生意，對顧客當然不夠熱誠、親切，生意當然會越來越清淡。

二爻是執行負責人，如果意志消沈，沒有鬥志，不但執行不力，而且將影響承辦人，所以務必自我提振，爻辭故云：「**休復，吉**。」停止消沈，展開意志，則上下振奮，諸事圓滿。如果身為教師都無精打采，班上幹部怎有活力？

同樣，居於承上啟下的**三爻**，政策的推動，全賴他的努力，有了倦勤之意，情況之嚴重可知，如能縮小自我頹廢之心，增強對業務之鬥志，則再危險的情況，也不致發生差錯。但這也還不理想，所以爻辭僅說：「**頻復，厲，无咎**。」最好的狀況當然是充滿高昂的企圖心，才能激勵所屬轉危為安。《世說新語》所載晉南渡諸臣為國土沉淪感傷流淚，身為宰相的王導，立刻正色鼓舞大家：「當共戮力國事，怎可如此楚囚對泣。」便是此義。

王導雖屬三爻，然元帝倚重甚深，亦屬親信之**四爻**，職司振奮眾人之情感及意志，共同戮力王室。在眾人正在感傷時，必須自我作心理建設，使內心有周全準備（中行），若任令自己個人情感消沉（獨），則將失去信心、鬥志（復），故爻辭云：「**中行，獨復**。」王導自己必須排除自我的感傷，以大局為重，反過來激勵大家。對婚姻失去信心的人，不宜悲觀，成天自怨自艾，否則，將更會失去信心。

而位居最高決策人的**五爻**，肩負大局重任，更不能悲觀，缺乏信心、意志消沉。爻辭說：「**敦復，无悔。**」只有勉強自己，力圖振作，免於消沉，才能不生悔恨。身為一家之長，身負家庭經濟重擔，再怎麼辛苦，也必須承擔、振作。

西周時代身為元老重任的軍師，掌立國原則及軍事，如果迷失了自己，心志消沉，那後果就非常嚴重了，災害將隨之而來。如果以此態度帶兵作戰，那將必敗無疑，嚴重的話，將危害了國君的安全，甚至歷經長長的十年，都無法東山再起。所以上爻爻辭說：「**迷復，凶，有災眚，用行師，終有大敗，以其國君，凶。至于十年，不克征。**」情形嚴重，可想而知。試想，私校的董事會如果只想賺錢，不想辦學，後果如何？

第三節　突發狀況（无妄、大畜）

企圖心太強或意志消沉，都會帶來危機，但臨時意外插進來的業務也會帶來危機，如果只是稍微延滯了整個進度還好，如果讓正常業務停擺，那就非常嚴重了，《周易》本經的「无妄」卦及「大畜」卦，特別討論這個問題。

一、本文

(三五) 无妄（䷘）

无妄，元亨。利貞，其匪正，有眚，不利有攸往。

初九 无妄（喻意外），往吉。

六二 不耕（發土），穫（收刈）；不菑（新墾一年之田），畬（已墾三年之田），則利有攸往。

六三 无妄之災，或繫之牛，行人（路人）之得，邑人之災。

九四 可貞，无咎。

九五 无妄之疾，勿藥，有喜。

上九 无妄，行有眚，无攸利。

(三六) 大畜（䷙）

大畜，利貞，不家食（蝕）吉，利涉大川。

初九 有厲，利已（止）。

九二 輿（車）說（同脫）輹（車軸承盤）。

九三　良馬逐。（追逐、奔馳），利堅貞，日閑。（嫺熟）輿衛。（駕馭戰術），利有攸往。

六四　童牛。（幼牛）之牿。（角著橫木），元吉。

六五　豶。（去勢之公豬，喻不衝動）豕之牙。（說文作「枑」，交木為欄），吉。

上九　何。（荷）天。之衢。（天道，天運），亨。

二、卦名

无妄卦（☰☳）與大畜卦（☶☰）符號顛倒，表示在同一前提下，有相對的意義。「妄」字西周典籍未見，《易》中亦僅見於本卦。東周文獻多作「不法」解釋，如《左傳》哀公二十五年：「彼好專利而妄。」二十七年：「三桓亦患公之妄也。」以「不法」釋「妄」，「无妄」即「無不法」。比對本卦上九爻辭：「无妄，行有眚，无攸利。」沒有不法，卻有災禍，顯然義有不妥。

唐陸德明《經典釋文》引馬融之注云：「妄猶望，謂無所希望也。」屈萬里先生引申其說：「《戰國策》卷十七，言朱英說春申君，所謂無妄之福、無妄之禍……亦無所希望意，猶今言意料之外也。」（周易集釋初稿無妄卦）

大畜之「畜」字，於小畜卦中已有說明，均為「蓄阻」之義。唯「小畜」為小小阻滯，乃進行任務前之最後協調、檢查，「大畜」則完全阻滯，為外力之介入，正務無法進行。

總上所述，无妄與大畜二卦之共同前提為：意外事務突然發生時，其不同在无妄卦之正務仍可持續進行，大畜卦則正務完全受影響而停頓，無法進行。

三、卦辭

面對突發事務的到來，兩卦由於情況輕重有別，其解決方案也有不同：

无妄，元亨。利貞，其匪正，有眚，不利有攸往。

大畜，利貞，不家食吉，利涉大川。

无妄之時機，雖為突然增加進來的工作，但因剛開始並沒有影響正常業務的進行，所以卦辭說：「元亨。」但是否能永遠順暢，則必須注意下列三事：一、各級領導人要堅守本分，不可影響本身正常業務（利貞）；二、突來的工作，必須是合法、正當，如果與本業無關，就會變成不務正業，帶來災害（其匪正，有眚）；三、對突來的工作要充分了解，不可貿然主動承接（不利有攸往）。

由於「大畜」卦是接了突然而來的工作後，完全妨礙了本身的業務運作，使整個進度受到干擾而停頓，《周易》作者期期以為不可，所以直接告誡：一、要堅持本分，不得影響正業（利貞）；二、突增的工作不得使自己的家邦受到侵蝕（不家食吉）；三、如不得已，非增加不可，為使停滯的業務持續運作，必須冒險犯難，力求突破（利涉大川）。這三點原則如何堅持，就有賴各級領導人的努力了。

四、无妄卦爻辭

突增的工作雖不影響正常業務的推動，各級領導人仍須小心衡量應對之道。

初爻承辦人以「服從」為天職，爻辭說：「**无妄，往吉**。」既然對本身業務沒影響，就欣然主動承接吧！推託工作，容易招來主管誤解，自己也推掉了磨練的好機會。

但**二爻**身為執行負責人，就不可以主動找事，因為做的人是初爻，不是自己，除非所找到的工作，對大家都有不勞而獲的好處，所以爻辭說：「**不耕，穫；不菑，畬，則利有攸往**。」不耕田，就有稻穀收刈，不需花勞力去開墾田地一年，就有開墾三年的田地可耕作，天下有這等天掉下來的好處，才去承接。沒有上級的交付，對本業無關的事務，二爻切不可自己找事，增加大家的負擔，把大家累個半死。

三爻職司承上啟下，更不可主動找事來增加同仁的困擾。其實有些意外的到來，也容易受害，如替人做連帶保證的「保證人」，債務人不還債，保證人就得代為償還，甚至弄得傾家蕩產也不無可能，受益的債務人跑掉了，自己無端受害。故爻辭云：「**无妄之災**，

或繫之牛，行人之得，邑人之災。」比喻得非常好，就像村子外路邊綁著一頭牛，被過路人順手牽走了，倒楣的是村子內的人，被誤會為偷牛賊。這是與村民完全無關的事，卻也會意外地惹禍上身。初、二爻執行人偷懶或偽造文書，他們的主管三爻，卻必須以監督不周之罪被責備，或竟吃上官司。

面對突然而來的事物，可完全不受影響的是四爻及五爻，因為**四爻**職司「撰擬決策」，資訊來源越多越好，甚至可以觸發靈感，故爻辭言：「**可貞，无咎。**」可以幫助完成自己的本分。

而**五爻**是最高決策人，有權決定接受與否，故爻辭言：「**无妄之疾，勿藥，有喜。**」開車的人，發現前面突然衝出一人，縱有緊急狀況，內心仍可不慌不亂，因為他知道何時踩煞車，不像坐在駕駛座旁邊的人，嚇得心口撲撲跳，手心冒冷汗。

上爻的軍師就最怕突發狀況了，因為他掌立國原則，掌軍事行動，每一舉措都攸關國家存續，人民存亡，凡事必須謀定而後動，採取主動，如今，在原計畫之外，突然冒出緊急狀況，如胡亂因應，必有災厄，因為主控權被剝奪而不得不被動因應時，有利地位隨即發生動搖，故爻辭說：「**无妄，行有眚，无攸利。**」孫子兵法重「奇襲」，戰術應用重點在「出其不意，攻其無備」，原因在此。

五、大畜卦爻辭

突發的事務如妨礙了正常業務的推展，那是非常嚴重的事，六級領導人都必須嚴予防範。**初爻**承辦人，雖然有「服從」的天職，一旦發現已危及整個團體家邦，要立刻「拒辦」。爻辭說：「**有厲，利已。**」「已」是「停止」。停止、突發狀況的危害。

二爻也一樣，拒絕接受執行。因為行政將整個受影響而癱瘓了。如車身與車輪脫離了，無法運作。所以爻辭說：「**輿說輹。**」不能讓突發狀況惡化。

三爻身為國家重臣，中流砥柱，面對意外狀況之阻滯，爻辭認為必須：「**良馬逐，利堅貞，日閑輿衛，利有攸往。**」磨練自己，像一匹千里馬，耐於奔馳，堅守自己本分，發揮才華，奮鬥不已。務使本務能正常運作，減輕意外傷害，不要危及團體家邦；同時不斷磨練自己的能力，嫻熟駕馭戰車及防衛戰術，主動努力突破困境。當我們突遭失業或被連累還債時，為了使家庭經濟度過難關，就必須變成「良馬逐」「日閑輿衛」、「利有攸往」，突破困境。

在決策階層，對突發狀況，尤宜審慎防範，身為研擬決策的**四爻**，更不能掉以輕心，而必須小心翼翼提出應付辦法，但也不能反應過度，研判錯誤、防範過當，就如爻辭所說：「**童牛之牿，元吉。**」幼牛無角，本不觸擊人，今復縛以橫木，顯然有小題大作、反應過度之嫌，提出後讓五爻做成決策，將徒增執行困擾，造成對正常業務的停頓阻滯。

而**五爻**職司最高決策，就必須盡量防範於未然了。所以對於任何臨時興起的意念，或面對突發的狀況，都要非常小心，決策時，不敢有任何的衝動，爻辭說：他要如「**豶豕之牙，吉**」像去勢的公豬，絕不衝動外，又要再加柵欄圈住，不致放逸。最高領導人的一言一行，都影響全局，豈能不慎重？

而掌立國原則之軍師，雖然僅備諮詢不親庶務，但由於地位超然，旁觀者清，面對意外事務阻滯正常業務之情況，必須提出坦率易行的康莊大道讓大家遵行，讓一切回歸順暢，**上爻**爻辭說：「**何天之衢，亨**。」諸葛亮在劉備走投無路時，一段「隆中對」的分析，讓劉備於敗軍之際，倥傯之間，奠定鼎足而三的基業，便是諸葛亮能指引一條康莊平坦的明路所致。

第四節　突增壓力（頤、大過）

突發的事務打亂了正常進行之業務，不同程度的壓力，也會造成精神的重大負荷，影響任務的達成，《周易》作者為了避免壓力造成危機，特於「頤」及「大過」兩卦中，提出一般及非常時期之應變之道。

一、本文

㈦頤（䷚）

頤，貞吉，觀頤。（口腔），自求口實。（物）。

初九　舍。（同「捨」）爾。（汝，求占者）靈。龜。（靈驗之龜卜，喻人人天賦之靈智），觀我。（占者，指作者）朵。頤。（動口指示），凶。

六二　顛。（傾）頤。（口中之物），拂。（違）經。（經常之行）于丘。頤。（頤充實如圓丘，喻踏實圓滿）征凶。

六三　拂。頤。（拂經、顛頤，喻行為虛浮不實），貞，凶，十年勿用，无攸利。

六四　顛頤，吉，虎。視。眈。眈。（如虎之視，目光炯炯，心有圖謀），其欲逐逐，无咎。

六五　拂經，居貞，吉，不可涉大川。

上九　由。（順）頤。（喻能虛能實），厲吉，利涉大川。

㈧大過（䷛）

大過，棟。（屋脊長橫樑木也），撓。（屈曲），利有攸往，亨。

初六　藉（薦於下，喻承擔）用白茅（潔白之香茅），无咎。

九二　枯楊生稊（稚葉），老夫得其女妻（年輕如女兒之妻），无不利。

九三　棟，撓，凶。

九四　棟，隆（高聳），吉；有它（喻意外），吝。

九五　枯楊生華（花），老婦得其士夫（年輕男子之丈夫），无咎无譽。

上六　過涉（過度深涉），滅頂（淹沒其頭），凶，无咎。

二、卦名

頤卦（䷚）與大過卦（䷛）符號相反，表示二者意義亦相反。

「頤」字西周典籍未見，《易》中亦僅見於此卦，東周戰國文獻多作「頤養」解，如《彖辭》言：「頤者，所由飲食自養也。」《序卦》亦謂：「頤者，養也。」漢代多作口腔、下巴之義，揚雄《方言》云：「頷也。」鄭玄言：「頤者，口車輔之名也。」總上所述，「頤」為口中食飲之義，為日常例行所為。《易》中於日常例行之事，多以酒食表示，如需九五「需，于酒食」，謂飲酒食肉，以日常例行態度面對之。

「大過」之「過」字，《書經》西周十二篇中未見，《詩・公劉》：「遡其過澗。」「過」為地名。於《易》七見，除本卦卦名及上六爻外，皆見於「小過」卦，而其義又不同。「小過」卦中諸「過」字，其義皆為「刻意拜訪」，如六二爻「過其祖，遇其妣」，言本欲拜訪祖父，不意卻與祖母不期而遇。九四「弗過，遇之，往，厲，必戒」，言未刻意去拜訪，卻不期而遇，得罪之後再主動前往，危險，一定要小心防範。至於「大過」則為「超過」之義，如上六「過涉，滅頂」，言涉水過深，致沒頂淹死，卦辭及九三之「棟撓」，言屋樑因超過負荷能力而彎曲。

《易》中常見卦不同，則字雖相同，意義也不同，如「乾卦」的「乾」字，意義為自強不息，在「噬嗑卦」則是「乾肉」的「乾燥」之義。

比對「頤」與「大過」，大過之「大」，乃所遇壓力大大超過本身能力所能負荷；而「頤」則僅為一般之壓力而已，以平常態度待之即可。

三、卦辭

由於壓力大小有別，面對之方式亦截然不同：

頤，貞吉，觀頤，自求口實。

大過，棟撓，利有攸往，亨。

「頤卦」之時，壓力足以負荷，所以只要恪守本分即可圓滿達成任務。唯宜視身分之不同，決定心態宜「虛」宜「實」。猶如口中含物，「實」則充實圓滿，宜踏實咀嚼；「虛」則中虛，可大量接納。大凡身分是執行任務之人時，貴在踏實。身分是決策之人時，則要虛心接納眾人意見。當然，既能虛心接受他人意見，則不致墨守成規，而能不斷創新。

「大過」之時，壓力大大超過本身能力所能負荷。其危機在可能造成各級領導人身心不堪負荷而崩潰。所以卦辭告誡，在任務艱巨、責任重大的非常時期，自己的精神壓力奇重，將如屋樑之不勝負荷而彎曲，這時，沒有其他的辦法，只有勇於承擔，主動突破困境，才能化解危機，使業務順暢進行。孟子言：天將降大任於斯人也，必先苦其心志、勞其筋骨、餓其體膚、空乏其身、行拂亂其所為，然後才能動心忍性，以增益其所不能。正可為本卦辭之注腳。

四、頤卦爻辭

前面說道：在一般壓力的狀況下，《周易》作者認為執行階層之領導人必須踏實，決策階層的人必須虛心，爻辭特別強調。

初爻承辦人雖聽令行事，但並不是說腦筋要空虛，一個口令一個動作，而是在自己本職範圍內，用心踏實地主動去做，如果要上級天天吩咐，事事叮嚀，那就是虛而不實了。所以爻辭告誡：「**舍爾靈龜，觀我朵頤，凶。**」放棄你自己靈敏的頭腦，事事要我動口交代，任務就無法完成了。

同樣的道理，**二爻**的執行負責人，原本就要踏實地規劃執行，如果虛浮不實，執行下去，必不能貫徹決策。爻辭比喻說：「**顛頤，拂經于丘頤，征凶。**」就像掏空扎實的口中食物，或違背經常的行事法則一樣，做事不扎實牢靠，任務一定無法達成。

身負承上啟下推動之責的**三爻**也是如此，他一定要如口中充滿食物般，扎扎實實地咀嚼，如今卻違背這個原則，隨隨便便地嚼兩下，就吐掉了，這樣虛浮不實的行為，當然不能盡其本分，完成上級交辦的任務，所以一定會長期投閒置散，不得重用。爻辭說：「**拂頤，貞，凶，十年勿用，无攸利。**」

執行階層要求扎實主動，所以用口中充滿食物，實實在在咀嚼做比喻。決策階層就不同了，口中要空虛，虛才能納物。**四爻**職司研撰，必須急切地廣徵意見，才能完成撰擬的任務，所以爻辭用掏空口中食物及老虎面對獵物的神態作比喻說：「**顛頤，吉，虎視眈眈，其欲逐逐，无咎。**」

五爻亦然，最高領導人必須有理想、有創意，所以只要守住本分，切不可依循常軌、墨守成規。唯創新當中，又須穩健，不宜冒險躁進。故爻辭說：「**拂經，居貞，吉，不可涉大川。**」

至於上爻的軍師，就得看他從事何項職務，而決定宜虛宜實了。擔任國君之諮詢顧問，就必須虛心含容，得國君信任；擔任維護立國原則之大老，或奉令掌兵之軍師則宜務實，不容虛浮。正如爻辭所言：「**由頤，厲吉，利涉大川。**」能虛能實，才能使國家逢凶化吉，履險如夷。

總之，壓力平常之時，各級領導人只要在守住本分之原則下，或務實，或含虛即可。

五、大過卦爻辭

當承擔的壓力大增，已到不勝負荷的地步時，就形成了面臨精神崩潰的危機。各爻的做法及結局不同。

初爻奉令行事，面對異常的壓力，必須盡全力承擔，咬牙苦撐，沒有選擇的餘地。爻辭以香茅薦牲為例，不論牲品多重，他就必須承受：「**藉用白茅，无咎。**」工廠趕貨，員工就不能不連夜趕工。

二爻是執行負責人，儘管壓力奇重，他能堅守本分承擔起來，就可以起死回生，化不可能為可能，再啟生機。爻辭以枯乾的楊柳，及男女之婚姻為喻說：「**枯楊生稊，老夫得其女妻，无不利。**」就像枯乾的楊柳樹也可以再長出鮮嫩的綠葉；年紀老大的男子，娶了年輕的女子為妻，也會再生出孩子出來一般，無往不利。家庭經濟再窮困，只要能賺錢的年輕子弟願意全力奮鬥打拚，這個家就會很快富有起來。

三爻就沒有初、二爻的幸運，他有義務承擔上級交下的千鈞重擔，但是卻必須依賴初、二爻的鼎力支持，因此，如果壓力太大，無法承受時，任務就無法完成了。故爻辭云：「**棟撓，凶。**」王安石忠君愛國，才華橫溢，變法內容非常實際，但宋代積弊太深，王安石承受之壓力奇重，而守舊的大臣及執行的州縣官員卻不配合，只好宣告失敗，北宋沉疴也就依然無救了。再如替人作保，如果必須代償之債務，金額太高，自己也將受累而傾家蕩產，一無所有。

四爻身為親信，職司聯繫上下感情，得上下之支持，如壓力雖重，仍能挺身支撐，則吉；但如壓力出乎意料之外的重，超越了負荷的極限，則仍然會遭受挫折。故爻辭言：「**棟隆，吉；有它，吝。**」司馬遷為李陵好友（四爻），李陵投降匈奴，司馬遷在漢武帝面前力保，最後卻不敵「投敵」之壓力而被判處「宮刑」。

五爻為最高領導人，理應能承擔壓力，但如壓力太大，不堪負荷，則爻辭言：將如「**枯楊生華，老婦得其士夫，无咎无譽。**」就像枯乾的楊柳，縱能生花，卻無法結果，又像年老的婦人，已過了生育期，就是嫁個年輕力壯的男子為夫，也沒有「子」望，這雖然不是他的過錯，但心裡還是悶悶不樂。許多企業家因受到無法抗拒的景氣不佳影響，被其他廠商連累，收不到貨款，只有空歡喜一場。沒有了指望，雖不是自己的錯，但內心的難過，不言可喻。

身為上爻，如果壓力過大，也會像涉水過河，步上慘遭滅頂的災難，爻辭說：「**過涉滅頂，凶，无咎。**」上爻本不預世事，如父母將子女撫養成人，已可了無牽掛，優游晚年，因子女為了創業缺乏資金，父母為了協助子女，將養老本錢借給子女，沒想到投資失敗，血本無歸，子女又無心奉養，父母面臨了生存的壓力，雖然這個壓力的造成，並非父母自己的過錯造成，卻非常危險。

綜上所述，大過卦之大壓力於執行階層的初、二爻尚可勉力支撐，於三爻及決策階層則十分危險。

第五節　變生肘腋（坎、離）

壓力的大量增加，造成危機，一時的失察也會變生肘腋，造成危機，《易》中的「坎」、「離」兩卦，敘述誤蹈陷阱或身陷法網，以及炙手可熱、得意忘形時，一時失察造成的危機。

一、本文

(二十九) 坎（䷜）

習坎，有孚維（繫）心，亨，行有尚（助）。

初六　習坎，入（陷進）于坎窞（陷阱），凶。

九二　坎，有險，求（請求），小得（穫）。

六三　來之（來往，處處）坎坎，險且枕（古文作「沉」，深也），入于坎窞，勿用。

六四　樽（木製酒瓶）酒、簋（盛熟食之竹籃）貳（二也），用缶，納（探入）約（繩）自牖（地牢上小窗），終无咎。

九五　坎不盈（滿），祇（但）既平（平坦），无咎。

上六　係（繫，綑綁）用徽（三股糾合之大繩）纆（兩股糾合之繩），寘（即「置」，放置也）于叢棘（有刺蒺藜），三歲（喻歷長久時間）不得，凶。

(三十) 離（䷝）

離，利貞，亨，畜牝牛，吉。

初九 履（鞋履）錯然（錯雜，或文采交錯），敬之，終吉。

六二 黃離（權勢鼎盛），元吉。

九三 日昃（太陽偏西之時）之離，不鼓（擊）缶而歌，則大耋（八十歲）之嗟（感歎），凶。

九四 突如（突然竄出）其來如，焚如（燒）、死如、棄如（拋棄）。

六五 出涕（淚）沱（滂沱，言其多）若，戚（憂愁）嗟（感傷）若，吉。

上九 王用（任用之）出征，有嘉（美、喜，喻好的表現），折（斷、斬）首，獲（義同「馘」，活捉割耳）匪（非）其醜（類，言首惡之類），无咎。

二、卦名

坎卦（䷜）與離卦（䷝）符號相反，二卦意義亦相反。

坎卦由八卦中之☵（坎）自相重疊而成，自我重疊後之卦德意義不變，八卦中「坎」之卦德為「險」，則重疊後之坎卦（䷜），其意義亦為「險難」無疑。

同理，離卦（䷝）亦由八卦中之☲（離）重疊而成，☲之卦德為「明」，則重疊後之離卦，自有「明」義。如日中天，充滿光明。因為坎、離二卦符號、意義俱相反，「坎」為「險難」，則「離」應為「光顯」，表示其權勢氣燄如日中天。

「坎」於西周典籍未見，僅於《詩・小雅・伐木》有「坎坎鼓我」，「坎坎」表擊鼓之聲，〈魏風・伐檀〉有「坎坎伐檀兮、坎坎伐輻兮、坎坎伐輪兮」句，表砍伐檀、輻、輪之聲，足見東周詩篇亦多用為「狀聲詞」。至東周後之《說卦》《序卦》《彖辭》始以「陷」「險」釋之，與《周易》本經之義相符。

考《周易》本經，「坎」字六見，全在坎卦，自其爻辭觀之，初、三爻皆言「入于坎窞」，五爻言「坎不盈」，顯然「坎」是「陷阱」或「坑穴」，而四爻言用瓦盆子裝著酒食，自土牢上方小窗口以繩索吊下，更顯示是土牢，寓有陷身土牢，遭逢險難之義。可見，以「坎」為陷於陷阱或險難，應是《周易》作者的「另造新義字」或「特造字」。

至於「離」字，在《詩》《書》的東西周諸篇裡，共有三義：一為離散，如《尚書・多方》：「離逖爾土。」謂遠離斯土；二為遭逢，同罹，如《詩・小雅・小明》：「載離寒暑。」謂遭逢寒暑之變；三為盛多，如《詩・小雅・湛露》：「其實離離。」言果實纍纍。比對《易》卦爻辭，「離」字四見，其義也有三：一為離散，如否九四「疇離祉」；二為遭逢，同罹，如歷代學者所言之小過上六「飛鳥離之」（事實上，本爻仍解為離散，言如鳥之高飛離去）。此二者與《詩》《書》所見者同義，其不同者為第三義：「光明」，如離卦六二爻「黃離」及九三爻「日昃之離」，前者言權勢甚盛，大放光明，後者言夕陽西斜，光明將逝。本卦之「離」自以「光明」之義為佳，言權勢光顯，如日中天，以與「坎」之身陷囹圄相對成義。釋離為光明，實係源於離卦之卦德，乃《易》作者之另造新義字。

總之，坎與離意義相反，坎為身陷險難，遭刑受罰，遭受危機之時；離則為權勢光顯，如日中天，志得意滿之時，但從離卦各爻爻辭中，又發現離卦強調的是：志得意滿之同時，也是最容易得意忘形，招來危機之時機。

三、卦辭

人一生行事，如能風平浪靜，自然最好，但如不幸誤蹈法網或被人誣陷，則有變生肘腋之虞，卦辭於「坎」「離」各有應變之道：

習坎，有孚維心，亨，行有尚。

離，利貞，亨，畜牝牛，吉。

俗話說：福無雙至，禍不單行。坎卦論及：儘管遭逢一連串的險難，最重要的是自己要時時刻刻保持著樂觀的信心，認定災難終將過去，一切終將順暢，努力前行去克服，自得人助。

失業、受連累、賠錢、失戀、欠債、疾病、生老病死等，在人的一生中都可能遭遇到，必須以樂觀的態度，以無比的信心去面對，黑暗是黎明前的必然現象，努力去克服，尋求協助自己渡過難關的人或事，勝利屬於堅持到最後一分鐘的人所擁有。

離卦剛好與坎卦相反，處在離卦時機的人，是權勢顯赫、光顯照人的人，照理說不致有危機，問題在財大可能氣粗、功高可能震主，所以危機的到來，可能是突然的。卦辭所以告誡要：「守住本分，才能諸事順暢，要把自己變成像母牛一樣，安守著生養小牛的本分，千萬不要像公牛一樣，展現能力才華，才能有個圓滿的結局。」

四、坎卦爻辭

身陷險難，只有兩種人有他人救助，一是負責執行的人，基於有利用價值；二是親信，基於人情因素，其餘都必須自求多福，如何自救？有待深思。

初爻基層承辦人，一入陷阱，身陷險難，自己無力翻身，別人也無心救助，故爻辭說：「**習坎，入于坎窞，凶。**」店員、職員，最好自己小心。

二爻負責執行，上級需要他做事，下級仰賴他領導，所以有險難，請求救助，大家還會伸手。但是如果是大的險難，別人依然會束手旁觀，怕被拖累。如工程監工，不能失誤，否則後果不堪設想。故爻辭說：「**坎，有險，求，小得。**」

三爻承上啟下，一有險難，上下如果撒手撇清，真是處處驚險，越陷越深，求救無門。爻辭特別告誡：「**來之坎坎，險且枕，入于坎窞，勿用。**」連帶保證人的悲哀在此。

四爻是最高領導人的親信，一有危難，立刻有人庇護，所以爻辭說：「**樽酒、簋貳，用缶，納約自牖，終无咎。**」身在土牢之中，竟還有人偷偷地從上口小窗中吊下酒菜給他吃，可見受到保護的地步。管仲被齊桓公所拘，好友鮑叔牙立刻出面救助，並當上宰相，可見，身陷危難時，疼惜自己的上司，以及至親、好友、配偶是唯一的助力。平時多助人，廣結生死之交的親友、上司，善待配偶，實在重要。

五爻就沒有四爻幸運，雖然貴為最高領導人，一旦身陷險難，不求有功，能求無過也就差堪告慰了。所以爻辭說：「**坎不盈，祇既平，无咎。**」企業界負實際領導的總經理或董事長，發生危難，大概都是該企業發生人事紛爭或經營發生虧損，或是遇到災害損失，不論如何，最高負責人難辭其咎，能安然渡過，不生差錯，就很幸運了。

上爻掌的是立國原則或司軍事要職，備國君諮詢，位高權重，如有險難，必定非同小可，故無挽救之餘地，爻辭說：「**係用徽纆，寘于叢棘，三歲不得，凶。**」被用三股或兩股繩索絞合而成的大索牢牢地綑住，丟棄在充滿有刺蒺藜的叢林中，與蛇獸雜處，歷經三年長久時光，也不能脫離險境，欲置之於死地之意，十分明顯。其實，在家庭中如果父母、祖父母被子女棄養，連自求多福的能力都沒有，情況之悽慘，也是如此。

五、離卦爻辭

人在權勢鼎盛，如日中天時，如不守住本分，則危機立至。各級領導人皆然。

初爻承辦人，雖位卑職小，但因職務所司，或有後臺支持，前來套交情之人亦必絡繹於途，其中恐亦不乏穿彩鞋之王公大臣高級人士，爻辭說：「**履錯然，敬之，終吉**。」一切莫得意忘形，而須皆以恭敬態度待之，終必得有圓滿之結局。面貌冷漠之公務機關承辦人最宜炯戒。

二爻為執行負責人，深得上級倚重，實權在握，如因而氣燄高張，睥睨天下，始雖吉，終則不吉。故爻辭云：「**黃離，元吉**。」以其未能深諳「見龍在田，利見大人」之道也。韓信說劉邦僅能將十萬之眾，而自誇自己則多多益善，卒肇未央宮之禍，即為明證。

三爻承上啟下，其權來自上級之授予，部屬之擁護，故其權勢，非一己所固有，猶西斜之夕陽，瞬即消失，三爻必須及早看透，放開心胸，享受現在，及時與眾同樂，否則老來只有徒傷悲了，爻辭言：「**日昃之離，不鼓缶而歌，則大耋之嗟，凶**。」俗諺有云：「上臺就要想到下臺時。」正是此意。

四爻親信，居近君之位，眾所逢迎，以其對九五之尊的首長關係匪淺，對首長私事知之甚稔，權勢過甚，將使上司如芒刺在背，而有突發之殺身之禍及身。故爻辭言：「**突如**

其來如，焚如、死如、棄如。」其實不僅上司與部屬如此，夫妻、知友亦有類似情事發生。

五爻為機關首長，權勢越盛，不但不可驕恣自滿，爻辭且認為應該：「**出涕沱若，戚嗟若，吉。**」必須懷著悲天憫人、痌瘝在抱的心胸待人，才能得到群臣及萬民之附麗擁護。孩子調皮受傷了，父母不要急著責備，先安撫孩子情緒吧！

上爻軍師位高權重，尤宜謹慎小心，如出師征伐，必須奉王命征伐，乃可大有表現，斬敵首級，並俘虜其隨從者，馘耳征訊，雖功高震主，然不致發生差池。爻辭言：「**王用出征，有嘉，折首，獲匪其醜，无咎。**」權位高，又有戰功，本為危機，能奉令出伐，則歸功於君，可免猜忌。

動動腦

一、年輕人不喜父母在旁告誡，視為嘮叨，結果為何？

二、復卦之「復」，究應如何解釋？

三、保證人為何容易得無妄之災？

四、子女已長大成人，父母應如何自保？

五、配偶應如何避免危機發生？

第六章 心態調適

主旨

——研讀本章之後，學習者應能達成下列目標：

一、知道僵化或靈活兩種心態之利弊與因應之道。

二、了解一味逃避與勇於承擔兩種心態之優缺點及調適要領。

三、理解求取賞識與遭人中傷之心態因應要領。

四、知道身處團聚與離散時不同心態之因應原則。

五、了解面臨困境及逐漸紓解兩種情況之心態調適。

摘　要

本章分五節敘述十種心態的調適要領。

第一節咸、恆兩卦，敘述個性感性及理性所造成的靈活與僵化兩種心態的調適要領。靈活則不宜輕舉妄動，僵化則宜勇於創新。

第二節遯、大壯兩卦，敘述個性陰柔與陽剛所造成的一味逃避與勇於承擔兩種心態，這兩種心態都堅守本分，勇於承擔。

第三節晉及明夷兩卦，敘述常人皆有自尊心，莫不極力求取他人賞識，一旦遭受中傷莫不感傷，二者心態各有調適之方，然因應之道，仍在堅守本分。

第四節家人及睽卦，敘述人人皆喜歡一家團聚，不喜分離，二者不同心態之因應之道正是恪守本分，不輕舉妄動。

第五節蹇與解卦，分別敘述期待困境突破之心態下，面對困頓不順之壓力及困境逐漸紓解之情勢，分別提出其調適要領。

領導人必須能識危機於未形，企圖心太強、信心不足會產生危機，突發狀況破壞原先秩序，及面臨突增壓力也是一種危機，一般人以為被人陷害或誤觸法網是危機，其實，權勢高張，氣焰灼人更是危機。而最大的危機，卻在各級領導人本身的心態及情緒。

本章介紹的心態調適，共分五節，分別就靈活與僵化、逃避與承擔、賞識與中傷、團聚與離散、壓力與紓解等十種心態予以分析，以免領導人因為心態的偏頗失衡，造成領導危機。

第一節　靈活與僵化（咸、恆）

靈活與僵化看似好壞分明，其實僵化的人，雖然缺乏通權達變的手腕，事事一成不變，但卻不會犯了變來變去、變動不居的毛病，二者各有利弊，《周易》中的「咸」「恆」兩卦正說明領導人，具有這兩種心態的趨吉避凶之道。

一、本文

㈢咸（䷞）

咸，亨。利貞，取。（同「娶」）女吉。

初六　咸。（動）其拇。（足大趾或作「踇」）。

六二　咸其腓。（小腿肚），凶；居。（止而不行），吉。

九三　咸其股。（大腿），執其隨。（同「骸」，腿也），往，吝。

九四　貞，吉，悔亡。（無），憧。憧。（遲疑不決狀）往。來。（反覆思考），朋從爾思。（慮）。

九五　咸其脢。（背），无悔。

上六　咸其輔。（嘴唇）頰。（臉頰）舌。

㈢恆（䷟）

恆，亨，无咎；利貞，利有攸往。

初六　浚。（深）恆，貞，凶；无攸利。

九二　悔亡。

九三　不恆其德。（行為），或承。（承接）之、羞。（進獻，或羞之，謂選擇性地進獻下級意見），貞，吝。

九四　田。（畋獵），无禽。（通「擒」）。

六五　恆其德，貞，婦人吉，夫。子。（男人，丈夫），凶。

上六　振。（動搖）恆，凶。

二、卦名

咸卦（䷞）與恆卦（䷟）符號顛倒，表示在共同前提下，有相對意義。

「咸」字於《易》八見，除本卦外，又見於臨卦之初九、九二爻辭「咸臨」，「咸臨」之「咸」為「鹹」之假借字，意為「和」，以「和」釋本卦各爻「咸其拇」、「咸其腓」、「咸其股」……意不洽。

「咸」於《詩》《書》俱有「皆」義，如《詩・大雅・嵩高》云：「周邦咸喜。」《尚書、康誥》云：「周公咸勤。」以「皆」釋咸卦爻辭，意皆不洽。《書》又借為「箴」、「鹹」及人名（巫咸），以釋咸卦諸爻辭，亦無一合者。

西周時代之《詩》《書》諸篇，及《易》之臨卦，皆與本卦之「咸」字意不合，查諸十翼之《彖卦下》云：「咸，感也。」《左傳・昭公二十一年》：「窕則不咸。」「咸」，《釋文》作「感」，鄭玄注《易》，亦言：「咸，感也。」都說明咸卦之領導人是感性很強的人。做事容易衝動、靈活權變。以釋卦爻辭，意頗浹洽，詳見後。

「咸卦」與恆卦意義相對，則「恆卦」應是理性很強的人，做事老成持重，甚至一成不變。

「恆」字於《易》八見，其義皆為「常」，如需初九「需于郊，利用恆，无咎」，言須待於城外，利於保持如平常一般態度，則不生差錯。西周時代之《書》亦有「經常」之義，如〈梓材〉：「汝若恆越曰。」你常說。〈洛誥〉：「來視予卜休，恆吉。」來求我卜個吉兆，經常是吉的。恆都是守常不變的意思。

以「守常不變」釋恆卦諸爻，的確十分契合，如九三爻「不恆其德」，就是其行為（德）不可守常不變。初六的「浚恆」，就是過分的守常不變。「恆」與咸卦的「咸」意義相反。

在領導者個性的前提下，「咸卦」富感性，心思靈活，處事通權達變，「恆卦」富理性，守常不變，處事老成持重。

三、卦辭

領導人個性不同，感性與理性的調適方式也各異：

咸，亨。利貞，取女吉。

恆，亨，无咎；利貞，利有攸往。

不論為人感性或理性，都無礙於事情的順利推展。故卦辭都肯定地說「亨」，但調適方法則有同有異，感性的人心思靈活，不論如何善於通權達變，最重要的是要守住自己的本分，就像娶媳婦一樣，一定要娶個堅守自己本分的女子才能圓滿吉祥。所以卦辭說「利貞」、「取女吉」。

理性的人守常不變，老成持重，在有前例可循的情況下，較能得到別人的認同，所以卦辭特別加「无咎」兩字，表示不生差錯。但時空是不斷改變的，過去是，現在未必是，如果一成不變，極有可能變成僵化、拘泥，如此反而失去本分，故卦辭誡以：「利貞，利有攸往。」在堅守本分時，要勇於創新突破。

二卦都強調堅守本分，不同的是「咸卦」本身勇於推陳出新，故誡以「取女吉」，創新中不忘守住本分；「恆卦」拘謹保守，故鼓勵在堅守本分時，也要能勇於創新。

四、咸卦爻辭

《周易》於咸卦爻辭全部誡其切勿輕舉妄動。

初爻承辦人心思靈活，勇於創新，然其本分卻在聽令而行，服從盡職，故爻辭誡以「**咸其拇**」，動其拇趾，心欲動，而實不能跨足而行，行則違反本分。如工地工人施工時，絕對不能自我作主，擅自變更設計。

二爻負責貫徹執行上級決策，沒有自己決策空間，所以雖心思靈活，也必須忠實執行上級決策，既不能自我創新，也不能採取通權達變的手段。故爻辭言：「**咸其腓，凶；居，吉**。」想動用小腿走路，就是不能堅守住本分了，要停止這個念頭，止而不行，才能圓滿守住本分，營造商或監工必須要求工作人員按圖施工，自己更不能任意出主意變更藍圖設計。

三爻推動上級決策，如果自我創新，就是不忠於決策，也就是不能守其本分，故爻辭誡其：「**咸其股，執其隨，往吝**。」有意念要動大腿走路時，務必要握住小腿，不要亂動，如執意要前行，就要發生挫折。宋高宗主和，身為元帥的岳飛卻欲直搗黃龍府，最後終被十二道金牌召回處死。

心思靈活，勇於創新的人，如果位居撰擬決策的**四爻**，為人親信，應該是最恰當了，可是《周易》作者仍然誡之：「**貞，吉，悔亡**。」千萬要守住本分，才能圓滿而不致心生懊惱。因為《易》作者認為四爻的任何規劃，都必須極端慎重，反覆思考，深謀遠慮，如此才能讓大家心服口服，樂意追隨。所以又說：「**憧憧往來，朋從爾思**。」身為機要祕書的人員，一言一行都不得隨心所欲。

至於**五爻**的最高決策人，更不能隨心所欲隨便作決定，因為後果好壞，影響又廣又深，所以爻辭說；「**咸其脢，无悔**。」脢是夾脊肉，在心之背後，比喻背其心意。五爻的決策要背棄個性的多變靈活，而能穩重沈著，則不致懊悔。咸卦首長一上臺，就完全否定前人的作為，或信口開河，這是非常危險的，而應沉穩觀察，然後汰惡存善才是。

六爻中，只有**上爻**可以創新、靈動，因為是位居諮詢的位置，所以爻辭告誡說：「**咸其輔頰舌**。」只宜動口不宜動手。

自初爻至上爻，皆不同意輕舉妄動。

五、恆卦爻辭

恆卦卦辭主張保守持重的人，要勇於前進、創新，主要的原因是不期望陷於僵化，不知變通，但六爻是否俱皆勇於創新？

初爻承辦人，本聽令而行即可，但若太過執著、僵化，則反而妨礙了任務之完成。例如本人到郵局領郵件，身為初爻的郵務員卻一定要求蓋章，而不准由本人簽名領取信件就是。所以爻辭說：「**浚恆，貞，凶；无攸利。**」業務員一定要掌握精神靈活處理，而非一成不變。

但**二爻**如果墨守舊規，一成不變地按照往例執行，倒是可以求得心安，大家也可以習以為常。故爻辭言「**悔亡**」。如建築商按圖施工，縱使設計圖有瑕疵，內心也可以了無悔恨。

而位居**三爻**的一級主管，主要的任務在貫徹上級決策，反映下級意見，如果不守此本分，選擇性地接受上級決策去執行，或選擇性地反映下屬意見給上級知悉，就有虧職守了。正如爻辭所說：「**不恆其德，或承之、羞，貞，吝。**」中間傳達之人，不宜失真，還是以忠實為宜。

身為執行階層的人，行事拘謹保守，只要不陷於僵化，並無大礙，但決策階層則非常不宜。**四爻**言：「**田，无禽。**」打獵沒有任何斬獲，則是有虧職守了。四爻撰擬決策，對國家發生之事件，提出對策，本其職責，如今束手無策，奈何？

五爻貴為最高決策人，職司保國安民，也不能安於現狀，不思突破，而必須視實際需要，公布適當措施，怎可如婦人一般，從一而終，一成不變，不知道通權達變。故爻辭言：「**恆其德，貞，婦人吉，夫子，凶。**」

勇於創新是決策人所必須的。但**上爻**為國之三公，掌立國原則，如果勇於改變立國精神，那就非同小可了。所以爻辭說：「**振恆，凶。**」動了恆常不變的立國原則，大家就無所適從，上爻也就有虧職守了。

總之，執行階層宜恆，決策階層則不一定，上爻軍師宜恆，四、五爻之擬策及決策人則需靈活應變，不得黑守成規。

第二節 逃避與承擔（遯、大壯）

人的個性除因感性與理性之不同，造成靈活與僵化的心態外，個性的陰柔與陽剛，則造成遇事退卻與勇於承擔的兩種不同心態。遇事退卻的心態，輕則有一動不如一靜的想法，不願多管閒事，重則不耐煩瑣，遇事逃避；勇於承擔之人，好處是凡事積極前進，缺點是太過則淪於莽撞擅專。《周易》於此，有「遯」及「大壯」兩卦詳述其調適之道。

一、本文

㈢遯（䷠）

遯，亨小（亨的機會小），利貞。

初六 遯尾。（末），厲；勿用有攸往。

六二　執。（同「縶」）之用黃牛之革。（皮），莫之勝。（能）說。（同「脫」，解也）。

九三　係。（同繫）遯，有疾。（病），厲，畜臣妾，吉。

九四　好。（美好）遯，君子吉，小人否。

九五　嘉。（美、善）遯，貞，吉。

上九　肥。（古作「䨽」，與古「蜚」字相似，即飛）遯，无不利。

(三四) 大壯（䷡）

大壯，利貞。

初九　壯于趾。（足），征凶，有孚。

九二　貞吉。

九三　小人用壯，君子用罔。（無）。貞，厲。羝。羊。（公羊）觸藩。（樊籬），羸。（同「縲」，纏繞）其角。

九四　貞，吉，悔亡。藩決。（潰）不羸，壯于。（如）大輿之輹。

六五　喪羊于易。（同場「，疆場，固定範圍），无悔。

上六　羝羊觸藩，不能退，不能遂。（同「墜」），无攸利，艱則吉。

二、卦名

遯卦（䷠）與大壯卦（䷡）符號顛倒，表在共同前提下，意義相對。

「遯」於《易》六見，皆在本卦。《尚書》西周諸篇未見，《詩・大雅・雲漢》有「寧俾我遯」之句，言寧願讓我有逃避的機會。以釋本卦各爻，意頗浹洽，如六二爻言：「執之用黃牛之革，莫之勝說。」言用黃牛皮革綑綁，無法脫逃，即明顯表示該爻之時機，為極度想逃避，卻被牢牢地綑著，力掙不脫。

「大壯」之「壯」字，於《易》八見，除本卦外，尚見於明夷六二「用拯，馬壯吉」、夬初九「壯于前趾」、夬九三「壯于頄」、姤卦辭「女壯，勿用取女」等處。《尚書》西周諸篇未見，《詩・小雅・采芑》有「克壯其猶」，壯有「大」的意思，謂能壯大其意。

「大壯」與「遯」意義既相對，遯為逃避，大壯自應相反，勇於承擔。而其共同前提應為領導人之個性。

領導人有遇事逃避之心態，必然怯於前進，凡事保守退縮；有勇於承擔之心態，必然勇於前進，凡事積極、創新、進取。

三、卦辭

《易》於保守、進取不同的心態，其調適之道仍以「堅守本分」為主要準則：

遯，亨小，利貞。

大壯，利貞。

處於這兩卦的時機，不管存有逃避的心態或勇於前進的心態，都必須以能「堅守本分」為最高準則，故二者俱誡以「利貞」。但在這二者之中，《周易》作者仍傾向於勇於承擔，不樂見領導人抱著逃避的心態處事，所以遯卦中，特別加上「亨小」兩字，表示亨通順暢的機會小。

領導人本來就應樂觀進取，勇於承擔。

四、遯卦爻辭

《周易》作者，認為執行階層不應抱著逃避的心態執行任務，要推託逃避，就要在尚未接受任務之前；但認為決策階層卻必須抱著一動不如一靜，與民休息的消極心態，不宜太過進取，讓執行階層疲於奔命。而不論執行與決策階層都必須以克盡本職為做事準則。

初爻承辦人，欲避免承擔任務則宜早，不能事情做到快結束了，才心生倦怠，突想收手，虎頭蛇尾，對任務的執行非常不利，所以爻辭說：「**遯尾，厲**。」但身為基層執行人員，也不可以主動前進，有失本分，故又誡以「**勿用有攸往**」，執行與否，端看上級裁示，不宜自作主張。

二爻是執行負責人，任務加身，責無旁貸，因之，絕對不能推託、逃避，爻辭說：「**執之用黃牛之革，莫之勝說**。」二爻就像被人用堅韌的黃牛皮綑著，怎麼用力都掙不脫。

三爻承上啟下，是決策的推動人，不能倦勤，有逃避的心態，故爻辭說他「**係遯**」，縱使逃避，也難脫干係。爻辭認為如果三爻生了病，對任務的完成就非常危險，所以主張必須在平時就要未雨綢繆，培養忠貞不二的隨從，隨時從旁協助，才不致過勞而心生倦怠：「**有疾，厲，畜臣妾，吉**。」

執行階層的心態絕不能倦怠、逃避；決策階層則必須善用這種心態。以身為親信的**四爻**來說，爻辭誡之宜「好遯」，在美好的情況下逃避隱遯，例如張良為劉邦智囊，卻於劉邦稱帝後，立即隱退，韓信貴為劉邦心腹大將，就因不知「好遯」，全身而退，終於招致殺身之禍。所以爻辭說：「**君子吉**。」可惜的是，智者退，對天下百姓來說，卻是一大損失，故爻辭又說：「**小人否**。」

而掌最高決策的**五爻**，承擔天下重任，當然不能倦勤、逃避，可是，基於更理想更善意的考量，採取逃避的心態放棄原主張，對本身保國衛民任務的完成當更能圓滿。爻辭說：「**嘉遯，貞，吉**。」宋神宗原本銳意革新，請王安石變法，力圖富國強兵，可是發現阻礙重重，執行後變成人民災難，只好改弦更張，打退堂鼓，不再堅持，就是十足的嘉遯。

身為軍師的**上爻**，位高而權重，最容易造成君王決策時之心理負荷，故其心態宜高飛遠離，毫不留戀（**肥遯**），如此才能不執意堅持，而與五爻保持良好的關係。當子女能承擔大任時，身為父母已退居顧問之位，心態宜放手讓子女施為，不要時刻叮嚀、不放心，父子關係才能永保融洽。故爻辭又說：「**无不利**。」

執行與決策階層之心態不同，宜留意。

五、大壯卦爻辭

與遯卦類似，爻辭於執行階層不贊成他們太勇猛精進，但對決策階層卻有限度地鼓勵，唯其準則還是在「堅守本分」與否。

初爻承辦人，爻辭說：「**壯于趾，征凶，有孚**。」承辦人要聽令而行，作者反對主動邁步前行，除非，他能得到大家的信任。否則，切忌自作主張，容易變成「犯上自專」。

二爻也一樣，爻辭說：「**貞吉**。」雖貴為執行負責人，仍須遵令行事，因此縱使勇於承擔、積極前進，也必須能「堅守本分」才能圓滿。

三爻承上啟下，負責推動上級決策，爻辭作者也反對他自作主張，勇於承擔。所以說：「**小人用壯，君子用罔**。」百姓為了自己的生活，要勇敢承擔、自我精進，領導人則要配合上級決策，不能有太多自我主張，作者特別告誡：「**貞，厲，羝羊觸藩，羸其角**。」「大壯」對自己本分非常危險，會像長著長角的公羊去撞樊籬，不但撞不倒它，反而自己的角會被籬笆纏住，動彈不得。在現實社會中，有許多一級主管勇於作決定，喜歡先斬後奏，結果與首長意見相左，弄得自己下不了臺。

《周易》作者對於決策階層，則在「堅守本分」的立場上，鼓勵他們抱著勇於承擔，積極開創的心態做決策。**四爻**職司獻策、查訪，所以爻辭說：「**貞，吉，悔亡。藩決不羸，壯于大輿之輹**。」只要堅守本分，有此心態，就可周諮博訪，提出新的構想，圓滿完成任務，心裡不會有遺憾。而且能像公羊撞籬一般，能夠突破現狀，自己不但不會被絆住，銳進力道之強，足可比擬大車的承軸，堅實有力，可以銳意革新。

五爻也一樣，勇於承擔，積極進取，就可以突破現實困境，心中沒有遺憾。爻辭說：「**喪羊于易，无悔**。」就像公羊撞籬巴一樣，不但撞倒它，而且可以迅速跑出範圍之外，海闊天空。

不過，對於**上爻**，《周易》作者就抱持比較保守的態度，因為它位高權重，如勇於承擔，積極進取，就很容易位高震主，招致疑忌，弄得自己進退兩難，所以一定要刻意堅守本分，小心防範觸犯禁忌。因此，爻辭說：「**羝羊觸藩，不能退，不能遂，无攸利，艱則吉。**」觸犯了君臣分際之禁忌，勇於任事，每每造成先斬後奏，猶如公羊觸籬，抽身不能，又不能衝破樊籬，弄得一無是處，唯有堅守自己的本分，切實遵守君臣分際，才能圓滿。

第三節 賞識與中傷（晉、明夷）

每一個人都有勇於進取，期待獲得他人的讚賞與重視的自尊心。但有時候卻無端被人誹謗中傷，自尊心備受傷害，身為領導人，究該如何調適？《周易》之「晉」「明夷」兩卦有明確的敘述。

一、本文

㈢晉（☷☲）

晉，康侯（周武王封少弟於「康」，稱「康叔」，後武王又改封之於衛）用錫（同「賜」）馬蕃（繁衍）庶（多），晝日（白天）三接。

初六 晉如（進取）摧如（阻絕），貞，吉；罔孚，裕（優游自在），无咎。

六二 晉如，愁如（憂懼），貞，吉；受茲介（大）福（福祐），于其王母（母，喻能給予情感上之慰藉）。

六三 眾允（信），悔亡（無）。

九四 晉如，鼫（碩，大）鼠，貞，厲。

六五 悔亡，失得勿恤（憂），往，吉，无不利。

上九 晉，其角（頭角），維，用伐邑，厲，吉无咎，貞吝。

（三六）明夷（䷣）

明夷，利艱貞。

初九 明夷，于飛，垂其翼；君子于行，三日不食，有攸往，主人有言（有怨言）。

六二 明夷，夷（同「痍」，傷也）于左股（腿），用拯（一作「抍」，濟也），馬壯吉。

九三 明夷，于南狩（歲終冬獵），得其大首（首領），不可疾（急）貞。

六四 入于左腹（心），獲明夷之心，于（如）出門庭（喻清晰明白）。

六五 箕子（殷賢人，見紂剖忠臣比干之心，佯狂為奴）之明夷，利貞。

上六 不明，晦（暗），初登于天，後入于地。

二、卦名

晉卦（䷢）與明夷卦（䷣）符號顛倒，表示在同一前提下有相對意義。

「晉」字於《易》四見，皆在本卦，而甲骨文金文形為（拾、十三、一）（晉姬簋），甲骨文為「二矢至」，義不詳，金文多為邦國、君之名，未知其原義，《詩》《書》西周典籍皆未見。

後世，「晉」字多作「進」解，如《彖辭》及《序卦》都說：「晉，進也。」或許是《周易》作者之另造新義字，比對晉卦各爻之意義，如初六「晉如摧如」，前進則被打擊，六二「晉如，愁如」，前進則憂愁，意義頗為浹洽。

「明夷」之「夷」字，《易》三見，唯本卦六二爻之「夷于左股」，與豐卦九四「遇其夷主」、渙六四「匪夷所思」之「夷」，意似不同。

考甲骨文夷字作，為尸字重文，象人高坐之形，表東夷之族。《尚書・顧命》有「大玉、夷玉」句，鄭玄注云：夷玉為東北夷之玉；《詩》除用為淮夷之夷外，又有「平」義，平為平順、平靜、平素之義，如〈周頌・天作〉之「岐有夷之行」，言位處岐山之西周，過去就有平素之行為準則，可資依循。

以「平素」釋豐九四「遇其夷主」及渙六四「匪夷所思」二爻，謂「不期而遇平素之主人」，及「非平素所想」，意似可通，然釋本卦六二爻「夷于左股」，則義不洽。似亦為《周易》作者之另造新義字。

觀十翼於「夷」字，《序卦》言：「傷也。」以釋六二爻「傷於左大腿」，義似可通。

「明」字於《易》三見，初見於隨九四爻「有孚，在道以明」，及本卦上爻「不明，晦」，明顯可見「明」字有清楚、明白之意，用於「人」之才智，則有「明哲」之意，《詩・大雅・江漢》有「明明天子」，即表「明哲睿智」之天子。

據此，明夷有「明哲之人，為人中傷」之義，而「晉」符號與「明夷」顛倒，其義相反，則「晉」當有「行為進取，求人讚賞」之義。而其共同前提，應在擁有自尊的心態下。

三、卦辭

人皆有自尊心，因此在求取他人讚賞及面對被人中傷之心態，儘管不同，但調適之基本要領則一：要守住本分：

晉，康侯用錫馬蕃庶，晝日三接。

明夷，利艱貞。

康侯是周武王少弟，最得寵信，武王滅殷，封康侯於康，以就近監視。今傳世有康侯斧二，于省吾先生謂其出土於河南濬縣康侯墓中。濬縣在淇縣朝歌東，朝歌為殷紂國都，康距朝歌甚近。康侯身膺監殷重任，得寵信可知。

為增強戰力，武王一日之中，再三賜馬予康侯，康侯深知本分，故立刻以所賜馬蕃衍增殖。求人賞識，應知意旨，盡其本分，此晉卦求取賞識應有之心態。

唯當為人中傷之時，自尊受損，卦辭以為切莫自暴自棄，或怨天尤人，而應委曲求全，萬般忍耐，堅守本分，以期有朝一日昭雪冤屈。

四、晉卦爻辭

求人賞識，於執行階層，可望而不可求，因此，只要默默從事，盡其本分即可，至於決策階層，則須勇往直前，主動爭取。

初爻承辦人，位卑職小，縱有表現，上有層峰阻絕，無法上達，故爻辭勉以：「**晉如摧如，貞，吉；罔孚，裕，无咎。**」努力表現，尋求賞識，立刻就會被人攔截阻斷，難達天聽，因此，堅守本分，默默奉獻為宜。如果不得信任，也無須計較，放寬心懷，不必在意，如此，必不生差錯。樂天知命，安分守己為此爻自我調適之要方。

二爻也一樣，身為執行負責人，並未直接受命於五爻之國君，上有三爻之一級主管，故有冀求賞識之心，必將患得患失，心懷憂懼。其實只要盡其本分，全力以赴即可，故爻辭言：「**晉如，愁如，貞，吉**。」唯二爻雖無法得到實質之大獎賞，但在情感上仍會得到上級的疼惜。爻辭言：「**受茲介福，于其王母**。」王母無實權，唯能疼惜慰撫其心而已，故爻辭誡其只要中正處事，自得福佑，無須希冀。

同理，**三爻**承上啟下，欲得人讚賞，厥在得到上級與下級之信任，上級決策充分獲得下級之貫徹，則本分可圓滿完成，心中自無遺憾，爻辭言：「**眾允，悔亡**。」正是得人讚賞之先決條件。

執行階層之人，求取上級讚賞，厥在盡其本分，不必外求。但決策階層不然，欲得上下級讚賞，唯有主動追求。

四爻身為親信，負責擬策，其得上級讚賞，本為天經地義之事，無須忌諱，所擬策略措施，本應正大光明，得全民愛戴，如果求人賞識，卻猶豫遲疑，則於其本分之堅守，大有妨害，故爻辭誡以：「**晉如，鼫鼠，貞，厲**。」如鼫鼠猶疑，如何能放手施為以堅守本分，贏得上下讚賞？

五爻之最高決策人，如能以博取讚賞存心，則決策一出，定能保國衛民，不生憾事。然讚賞與否，權在他人，故爻辭誡云：「**悔亡，失得勿恤，往，吉，无不利**。」不必憂其得失，只要主動向前，全力以赴，必得全民讚賞。

上爻軍師則不然，他執掌軍事征伐，而有博取君上讚賞之心，當奉王命征伐之時，如能斂其鋒芒，不炫己能，則雖處危地亦能圓滿達成任務，不生差錯；若一心一意求取讚賞，而大炫己能，雖光芒四射，必不能順利盡其本分。正如爻辭所言：「**晉，其角，維，用伐邑，厲，吉无咎，貞吝**。」實以軍事征伐必有死傷，實不宜以征伐求取讚賞也。

五、明夷卦爻辭

有博取讚賞之心，反被人中傷，心中痛苦，莫此為甚。當此之時，各身分之調適不同，初宜忍，二、三宜察，四宜解，五、上兩爻則盡其本分，靜待發展而已。

初爻承辦人聽令而行，又負承辦之責，不能遠走高飛，被人中傷，無法逃避，也不能主動任事，太主動則遭上司苛責，只能百般委屈，默默忍耐，故爻辭言：「**明夷，于飛，垂其翼；君子于行，三日不食，有攸往，主人有言**。」被人中傷，就像飛鳥欲飛，而翅膀下垂，飛不起來；又像行人，想出走，又無三日之食糧，走不開；想奮發再起，又處處遭受上司挑剔，只有認了。在前面屯卦中，曾要求好的開始，非常重要。

二爻被人中傷，將使執行之事，像跛了腳走路一般，進行得非常不順利，這時，如有強而有力的千里馬救助載行，才能圓滿達成任務。故爻辭言：「**明夷，夷于左股，用拯，馬壯吉**。」夷于左股，是傷（痍）了左腿，還能跛著走。誰是千里馬？初爻之部屬、三爻之上司俱有可能。

三爻承上啟下，雖被中傷，仍以任務為重，暫時隱忍，直到秋收完成，冬獵開始，才一舉揪出元凶，不必急在一時。爻辭說：「**明夷，于南狩，得其大首，不可疾貞。**」古代冬獵為狩，是時萬物畢成，不礙於事。故未成之先則堅守本分，不輕舉妄動，唯暗中蒐集中傷之人資料，待任務完成，資料已周全，時機成熟，始以冬獵為名，一舉擒凶。

三爻之能查出元凶，必須借重四爻之助。**四爻**為王親信耳目，必須助王明察暗訪，了解中傷內容真偽，故爻辭言：「**入于左腹，獲明夷之心，于出門庭。**」左腹即「心」，四爻司聯繫上下感情，平素即須廣結善緣，與人人相交莫逆，如此方能探得中傷者之內心真意，如步出門庭般清晰明白。「于」之意為「如」。

三爻之冤屈，四爻理當予以昭雪，身為最高決策人之**五爻**，為人中傷又當如何？四爻當然責無旁貸，必須挺身而出。但爻辭以為，五爻本人則宜故作聾啞，隱忍不發，如：「**箕子之明夷，利貞。**」只有堅守本分而已。

一旦被人中傷，五爻很難自辯，**上爻**也一樣，但其遭遇已不是堅守本分所能導正，而是判若天淵之別。爻辭言：「**不明，晦，初登于天，後入于地。**」遭受中傷，頓入黑暗之中，原先宛如高居天上之崇高地位，立被貶而墜入地下，情勢判若雲泥。堅守本分也無能為力。觀周公輔佐成王，三監聯合武庚叛變，流言「周公將不利成王」，周公立辭攝政之職下野可見。

第四節　團聚與離散（家人、睽）

西周實施封建制與宗法制，整個天下的組織，是家庭制度的擴大，因此，各級領導人其實是一家人而分司各職，國之大老是上爻，掌家規，五爻之王是大家長，四爻之諸侯為其兄弟親信，三爻之卿，二爻之大夫、初爻之士，皆家族中之人士，依輩分及職掌分司執行，因此《周易》樂見家人之團聚，而不贊同家人之離散，此於「家人」及「睽」卦中具見其心態。本節敘述其調適之道。

一、本文

㈢㈦家人（䷤）

家人，利女貞。

初九　閑（通「嫻」，熟練也）有（于也）家（家務），悔亡。

六二　无攸遂（通「墜」），在中（裡）饋（食），貞，吉。

九三　家人嗃嗃（嚴厲貌），悔，厲，吉；婦子嘻嘻（嘻笑聲，喻嘻鬧無度），終吝。

六四 富。（盈滿）家，大吉。

九五 王假。（到臨）有。（于）家，勿恤。（憂），吉。

上九 有孚，威如，終吉。

(三八)睽（䷥）

睽，小事吉。

初九 悔亡，喪。（失）馬勿逐。（追逐），自復。（返），見惡人。（厭惡之人、凶惡之人），无咎。

九二 遇。（不期而遇）主。（主人）于巷。（里巷口），无咎。

六三 見輿。曳。（人拖車），其牛掣。（牽于車後），其人天。（黥其額）且劓。（削其鼻樑），无。初。、有。終。（無初、無有終）。

九四 睽。孤。（與夫離異之獨身女子），遇元。夫。（始夫、前夫也），交孚，厲，无咎。

六五 悔亡，厥。（其）宗。（祖宗牌位，喻祖先）噬。（食）膚。（即「福」，胙肉），往，何咎。

上九 睽孤，見豕負。（負荷，攜帶也）塗。（路途），載鬼。（鬼方之人，漢代之「匈奴」也）一車，先張。（拉開）之弧。（弓），後說。（同「脫」，解除也）之弧，匪寇，婚媾，往，遇雨。（甘霖，喻一切解決）則吉。

二、卦名

家人卦（䷤）與睽卦（䷥）符號顛倒，表同一前提下，有相對意義。

「家」字於《易》八見，其義有二：一為卿大夫領地，如師上六「開國承家」；一為親人同居共處之家庭，如蒙九二「子克家」。《詩‧周頌》於「家」五見，皆指「家庭」，故天子之國亦稱「家」，如〈閔予小子〉：「閔予小子，遭家不造。」言周成王朝于宗廟，自言：「可憐我這年輕人，家中遭逢不幸。」其實，周之制度乃家庭制度之擴大，故家可通用於王及各級貴族。

「家人」，顧名思義，當為同居共處之親人，故家人卦九三爻爻辭有「家人嗃嗃」及「婦子嘻嘻」之對句，一嚴肅，一嬉鬧無度，正顯示其為同居共處之家庭中親人。凡家中親人必團聚，此領導人正常之期盼與心態，故六爻中皆吉。

「睽」字，於《易》三見，皆在睽卦。《詩》《書》及甲骨文中未見，十翼中之《雜卦》言：「家人，內也。」「睽，外也。」《序卦》言：「家道窮必乖，故受之以睽。」乖有乖離之意，《說文解字》言：「目不相視也。」目不相視，必因乖離。故「睽」應有分離在外之意。正因在外，故六爻爻辭語多艱難。

「家人」與「睽」二卦符號顛倒，意義相對，則二卦應是在領導人期盼家人團聚之心態為前提下，「家人卦」論家人團聚應有的態度，「睽卦」論家人離散在外時，應有的心理調適之道。

三、卦辭

全家團聚既然是各領導階層共有的期盼，因之，家人卦及睽卦之卦辭提出趨吉避凶之要領為：

家人，利女貞。

睽，小事吉。

「利女貞」三字，已見於觀卦六二爻「闚觀，利女貞」，言家中各人宜如女子之守其本分，善盡本職，切莫以為只要家中女子守其本分即可。女子之本分為何？十翼之《象辭》言：「君子以言有物，而行有恆。」言有物則說話實在，不信口雌黃，行有恆則行為踏實，不離經叛道。這些，都是人與人間能相處和諧的基本要素，其實，家人卦中六爻爻辭已完全揭示了永久團聚之言行要領。

團聚時要堅守本分才能永遠和諧，一旦離散在外，或出征、或離異，或出國，就沒有了親人的支援，這是不得已的情況，《周易》作者的告誡是「小事吉」。

觀「小事吉」的意義，顯然是不宜輕舉妄動。為什麼呢？《象辭》的意見是「君子以同而異」，大家必須了解，同一事物在親人眼中的看法是一致的，但離散在外的人看來，可能就不一樣了，所以容易發生不同的歧見，因此，實不宜輕舉妄動，小事情尚可圓滿達成，大事情複雜，就得仔細觀察了。

四、家人卦爻辭

期待家人能相處融洽，永遠團聚，首先就得各盡本分。**初爻**承辦人，對於家務的料理，必須嫻熟、多才多藝，如此心中才不致遺憾，爻辭說：「**閑有家，悔亡。**」正是此意。同是家中成員，如有人茶來伸手、飯來張口，要人侍奉，怎能怨其他家人斤斤計較？怎能令全家人心平氣和？

身居家中管事或掌櫃之**二爻**，最大之職責在掌管全家飲食所需，領導家人努力生產，使柴米油鹽不缺，如有閃失，致衣食無著，就得全家凍餒，因此，爻辭說：「**无攸遂，在中饋，貞，吉。**」

維持家人團聚的兩大支柱，一在人際和諧，一在經濟寬裕，位居總管之**三爻**，不但督促經濟生產，而且在人際相處方面也必須盡力。爻辭要求他必須治家嚴謹，平時努力維持一家的法度儀節，例如嚴格要求，上下有序，言行檢點、言出必行等，所以說：「**家人嗃嗃，悔，厲，吉；婦子嘻嘻，終吝。**」但態度嚴肅，家教嚴格，難免會使自己內心遺憾，可是，如果一旦家中遭遇危難，由於家人平素言行戒慎恐懼，上下有序，必可轉危為安；如果任由婦人子女嬉樂無節制，雖相處似溫暖，一旦發生危難，將無法適應而生挫折。

總之，執行階層在實際生活方面，必須擔負較重責任。至於決策階層方面，則必須在精神方面安定人心。

四爻身為一家之主之親信，爻辭言：「**富家，大吉。**」「富」於《易》凡四見，皆作「盈滿」解，始見於小畜九五「有孚孿如，富以其鄰」。職司上下感情之聯繫，家人信心之盈滿，為促使家庭和諧、團聚之靈魂人物，如因其維繫護持之功，而使上下和諧、團結一致、家道豐盈，豈非上上之吉。

五爻身為一家之主，當家做主，人心要是無憂懼，家人自然團聚。故爻辭言：「**王假有家，勿恤，吉。**」《象辭》又進一步說其妙用：「王假有家，交相愛也。」一家之主，本應經常與家人團聚、關愛家人，家庭生活才能和樂。

至於**上爻**，於家中當如祖父母，是家規之維護者，地位超然，又須有威望，才能為家人所敬重。故爻辭誡以：「**有孚，威如，終吉。**」除以真誠對待家人外，尚須開誠布公，說一不二，得人敬重，富有威信，才能維持家規。《象辭》說：「威如之吉，反身之謂也。」本身必須時常反省，自我要求，做到卦辭中《象辭》所言「言有物、行有恆」，則家人必尊信而敬畏之。奉勸子女已長大自主的父母長輩們，切莫嘮叨！

五、睽卦爻辭

家人團聚，最為幸福，一旦離散在外，爻辭亦針對各級不同身分提醒趨吉避凶的調適之道。

家中基層成員之**初爻**，離家在外，必是秉命而行，故心無遺憾。但在外，總有失意之時，嚴重的，如坐騎走失，不良於行，千萬不可四出追尋，以防陷入更大危機，而要冷靜等待，老馬識途，必然自行返回；輕微的，如遇見厭惡之人，亦須多方忍耐，不予得罪，自可不出差錯，總之，凡事「小心忍耐」為是。故爻辭於此，特加告誡：「**悔亡，喪馬勿逐，自復，見惡人，无咎**。」誠以在家千日好，出門寸步難也。

二爻職司中饋，一家溫飽所繫，如今卻離家外出，爻辭言：「**遇主于巷，无咎**。」必待不期而遇其主人於里巷門口，得其庇護，乃可不出差錯。則其離家，非主人之命令顯然。西周之際，大夫無私交，一旦離家出走，則前路茫茫，不言可喻。

三爻之總管離家外出，情況尤為悲慘，非但前路茫茫，抑且備受刑責。爻辭言其：「**見輿曳，其牛掣，其人天且劓，无初、有終**。」車輛本用來載人，今則被罰拉車，牛本拉車，卻繫於車後隨行；不特此也，又被人黥其額頭、截其鼻樑，因此離家外出，自始至終都不會有好結果。

執行階層的初、二、三爻，除非奉命外出，一旦離家出走，都沒有好結果。決策階層的四、五、上三爻，外出離家，則必然非其本意，如能全心輸誠，則尚有轉圜的空間。

四爻本為一家之主之親信，今卻離家他往，顯係為一家之主所棄，故爻辭以「睽孤」喻之，言：「**睽孤，遇元夫，交孚，厲，无咎**。」一旦被棄離家，如能再與一家之主不期巧遇，且能彼此都付出誠心，信任對方，則情況再嚴重，也可化干戈為玉帛。夫妻雖離異，只要彼此有心，仍可復圓，《周易》作者不認為夫妻離異，覆水難收。

五爻為一家之主，如其離家外出，係為了保存國家命脈，讓祖宗繼續得到奉祀，則儘管主動去做，何妨？爻辭言：「**悔亡，厥宗噬膚，往，何咎？**」企業機構首長，為了使企業更上一層樓，毅然辭職，推薦比自己更傑出人士擔任，這辭職的決定是對的。

至於一國之軍師，或一家之祖父母，本不會離開原來之位子，所以離開，乃因被國君或子女所遺棄，不得不離開軍師之位或家庭，如今國君或子女卻又回頭來迎，又該如何？**上爻**爻辭以離婚之婦為例說：「**睽孤，見豕負塗，載鬼一車，先張之弧，後說之弧，匪寇，婚媾，往遇雨，則吉**。」被人離棄之女子，見有一群來自敵人「鬼方」的人，攜帶小豬乘車而來，她不明白他們來意，所以就拉滿弓箭戒備，待知不是前來侵襲，而是前來提親時，才放下弓箭。主動前往了解，完全明白來意，疑團盡釋，才能圓滿解決。身為軍師或祖父母既已被棄離開，縱對方回頭前來迎接，也要先行戒備，待疑雲盡去，情勢明朗才可返回團聚。不孝子孫遺棄父母在先，如今復返邀回同住，要先弄清楚他們背後動機，是否真誠，或是別有企圖，才可決定是否接受。

第五節　壓力與紓解（蹇、解）

任何一個人都擁有一種共同的心態：期待突破困境壓力。因此面對困頓不順的壓力，就會設法突破，對於逐漸紓解的情勢，就會因勢利導。各級領導人調適之道，於《易》中「蹇」「解」兩卦有詳細敘述。

一、本文

(三九)蹇（䷦）

蹇，利西南，不利東北；利見大人，貞，吉。

初六　往。蹇。（主動突破困頓不順），來。譽。（換來的是心安）。

六二　王臣。（指大夫）蹇。蹇。（極度不順），匪。（非）躬。（本身）之故。（緣故，事）。

九三　往蹇，來反。（相反）。

六四　往蹇，來連。（周禮鄉師丁晏解詁：古文書「輦」作「連」，喻尊崇）。

九五　大蹇，朋來。

上六　往蹇，來碩。（大），吉，利見大人。

（四十）解（䷧）

解，利西南，无所往，其來復吉；有攸往，夙。（早）吉。

初六　无咎。

九二　田。（同「畋」）獲三狐，得黃矢。（貴重之金屬箭頭），貞，吉。

六三　負。（背負）且（又）乘。（登高），致寇至，貞，吉。

九四　解而。（假借為「爾」，汝也）拇。（足），朋至斯。（語詞）孚。

六五　君子維，有解，吉，有孚于小人。

上六　公。（周公）用射隼。（鷂）于高墉。（城牆）之上，獲之，无不利。

二、卦名

蹇卦（䷦）與解卦（䷧）符號顛倒，應是在共同前提下，有相對意義。

「蹇」字於《易》七見，全在蹇卦。《詩》《書》西周諸篇未見。十翼之《彖辭》

《雜卦》《序卦》皆云：「難也。」《說文解字》謂：「跛也。」顯然有處境艱難，不順於行之意。

觀「蹇卦」諸爻，俱有「跛」「難」之義，且與「順」之意義相對，如蹇九三言「往蹇，來反」，言勇往直前面對艱難逆境，努力予以突破，則必得相反之成果。初六言「往蹇，來譽」，得到的是榮譽（或心安），六四爻「往蹇，來連」，努力突破的結果更豐碩，是乘坐輦輿，是得到尊榮，可見蹇卦所處環境應是艱難困頓、進行不順的狀況，由於勇於前進，努力突破，所以得到順暢的好成果。

「解」與「蹇」意義相對，《易經》本文中三次出現，皆在解卦。而於《詩》四見，西周諸篇。皆以「鬆弛」為義，如《詩・周頌・桓》：「綏萬邦，婁豐年，天命匪解……。」謂上天以武王代殷，安定了天下各國，屢屢使年歲豐收，對於上天賦予之國運不敢有絲毫鬆弛懈怠。

比對「解卦」六五爻，「解」字確有「鬆弛」之義，六五爻辭謂：「君子維，有解，吉……。」「維」乃用繩索捆綁，謂本來領導人是被全身捆綁的，現在已經有了鬆弛的感覺了，吉祥之至……。

比對二卦之義，「蹇」指處境艱難困頓，進行不順，「解」指困境逐漸紓解。而情勢所以有此轉變，乃因其共同前提是領導人有勇於突破的心態。

三、卦辭

在領導者有突破困境的心態下，面對艱難不順之困境，及逐漸紓解之情勢，《周易》作者提出的因應之道是：

蹇，利西南，不利東北；利見大人，貞，吉。

解，利西南，无所往，其來復吉；有攸往，夙吉。

兩卦都認為要「利西南」，西南指周武王所在的鎬京方向，比喻正確的方向。在蹇卦應是看清時勢，及困難所在；在解卦應是未來的演進趨勢及有利因素。但因蹇卦面臨的是艱難不順之困境，除了掌握正確方向外，尚須仰賴眾人之齊心合力，故卦辭言「利見大人」，此外，各級領導人更須堅守各自本分，不得見異思遷，或遇難思退，才能圓滿突破困境。

至於解卦，由於困境逐漸消除，壓力日漸鬆弛，除仍須順應局勢，掌握正確方向，以因勢利導外，如果不再積極主動奮鬥，則任其逐漸回歸原狀固吉，如欲有所作為，則及早緩解困頓亦佳。

四、蹇卦爻辭

領導人有期待突破困境的心態，面對艱難不順的困境時，就自然會勇往直前，全力衝刺，因此，在六爻爻辭中，都顯示了良好的成果。

初爻承辦人一心努力突破困境，不拘克服與否，自然心中安然，故爻辭言：「**往蹇，來譽**。」

二爻負責執行，只許成功不許失敗，但成功與否，自己也無法把握，所以爻辭說：「**王臣蹇蹇，匪躬之故**。」他必抱著勇於突破的心態，在萬般艱難中，全力突破，不為一己榮辱著想。唯有無私的奉獻，才能無怨無尤，克竟全功。

三爻承上啟下，負推動之責，在具備期待突破困境之心態下，又能即知即行，主動衝刺，則必可得到與目前處境完全相反之成果，諸事順暢。一級主管的奮鬥決心及毅力，常能帶動不同於往常的盎然朝氣，故爻辭言：「**往蹇，來反**。」

四爻為決策人之親信，面對困境，能主動籌思突破之良策，消除不順之逆境，必更受到尊崇。爻辭說：「**往蹇，來連**。」連即輦，車行順暢，且備極尊崇。猶如夫妻共同在患難中並肩奮鬥，兩人同心，其利斷金，不但可衝破困境，妻子也將因而備受丈夫尊重。

至於身為最高決策人之**五爻**，面對困境，勇往直前，毫不退縮，自可激起全民奮起追隨。爻辭言：「**大蹇，朋來**。」時勢造英雄，危機即是轉機，只要最高領導人有心突破不畏縮，必定可得到全力之支持。八年抗戰，十萬青年十萬軍的號召，立刻激起全民響應，即為明證。

上爻軍師，掌立國原則，皆攸關全體，能勇往直前，突破艱難，必有豐碩成果，圓滿達成任務，故爻辭言：「**往蹇，來碩**。」但軍師雖位高權重，而平素並不躬親庶務，凡所舉措，胥賴各級領導人全體動員，故爻辭又誡以「**利見大人**」，唯有倚重同僚，乃克有成。

總之，有突破困境之心，又能勇往直前，必有滿意之成果。

五、解卦爻辭

困境壓力逐漸紓解，各級領導人因勢利導之方式各不相同。

初爻承辦人奉令行事，困境既已逐漸紓解，故爻辭言：「**无咎**。」俗話說：「大樹之下好乘涼。」天下無事，正可高枕無憂。

二爻負責執行，壓力逐漸紓解，順水推舟，其功加倍，故爻辭言：「**田獲三狐，得黃矢，貞，吉**。」以打獵為例，不但可擒獲許多狐狸，而且又獲得珍貴之金屬箭頭，一舉多得，只要堅守一己本分，即可圓滿完成任務。

三爻負責推動，但天下困境既已逐漸紓解，就可順勢而行，讓自己及部屬稍事休息，故爻辭誡以：「**負且乘，致寇至，貞，吉。**」三爻如果還沒事找事自加負荷，又登高自苦，勞動部屬，必招致反彈，自取其辱，因此堅持推動下去，必遭挫折。身為一級主管，必須切實遵照上級決策而行，切莫自我作主，自貽伊戚。

不但執行階層要順勢休息，決策階層更應藉機造福於下屬，收攬人心。**四爻**親信，職司凝聚上下感情，能放緩其腳步，行事寬緩則可凝聚人心，且得人信任。故爻辭言：「**解而拇，朋至斯孚。**」劉邦入咸陽，蕭何勸劉邦盡廢除秦苛法，改以約法三章，故秦民大悅。

至於**五爻**，一旦環境的束縛及壓力鬆弛，就表示困境已逐漸紓解，不但能圓滿達成任務，也能取得天下百姓的輸誠擁戴。所以爻辭言：「**君子維，有解，吉，有孚于小人。**」

天下困境紓解，對執掌軍事征伐及立國原則之上爻而言，為天下除害，就如探囊取物般輕而易舉了，故爻辭言：「**公用射隼于高墉之上，獲之，无不利。**」以站在高高的城牆上射鷹鷂，必可一箭射下為喻，趁著天下局勢逐漸紓解之機會，定可大有斬獲。

動動腦

一、恆卦上爻，何以「振恆凶」？
二、勇於承擔之人，宜如何拿捏分寸？
三、忠而被讒，為人造謠中傷，宜如何自我調適？
四、身為一家之主宜如何作為，方能與家人共享團聚之樂？
五、人值困頓之際，宜如何作為？

第七章 情緒管理

主旨

——研讀本章之後，學習者應能達成下列目標：

一、知道得意與失意情緒的自我管理要領。

二、了解與人決裂或被人拉攏時情緒的管理要領。

三、知道日起有功或日漸式微不同情勢之情緒管理。

四、了解處於困頓或優裕狀況中之情緒管理。

五、知道處於職位變動與安定之不同情境的情緒管理。

摘　要

本章五節十卦，探討十種時機之情緒管理。

第一節損益二卦，敘述失意時宜收斂情緒，誠信待人，謹守本分；得意時宜修持情緒，以得道多助，有所作為。

第二節夬、姤二卦，敘述自己決心離此他往及遭外力的引誘拉攏時之情緒管理。前者宜時時尊崇、關懷原單位；後者宜審慎，凡事三思而後行。

第三節萃、升二卦，敘述情勢日漸凋敝及日起有功之情緒管理。前者胥賴人人全力挽救；後者也靠大家通力合作。

第四節困、井二卦，敘述身處困苦與優渥兩種不同情況下之情緒管理。困苦時要堅守本分，一心一意，不畏譏評掣肘，奮發圖強；條件優渥時要惜福、主動、勤勞、進取、全力奉獻。

第五節革、鼎二卦，敘述職位變動與穩定不變兩種狀況之情緒管理，大體而言，以安定為宜，不主張變動。

心態調適著重領導人的心性所產生的心態，《周易》作者從領導者本身內在個性的感性與理性。保守與進取、期望被讚賞、期待一家團圓及期望突破困境的心態，來論述面對各種狀況的調適之道。

情緒管理則論及領導人面對得志、失意、離合、興衰、順逆及去留之外在際遇時，應有的情緒管理。管理適當則吉，不當則凶，對於領導人，情緒的正確掌握確實不易，特專章討論。

第一節　得意與失意（損、益）

人有得意時，也有失意時，領導人亦然，各級領導人得意時，被人欣賞、禮遇、得人相助，內心十分快樂，一旦被人猜忌、貶抑、虧待時，就有失意的痛苦，這種外在環境加諸於人們身上，所產生的苦樂情緒，要如何控制？《易》中「損」、「益」兩卦有詳細的敘述。

一、本文

(四一)損（䷨）

損，有孚，元吉，无咎，可貞；利有攸往，曷（何）之用？二簋（竹製飯盒）可用享。

初九　巳（祀）事，遄（速）往，无咎，酌（挹取）損（減）之。

九二　利貞，征凶，弗損（減）益（加）之。

六三　三人行，則損一人；一人行，則得其友。

六四　損其疾（病），使遄有喜，无咎。

六五　或（縱然）益之十朋（朋，貨幣單位，十朋，喻其貴重）之龜（占卜用，言其靈異），弗克違，元吉。

上九　弗損益之，无咎。貞，吉，利有攸往，得臣（家臣），無家（大封賞）。

(四二)益（䷩）

益，利有攸往，利涉大川。

初九　利用（於）為大作（創造），元吉，无咎。

六二 或益之十朋之龜，弗克違，永貞，吉，王用享于帝（上帝），吉。

六三 益（助益）之，用凶事（不吉之事），无咎。有孚，中行（周全妥當）告公（尚書西周諸篇中，單稱「公」者，皆指周公），用（以）圭（喻純潔溫和）。

六四 中行告公，從，利用（於）為依（即「殷」）遷國。

九五 有孚，惠（順）心，勿問，元吉；有孚，惠我德（行）。

上九 莫益之，或繫之，立心勿恆，凶。

二、卦名

損卦（䷨）與益卦（䷩）符號顛倒，表示在同一前提下，有相對的意義。

「損」字於《易》五見，皆在「損卦」，甲骨文及《詩經》未見，《尚書》西周諸篇亦未見該字，僅《偽古文尚書．大禹謨》有「滿招損，謙受益」，「損」有減損之義。十翼之《彖辭》云：「損剛益柔。」「損盈益虛。」《象辭》云：「損，君子以懲忿窒慾。」亦皆以「減損」為義。

以「減損」釋損卦諸爻，於義亦浹洽，如損六三「三人行，則損一人；一人行，則得其友」，三人同行，則減一人，一人獨行，則加一人以為伴，六四爻「損其疾，使遄有喜」，謂減損其病，使之速往可喜的方面發展，「損」之義明顯也是減損。

「損」有減損之義，「益」之意義與之相對，應有「增益」之義。「益」於《詩》四見，多以「加」為義，如〈小雅・信南山〉：「益之以霢（ㄇㄞˋ）霂（ㄇㄨˋ）。」謂加之以小雨。《書》於西周諸篇未見，於《易》七見，皆在損、益二卦之中，揆其義，亦多為「加」「助」之義，如損六五及益六二爻「或益之十朋之龜」，謂縱或增加（助以）價值達十朋之大烏龜所卜之占語。有些爻，損益二字併用，其為「加減」之義更清楚明白：如損九二及上九爻言「弗損益之」，言不增加不減少。

比較損益二卦之卦爻辭，損卦多誡其收斂，如卦辭言祭祀用二簋即可（二簋可用享），象辭誡其宜「懲忿窒慾」；益卦則相反：宜創造、利發展，如卦辭言：「利有攸往，利涉大川。」初爻言：「利用為大作。」可做大有創造之事。顯然可見，損卦正處遭人猜忌、貶抑、虧待等不利情勢，情緒失意亟待自我減損、收斂之時，益卦則處被人欣賞、禮遇、得人相助等有利情勢，情緒得意利於從事之時。二者之共同前提則在得失情緒之妥適應用。

三、卦辭

外在環境，直接衝擊個人情緒的得意與失意，卦辭特別提出因應之道：

損，有孚，元吉，无咎，可貞；利有攸往，曷之用？二簋可用享。

益，利有攸往，利涉大川。

損卦時，被人猜忌、貶抑、虧待，凡一切不如意之事，皆可能出現，情緒易受影響，備感失意。此時，卦辭提出兩點建議：一為以誠敬之心面對失意（有孚），如此一開始就可使處境圓滿，不生差錯，也可守住自己本分；二為採取主動，但失意之情緒則必須收斂，必須主動進行補救。就像祭祀，主動祭祀，祭品雖只用二個竹製飯盒裝酒菜，照樣要按規矩奉祀，不要被情緒所奴役，什麼事情都不做。《象辭》以為收斂情緒尤其重要：「君子以懲忿窒慾。」心有忿怒不平，就要忍耐，有慾望不能滿足，就得壓抑、割捨，目的無他，事事忍耐、自我節制以收斂情緒也。不得罪人，又以誠信待人，此失意時情緒管理之兩大原則。

如果外在環境情勢相反，處在得人欣賞、信任、禮遇、相助的益卦，不但不受人猜忌、壓抑、甚且從旁助之，此時情緒和悅、穩定自不待言，卦辭於益卦，主張要趁此得道多助之時機：主動作為、推動理想、突破困難。但在情緒方面，《象辭》則建議必須努力再修持，徹底遷善改過：「君子以見善則遷，有過則改。」因為唯有修持情緒，才能繼續得道多助，完成理想，突破困難也。

四、損卦爻辭

被人猜忌、貶抑時，情緒不佳，言行宜如何因應，六爻均各不同：

初爻承辦人，奉令行事，爻辭以為在自己職責範圍內，宜主動迅速去做，符合上意，免遭責備，但情緒則必須略加收斂。爻辭說：「**巳事，遄往，无咎，酌損之。**」婆媳之間，媳婦不得公婆之意，只要守住媳婦應守本分，但求無過，言行收斂謹慎為宜。

二爻職司執行負責，既為人所猜忌，亦如初爻，盡其本分即可，無須主動創新，否則更遭人忌，一切保持常態，不須自我貶抑，亦無須臉上貼金、自我膨脹，恰到好處即足矣，故爻辭云：「**利貞，征凶，弗損益之。**」

三爻亦然，承上啟下，既然遭人猜忌，貶抑，則多做多錯，照章推動，不增不減，能盡本分即可。故爻辭言：「**三人行，則損一人；一人行，則得其友。**」猶如結伴而行，三人太多，則減一人，一人太孤單，故多找一人為伴，總以適中為度。多做少做，皆留人話柄。

執行階層，在損之時，情緒宜力求收斂，但以不妨害本務為度；決策階層，則宜主動補救，以去損為務。

四爻職司全體關係和諧，故宜振奮大家情緒，使人人快樂，因此爻辭言：「**損其疾，**

使遄有喜，无咎。」四爻身為親信，必須努力減損猜忌、貶抑之病，使人人受到尊重、禮遇、處處得人相助，迅速恢復喜樂，如此方得無咎。

五爻更須一言九鼎，以誠信待人，尊重禮遇全體，否則爻辭言：「**或益之十朋之龜，弗克違，元吉。**」縱使請出價值十朋之靈異大龜來占卜，所說之卜辭，無人能違背，但效果也是短暫的一陣子時光而已。人們終究不信任他，失意的情緒依然存在。

上爻軍師，位高權重，本宜備受尊崇，如今儘管不受禮遇、甚且受到壓制，爻辭以為應：「**弗損益之，无咎。貞，吉，利有攸往，得臣，無家。**」由於動見觀瞻，因此在情緒上，必須以平常心對待，就不致出錯，但職司立國原則及奉王命征伐，必須堅守本分，主動任事，維持綱紀於不墜，不同的是如有封賞，則要接受臣僕之類的小賞賜，而不要接受裂土成家之類的大封賞，換言之，盡量收斂為是。

五、益卦爻辭

益卦各爻處被尊重、禮遇，且隨時有人相助之得意時刻，卦辭鼓勵宜主動推動理想，突破困難，觀六爻爻辭確實大有可為，其情緒之喜樂可想而知。

初爻爻辭言：「**利用為大作，元吉，无咎。**」承辦人既可得上級欣賞，又得眾人之助，如果利用此機緣大肆發揮創造力，確可以發揮自己理想，不致出錯，但初爻本宜奉令行事，剛開始還圓滿，最後就不得而知，為什麼呢？《象辭》認為：「下不厚事也。」位居基層實不宜多管閒事吧！

至於**二爻**，確實可以大有作為，他的狀況，就如爻辭所言：「**或益之十朋之龜，弗克違，永貞，吉，王用享于帝，吉。**」本為執行負責人，今處益卦，既得人賞識，又得眾人之助，猶如獲得大神龜之神力相助，無人能違。但要能圓滿，還是要永遠堅守本分，讓王能用其成果奉獻于上帝。

三爻處得意之益卦，已為人欣賞、禮遇，如今再得眾人之助，當然事無不行，故爻辭言：「**益之，用凶事，无咎。**」就是用來處理不吉的事務，照樣不出差錯。如果再能以誠敬的心承上啟下，就會在推動業務的過程中，不時以溫和而虔敬的態度稟告主事者周全妥當之建設性的創見，故爻辭又說：「**有孚，中行告公，用圭。**」

執行階層的大有作為，必須堅守本分，決策階層則須以誠信之心才能完成十分艱難的大事。尤其身為親信的**四爻**，在得人賞識，又有人助的益卦時，縱使在進行過程中，也要在周全妥當的處置後，一五一十地報告，在主事者同意下，才可以進行牽連甚廣的複雜大事，正如爻辭所言：「**中行告公，從，利用為依遷國。**」在打敗商紂後，為防殷遺民死灰復燃，要將這些殷商權貴的後代遷徙於雒邑，只有在益卦的情況下才能順利完成。

對於最高決策人的**五爻**亦然，處於益卦，為人擁戴之時，自己能以真誠的心，來順應民心，不必求神問卜，也知道一開始就能諸事圓滿。如果自己的真誠，能使全民順服追隨，則必能始終圓滿了。故爻辭說：「**有孚，惠心，勿問，元吉；有孚，惠我德。**」身為眾人擁戴的最高決策人，必須永遠以最真誠的心待人，才能大得民心。父母對子女正該如此。

上爻位高權重，掌立國原則，並司軍事征伐，更須得人賞識、禮遇。如無人相助，甚至拉扯他，使他行動受到牽制，而他又不以常道堅定心志，就無法完成任務了。爻辭言：「**莫益之，或擊之，立心勿恆，凶。**」言外之意，上爻不論外界對其情緒影響為何，他都必須堅守本分，持之以恆，不為所動。

第二節　決裂與拉攏（夬、姤）

大抵而言，外在環境對人的情緒影響最大，得人信任、禮遇、相助，則情緒愉悅穩定；被人猜忌、壓抑、虧待，則情緒低沉惡劣。領導人必須不以物喜，不以己悲，以任務為重，善於面對環境，使自己不論得意與失意都處變如常。而當自己與人決裂或人刻意拉攏自己時，就又面臨類似被猜忌與被禮遇的另一類方式，必須妥為管理自己的情緒，才能適當的因應。《易》夬卦及姤卦對此有詳細的論述。

一、本文

㊸夬（䷪）

夬，揚（順從之而又顯揚之、稱揚）于王庭（朝廷），孚號（盡情表達一己之真誠），有厲，告自邑，不利即戎（訴諸軍事行動），利有攸往。

初九　壯于前趾（足），往，不勝（能），為咎。

九二　惕號（憂懼哭號），莫（通「暮」）夜有戎，勿恤（憂）。

九三　壯于頄（ㄑㄡˊ，面）有凶。君子夬夬（毅然決然），獨行，遇雨，若濡，有慍，无咎。

九四　臀无膚（膚，肌肉，臀无膚喻臀部無肉，坐不安穩），其行次且（同趑趄，躑躅，行不進也），牽羊（喻臣服），悔亡，聞言不信。

九五　莧陸（莧音ㄨㄢˋ，一本作「莞」，蒲席也。陸，高平之地，可安處），夬夬，中行，无咎。

上六　无號（喻未盡情表達真誠），終，有凶。

㊹姤（䷫）

姤，女壯，勿用取女。

初六　繫于金柅（堅固的煞車器），貞，吉。有攸往，見凶；羸豕（被綑綁之豬）孚，蹢躅（說文，住足也，蹢通「蹄」）。

九二　包（借為「庖」，廚房也）有魚（珍貴，吉祥之物），无咎，不利賓。

九三　臀无膚，其行次且，厲，无大咎。

九四　包无魚，起，凶。

九五　以杞（杞柳葉）包瓜，含章，有隕（降）自天。

上九　姤其角，吝，无咎。

二、卦名

夬卦（䷪）與姤卦（䷫）符號顛倒，表示二卦在共同前提下，有相對的意義。

「夬」字於《詩》《書》未見，於《易》四見，始見於履卦九五爻「夬履，貞，厲」，「夬」為「決」，決裂也，餘均見於本卦。在本卦中，除卦辭單用外，餘均為疊字：「夬夬」。

考《易》於疊字，皆有強調之意，如履道「坦坦」，表極為寬廣平坦，「愬愬」終吉，表特別小心謹慎，「謙謙」表極度謙虛等，絕無例外，「夬夬」表毅然決然，決心他去，無法挽回。

「姤」字於《詩》《書》亦未見，於《易》二見，皆在姤卦，除卦辭外，另見於上九「姤其角」，其義不明。

「姤」，鄭玄本作「遘」，古文作溝，遘與「媾」通。遘，《尚書・洛誥》云：「無有遘自疾。」言不要遇到疾病，遘有「不期而遇」之意，證諸十翼《彖辭》：「姤，遇也。」其義顯然。

比較「夬」與「姤」，夬為本人有心，主動決裂而去；姤則為本人無心他去，卻被動地遭到刻意拉攏，二者意義相對。而其共同前提則為個人面臨離合抉擇。

三、卦辭

不論是自己主動求去，或遇到外力的拉攏引誘而去，結局都是離此他往，都必然地面臨了離合的抉擇，《易》作者提出趨吉避凶之道：

夬，揚于王庭，孚號，有厲，告自邑，不利即戎，利有攸往。

姤，女壯，勿用取女。

一個人決心離此他往，或是基於未來發展的考慮，或是基於對於現今所處環境的不滿與絕望。一般人容易對目前所處環境諸多批評，或留戀不捨，但《易》作者卻不以為然，他提出離職的四大情緒管理準則：一、在新到的朝廷之上要極力稱揚原單位（揚于王庭）；二、要發自內心，盡情表達自己對原單位的忠誠之情（孚號）；三、遇有爭執、衝突，好言解釋，動口不動手（有厲，告自邑，不利即戎）；四、主動離開，切勿留戀，或自恃功德捨不得離開原單位（利有攸往）。此四者足為退休、升遷或離職者炯戒。

至於在職期間，如果有其他單位以高薪、厚利引誘，在是否跳槽的抉擇上，《易》作者，只有一點提示：對方姿態太高或條件苛刻者，勿輕易嘗試。就如夫妻結合，如果女方太強勢，男方就不敢娶了。

四、夬卦爻辭

離此他去，於執行階層，比較容易，於決策階層，則困難重重。

初爻承辦人勇於離去，別人應不致阻攔，但必須事先有完整規劃，如果無處可去，卻主動求去，就是輕舉妄動，後果就不堪設想了。故爻辭言：「**壯于前趾，往不勝，為咎。**」

二爻執行負責人離職他去，就不那麼容易了，必須提高警覺，防範有人暗中陷害或偷襲，爻辭言：「**惕號，莫夜有戎，勿恤。**」一步一腳印，對經管的業務，交代清楚，使人無懈可擊，是非常必要的。

三爻平素負責推動工作，一旦毅然離去，對業務必然有衝擊性的影響，所以事前不宜大事聲張，否則就走不成了。但如非離職不可，縱使一人獨行，也必須勇敢前行，毫不遲疑，一旦困難解決，儘管汗流浹背，衣衫盡濕，內心充滿不快，也心安理得。所以爻辭說：「**壯于頄，有凶。君子夬夬，獨行，遇雨，若濡，有慍，无咎。**」銀行經理離職，一定要有妥善安排才可付諸行動。

執行階層領導人的離職，影響層面不致太大，所以自己小心、有準備，經過妥善安排後，儘管放心離去，沒有後遺症，決策階層的離職，就得特別小心了。

四爻貴為親信，一旦離去，就表示情況非同小可。因為四爻必須忠心耿耿，隨侍左右，與五爻共患難，今斷然求去，是絕了情分，故爻辭言：「**臀無膚，其行次且，牽羊，悔亡，聞言不信。**」他自己會像屁股沒長肉般，坐不安，行不順；欲待回過頭來牽羊負荊請罪，縱然得到原諒，人家已經不信任他了。丈夫事業失敗，妻子求去的結果就是如此。

五爻身為最高負責人，更不能輕言求去，除非找到一個又高又平可以高枕無憂安居的地方，才可毅然決然離此前往，只要能安排周全妥善、平平安安就可不出差錯。但爻辭言：「**莧陸，夬夬，中行，无咎。**」他並非獨行夬夬，而是舉家遷居了。就像公劉遷岐一般。一家之主身繫一家安危，行動絕不能草率。

上爻離此他往也不可輕率，必須充分表達其真誠或憂慮，否則採取不聞不問的決絕態度，將使立國精神盡喪。故爻辭言：「**无號，終有凶。**」現代倫理淪喪，許多父母對已成年之子女絕望，甚至放棄了，不再諄諄告誡，完全的放任，到了雖同居一室，但眼見子女重蹈覆轍，也不願多費唇舌，從旁指導，致使子女一錯再錯，傷痕累累，如此，不但家教崩潰、親情盡喪，而且使得社會更趨混亂。

五、姤卦爻辭

對於別人刻意拉攏挖角，《易》作者採取審慎態度。**初爻**承辦人，爻辭說：「**繫于金柅，貞，吉；有攸往，見凶；羸豕孚蹢躅**。」面對外來刻意的拉攏引誘，要把自己的心用堅固的煞車器穩穩地拴住，堅守自己本分。萬一心一動搖，主動前往迎合，立刻就有災禍到來；其嚴重性就像一隻被綑縛起來的豬，被捕獲後，雖想駐足不行，也會被強行拖走。公務員拿人紅包，把柄在人手中，就一切聽人擺布了。

二爻的執行負責人也一樣，要充實自己，有正確的認知，面對外來的強力引誘，才能悍然不顧，就如爻辭所說：「**包有魚，无咎，不利賓**。」只要自己廚房裡有魚，經濟十分寬裕，就不會出差錯，因為對於外來的引誘就不再感興趣了。如果公司待遇合理，同事相處融洽，大家齊心協力，縱使別人挖角，就不容易想要跳槽。

三爻的推動人也不可以接受外人的引誘，所以爻辭說：「**臀无膚，其行次且，厲，无大咎**。」受到引誘時，會坐立不安，不會主動迎合，再危險，也不會出錯。情緒一定保持鎮定。不為勢劫，不為利誘。

執行階層要稍安勿躁，持守自己職志，決策階層更應如此。所以位居**四爻**的親信，如果因為自己內在不寬裕，面對外來的引誘，竟而起身相迎合，那就凶多吉少了。故爻辭說：「**包无魚，起，凶**。」就像身為祕書的人，是上司的親信，如果不滿意現狀，又無內涵，很可能就會洩漏其主人之機密，以迎合外人之拉攏，後果豈不是十分嚴重？

身為**五爻**，如能杞柳為橐，苞苴食物施惠百姓，又有佳美之品德文采，那麼連上天都會主動降下來拉攏他了。所以爻辭說：「**以杞包瓜，含章，有隕自天**。」

至於**上爻**軍師，為國君之師傅三公，國之大圭，動向為天下觀瞻，有人引誘拉攏，自然必須悍然斥絕，故爻辭言：「**姤其角，吝，无咎**。」這樣做，也許拂人美意，心中不忍，但也唯有如此，才能不出錯。

決策階層中除五爻外，亦皆拒絕拉攏，但五爻本為天子，奉上天之命安養百姓，今得上天拉攏，似乎並無不妥。

第三節　沉淪與提昇（萃、升）

大凡常人情緒的波動，除外在人際之得意與失意、決裂與拉攏外，情勢之沉淪與提昇，造成興衰之別，也影響了情緒，《易》中之「萃」與「升」卦探討了這兩種狀況之情緒管理要領。

一、本文

(四五)萃(䷬)

萃，(亨)。(馬、鄭、陸、虞等本無「亨」字)，王假。(蒞臨)有。(於)廟；利見大人，亨；利貞；用大牲。(牛)，吉；利有攸往。

初六　有孚，不終，乃。亂。乃。萃。(乃，單用為「才」；乃，意為「一……就」。亂，喪亂，不安寧。萃，凋敝)；若號(情切而哭號)，一握。(握，握持，一作渥，豐足)為笑，勿恤，往无咎。

六二　引。(在前引導)，吉，无咎；孚乃利用禴。(夏祭)。

六三　萃如嗟如，无攸利；往，无咎，小吝。

九四　大吉，无咎。

九五　萃有。(於)位。(職位)，无咎，匪孚；元永貞，悔亡。

上六　齎。咨。(嗟歎之辭)涕。(淚出)洟。(鼻涕流)，无咎。

(四六)升（䷭）

升，元亨，用見大人，勿恤，南。（喻遙遠之地，如周；一說：周原）征吉。

初六　允。（信）升，大吉。

九二　孚乃利用禴，无咎。

九三　升虛邑。（無守備之國，喻如入無人之境）。

六四　王用亨。（奉獻）于岐山。（宗周宗廟所在），吉，无咎。

六五　貞，吉，升階。（臺階）。

上六　冥。（昏暗）升，利于不息。（止息）之貞。

二、卦名

萃卦（䷬）與升卦（䷭）符號顛倒，表示在相同前提下，有相對意義。

「萃」字依十翼之解釋，多為「聚」，如《彖辭》云：「萃，聚也。」《序卦》云：「萃者，聚也。」《雜卦》云：「萃，聚也。」唯《象辭》云：「君子以治戎器，戒不虞。」有未雨綢繆、居安思危、先事預防之義，與上述《彖辭》、《序卦》、《雜卦》不同。

考「萃」字於《易》四見，皆在萃卦，他卦及《詩》《書》西周諸篇皆未見。而參諸萃卦中卦爻辭，歷代學者以「聚」釋之，義多不洽，如初六「有孚，不終，乃亂乃萃……」於《易》，有孚則萬事可順暢，今初爻，「有孚而不能貫徹始終，於是一亂就全民凝聚一心」，顯然與《易》之原則不符。再如六三爻「萃如嗟如，无攸利」，「萃」、「嗟」、「无攸利」併用，「嗟」及「无攸利」皆悲愴用語，獨「萃」若釋為「凝聚一心」，則顯然不倫不類。

經查《荀子・富國》有「勞苦頓萃而愈無功」之句，楊倞注云：「萃與顇同。」「顇」即「瘁」字，《爾雅・釋詁》云：「病也。」《詩・大雅・瞻卬》有：「人之云亡，邦國殄瘁。」言賢人已說過，國之將亡，則國事凋敝，百病叢生。今以「瘁」釋萃卦中卦爻辭義，義皆浹洽，詳後敘萃卦卦爻辭之分析。

至於「升」字，於《易》六見，首見於同人九三「升其高陵」，「升」有「登」之義，升六五云：「貞，吉，升階。」升階以「登階」釋之，義亦浹洽，再考諸《詩經》，亦多為「登」義，如〈大雅・生民〉：「其香始升，上帝居歆。」言香氣上升，上帝是饗。

比較十翼，《彖辭》云：「柔以時升。」《象辭》云：「君子以順德，積小以高大。」及《序卦》：「聚而上者，謂之升。」升寓有逐漸累積、由低而高、由小而大，日起有功之義。

比對萃、升二卦，「萃」為瘁，日漸凋敝、式微，「升」由低而高、由小而大，日起有功，逐日攀升。而其共同前提應是面對興衰成敗的情勢。不同的情勢，應有不同的情緒管理及做法。

三、卦辭

面對日漸凋敝、式微，甚至沉淪的情勢，以及面對日起有功、逐日攀升的情勢，在情緒的管理及做法上截然不同：

萃，亨，王假有廟；利見大人，亨；利貞；用大牲吉；利有攸往。

升，元亨，用見大人，勿恤，南征吉。

在日漸凋敝的情勢下，做事是無法通暢的，「萃，亨」的「亨」字，據唐陸德明《經典釋文》的記載：馬融、鄭玄、陸績、虞翻等本並無此字。

在萃卦時，有五件事要趕緊做：一、身為國君的王，要趕快蒞臨宗廟，虔誠祈求上蒼的福佑；二、王要重視共事臣僚的意見，不得一意孤行；三、要人人堅守本身的崗位，做好自己本分該做好的事；四、要表現最大的誠意，例如祭祀，不要用豬、羊等小牢牲品，而要用「牛」之類的大牢牲品，以示尊崇及至誠；五、要勇往直前，突破困境。做到上述五點，才能振衰起敝，日起有功。

至於居於日起有功之升卦，《易》作者認為開始雖然事事順暢，但是，是否能逐日攀升，還須做到下列三事：一、王對共事的同僚，必須繼續保持尊重；二、不憂不懼，不患得患失，持續埋頭努力；三、眼光放遠，以宏觀的態度進行長遠的規劃，如主動南往周地，就可鴻圖大展。

處興衰成敗之際，待人尊重、真誠，處事樂觀、進取是不二法門。

四、萃卦爻辭

情勢日漸凋敝，六爻領導人都必須盡力挽救。

初爻承辦人必須充滿自信，以誠信待人，以聚集人心，如無法始終如一，一有禍亂、不安寧，情勢就立刻凋敝。但若能急切在心，痛下決心，則只要充滿信心，保持誠信，就可破涕為笑，面對此情勢，不必憂慮，勇往直前就不出差錯。是好是壞，一切唯心造，故爻辭言：「**有孚，不終，乃亂乃萃；若號，一握為笑，勿恤，往无咎。**」

二爻執行負責人，值此情勢，必須因勢利導，一切圓滿達成上級交辦業務為依歸，就不會出錯。誠信是面對此情勢最好的良方，就像只是禴祭這類小祭祀，誠意還是不可缺的。爻辭說：「**引吉，无咎；孚乃利用禴。**」真誠的引導是凝聚眾心的必須做法。

三爻負責推動，必須全心全力，奮勇突破困境，要是一遇困難就牢騷滿腹，怨天尤人，那是沒有什麼好處的。所以爻辭說：「**萃如嗟如，无攸利；往，无咎，小吝。**」往前推動，儘管會面臨小挫折，但絕不會出錯。

執行階層要以忠誠、信心努力凝聚人心、衝破困境，決策階層也不可閒著。**四爻**是最高領導人親信，負責決策的規劃工作，一定要針對凋敝情勢，擬出最能圓滿解決的方案，才不致出錯，正如爻辭所說：「**大吉，无咎。**」吉是圓滿達成任務，大吉自然是最能圓滿達成振衰起敝任務的方案了。有些家庭家道中落，身為家庭主婦絕不能袖手旁觀，必須動動腦筋才行。

情勢會發展至此凋敝地步，**五爻**的最高領導人絕對不能辭其咎。他必須在自己的崗位上，鞠躬盡瘁，才不出錯，光憑信心或誠信是沒用的，至少他必須一開始就要抱定永遠堅守本分的決心，全力去突破困境，內心才會沒有遺憾。爻辭說：「**萃有位，无咎，匪孚；元永貞，悔亡。**」正是此意。

情勢凋敝，固然是五爻要負責任，但是**上爻**身為國君之師，備諮詢，掌立國原則，如今國勢凋敝如此，他也難辭其咎。爻辭說：「**齎咨涕洟，无咎。**」他必須一把鼻涕，一把眼淚地自責、悔過、告誡國君改過，才能免其過咎。孩子不務正業，家境日蹙，父母豈能自謂無過？如何在自責之餘，動之以情，教子振作，不再重蹈覆轍，實為補過之要途。

五、升卦爻辭

情勢蒸蒸日上，日起有功，胥賴全體領導人之努力。

初爻是基層執行人必須徹底貫徹上級決策，確保情勢之逐日攀升。爻辭說：「**允升，大吉**。」《象辭》說：「允升大吉，上合志也。」正是此意。

二爻也不能自我滿足，他必須以真誠帶人，使人心繼續凝聚，才不會出錯，爻辭言：「**孚乃利用禴，无咎**。」就連禴祭這種小祭祀都必須誠心誠意地辦理才行。

三爻負責推動，情勢如此，推動起來將得心應手，就像爻辭所言：「**升虛邑**。」如入無人之境，十分順利，毫無阻礙。

情勢能如此蒸蒸日上，**四爻**親信的撰擬之功不可沒，王就可以把這輝煌成果在岐山的宗廟上祭告先王，能如此順利圓滿，自然不致出錯，爻辭說：「**王用亨于岐山，吉，无咎**。」俗話說：「成功的男人背後，一定有一位賢慧的女人。」確實如此。

除四爻之功外，國勢蒸蒸日上，最高領導人的**五爻**堅守本分，表現稱職也是重要的因素。爻辭說：「**貞，吉，升階**。」堅守本分，才能圓滿完成保國衛民的重任，並且不斷帶領全體邁向更高層次的品級，這是促使情勢日起有功的重要階石。

上爻對情勢之日起有功有無貢獻？有。但由於不參與實務運作，只能暗中促成，爻辭說：「冥升，利于不息之貞。」暗中促成局勢之攀升，仍需要他永不止息的堅守崗位，始終不著痕跡地維護立國原則、備諮詢。《象辭》非常肯定他的謙沖胸懷：「冥升在上，消不富也。」消極謙虛永不盈滿正是上爻的不息之貞。

第四節　困苦與優裕（困、井）

有些人所處環境十分困苦，備受折磨，活得備極艱辛，縱有助人之心，也自顧不暇，力不從心，人生道上處於逆境之中；但也有人得天獨厚，出身富貴，身分優渥，才華橫溢，在人生道上，處於順境，困卦及井卦中，也詳細分析了面對截然不同之人生境遇，情緒管理之原則。

一、本文

㊼困（䷮）

困，亨。貞，大人吉，无咎。有言不信。

初六　臀困（折磨）于株木（一根木頭），入于幽谷，三歲（喻長時間）不覿（見）。

九二 困于酒食（喻無所事事），朱紱（紱，鄭玄作「韍」，詩經作「芾」，身前蔽膝，天子純朱，諸侯黃朱）方（方，邦國，諸侯開「國」）來，利用享祀（宜待之如祭祀之至誠），征凶，无咎。

六三 困于石（喻難以踰越或移易），據（依）于蒺藜（有刺植物），入于其宮（家），不見其妻，凶。

九四 來徐徐（緩慢安行），困于金車（堅固大車，諸侯所乘），吝，有終。

九五 劓刖（斷足之刑），困于赤（朱）紱，乃徐有說（同「脫」），利用祭祀。

上六 困于葛藟（纏繞於有刺之葛藤），于臲卼（〈釋文〉本作「陧杌」，不安也）；曰（語詞，無義）動悔（振動則悔恨），有悔，征，吉。

(四八) 井（䷯）

井，改（變更）邑不改井，无喪无得，往來（到處）井井（一個一個井）汔（庶幾，音ㄑ一ˋ）至，亦未繘（汲水繩，音ㄩˋ）井，羸（纏繞）其瓶（汲水甕），凶。

初六 井泥不食（吃），舊井无禽（同「擒」，獲也）。

九二 井谷（喻井深近底）射鮒（小魚），甕敝（破裂）漏（漏水）。

九三 井渫（治，疏濬）不食，為（使）我心惻（痛）；可用汲，王明（清楚），並受其福（福佑）。

六四 井甃（ㄓㄡˋ，井壁），无咎。

九五　井洌。（ㄌㄧㄝˋ，寒涼貌），寒泉，食。

上六　井收。（「受」，承受，又作甃，井口磚也）勿。（一作网，同網），幕。（蓋），有孚，元吉。

二、卦名

困卦（䷮）與井卦（䷯）符號顛倒，表在相同前提下，意義相對。

「困」字於《易》八見，始見於蒙卦六四「困蒙，吝」，言使學者之學習發生困難，則有挫折感，餘均見於困卦，有「受困」之意。

比對《尚書》之〈洛誥〉，有云：「公功肅將祗歡，公無困哉。」言公事減少，將致歡樂，公（指周公）不會有困難的，義同。

「井」字於《易》十見，全在井卦，《詩》《書》西周諸篇未見，虞翻注云：「泉自下出為井。」觀「井卦」中各「井」字，皆為井字原始本義。且自初至上爻，皆以井之由下而上為義，如初爻為「井之泥」，二為「井之谷」，三為「井之中」，四為「井之壁」，五為井之上端清澈可食之水，上爻為「井之蓋」。卦辭更詳言井之特性：不變更位置、不減不增、處處存在、充分提供，但必須使用者自汲。

比較「困」、「井」二卦，二者意義毫無關聯，更談不上意義相對了。比對二卦卦辭及《象辭》，方略窺其端倪。照常理說，人在困境，應該事事不順，可是困卦辭卻說：

「困，亨。」詳查歷代學者注解版本，皆有「亨」字，足見其非衍字。人在困境而能諸事順暢，必是人的自立自強，把困境視為磨練的好機會。則此困境當是環境的困苦。由於所處環境的惡劣，使人備受折磨，但也激發向上的意志。所以《象辭》說：「君子以致命遂志。」環境的困苦，身為領導人就要發憤圖強，達成使命，完成自己的理想。困，就是環境困苦。

但井卦則迥然不同，據井卦卦辭的敘述，它「改邑不改井，无喪无得，往來井井……」，它無處不在，井水永不匱乏，取之不盡，用之不竭。可見，代表的是資源豐富，環境優渥，才華橫溢，正與困的環境困苦完全相反。但是，處此環境，卻將失去奮發的動力，不能主動奉獻，因此《象辭》誡云：「君子以勞民勸相。」領導人要設法勞動人民，使人民相互勸勉向上。

困卦環境惡劣，卻能發憤圖強，井卦環境優渥，卻又缺乏進取，其共同前提在：面對順逆環境，趨吉避凶。

三、卦辭

誠如前述，面對困苦與優裕的不同環境，領導人必須以不同的態度予以因應：

困，亨。貞，大人吉，无咎。有言不信。

井，改邑不改井，无喪无得，往來井井汔至，亦未繘井，羸其瓶，凶。

處境艱困時，反因發憤圖強而諸事順暢；領導人必須堅守本分，心無旁騖，才能圓滿達成任務，不出錯。其次，要堅守自己的信念，縱使別人批評掣肘，也不必去理會它！如此一往直前，才能突破困境。有人解釋「有言不信」為「說話沒有人相信」，非常不妥，因為人在困境，說話不見得就得不到他人的認同，果如此，就無法諸事順暢亨通了，何況，《易》之「小有言」，意為「小有批評」，「有言」則是「有所批評」。

當環境寬裕時，就像井一樣，處處左右逢源，不論到什麼城邑，都有井水供應，而且井中之水，源源不絕，不會缺少，也不會滿溢。可是井水儘管到處都有，卻永遠不會主動提供給人們飲用，它永遠是被動的、消極的，就像人在優渥的環境中，不知主動進取，時常會嬌生慣養，飯來張口，茶來伸手，不知貢獻才智、服務人群，如果身為貴族，有這種習氣，就會像汲水一樣，將到井水的水位了，但汲水繩卻搆不到井水，或汲水繩雖夠長，卻纏住了汲水瓶，這樣都無法完成汲水的使命。

環境優渥、條件良好時，一定要惜福。主動、勤勞、進取、奉獻。

四、困卦爻辭

六爻俱為貴族，卻處艱困環境，在西周時，應該沒有出身寒微的因素，而應是在人際關係上，相處不融洽造成的人為因素，因此執行階層一旦處困，皆無由自解。

初爻承辦人最慘，爻辭說他：「**臀困于株木，入于幽谷，三歲不覿。**」他的困苦是：被打屁股後，被貶入冷宮或送到人跡不到的地方禁閉，歷經三年的長時間，不予任用露臉。

二爻執行負責人的困苦，是讓他賦閒在家，叫他終日無所事事。所以爻辭說：「**困于酒食，朱紱方來，利用享祀，征凶，无咎。**」終日飲酒食肉，對決策的五爻來說，是優游自在，對負責執行的人來說是無所事事，內心的苦悶可想而知。所以爻辭的趨吉避凶之道是：如果有佩戴紅色「蔽膝」的上級貴族來巡視，就要利用機會以祭祀般的虔敬態度接待。通常，二爻負責執行，必須主動任事，但在被人閒置的時候，上級並不信任、支持，所以主動任事絕不能達成使命，當然也不必承擔任何過錯。

三爻承上啟下，其困苦在進退失據，連最親近的人，也都杳無蹤跡，爻辭說他：「**困于石，據于蒺藜，入于其宮，不見其妻，凶。**」宛如被巖石所困，動彈不得，又如倚靠在長滿尖刺的蒺藜，痛如針刺；更像回到家，卻見不到自己的妻子般，孤立無援，當然，任務是無法完成了。

執行階層的困境如此悽慘，決策階層就好些了！

四爻位居天子親信，如果無法拉攏上下感情，便是個人最大的困境，原因是他地位高貴，人們無法親近而日益疏遠，所以只能緩慢前進，但爻辭認為：「**來徐徐，困于金車，吝，有終。**」只要離開大車，走入人群，縱使進展緩慢，不無挫折，但最後還是有好結果的。

五爻也一樣，他最大的困苦，是與貴族們相處不融洽，有時尷尬得連面子都掛不住，當然事事無法進行，就像被割了鼻子，砍斷腿一般，爻辭說：「**劓刖，困于赤紱，乃徐有說，利用祭祀。**」脫離困境的方法是用自己的「誠敬」態度，就以祭祀時的至誠對待他們，慢慢地，就可以脫離困境，又恢復融洽的關係了。

上爻的困境是被不良俗務纏身，動輒得咎，再也不能不事王侯，高尚其事，爻辭說他：「**困于葛藟，于臲卼；曰動悔，有悔，征，吉。**」被有刺的葛藤纏繞，又居於危險不安之地，自也無法再享清高，所以動輒得咎，內心深感遺憾，如有遺憾，最好的方法是採取主動，斷然處置，以脫離不良俗務之纏繞，回到位高權重、不預庶事之清高之境。兒孫自有兒孫福，兒女既已長大成人，責任心重的父母就放下擔子罷！

五、井卦爻辭

各級貴族有封地、采邑、部眾，其環境寬裕，並非指物質條件之優渥，而係指本身條件良好，有足夠能力提供奉獻，但生性被動、消極，故爻辭就其身分、職責列述其應用之道。

初爻位居最下，奉令行事，縱有能力，亦不能提供，爻辭言：「**井泥不食，舊井无禽。**」他就像井底泥巴，或舊井裏乾枯的污泥，無法取食。

二爻為執行負責人，能力甚好，但缺乏主動，僅負責上級交辦之任務，其身分猶如位居井底之水，充斥的是小魚、蛤蟆，而且距井口甚深，貢獻的小魚，只能用射殺的方式取得，不小心就容易把汲水的甕都射破了，得不償失。爻辭說他是：「**井谷射鮒，甕敝漏。**」能提供的非常有限。

三爻承上啟下，其才華猶如井中之水，已經過疏濬，可以飲用了，因此爻辭認為：「**井渫不食，為我心惻；可用汲，王明，並受其福。**」三爻職位應可發揮能力，貢獻國家社會，他本身必須有不貢獻出來則心中酸痛的感受。但三爻也無法自我要求，必須上級任用才行，國君應有知人之明，予以重用，如此君臣社稷均可得到他的福澤。

四爻身為親信，不實際執行職務，好像井中的井壁，雖不能提供井水供人食用，卻由於他的存在，鞏固全井，使井水不會外流。四爻聯繫上下感情，維繫大家感情融洽，又司擬策，化下級意見為決策。一旦發揮才華，可使全井穩固，行政體系不出錯。故爻辭言：「井甃，无咎。」

五爻為最高決策人，猶如爻辭所言：「井洌，寒泉，食。」國君提供之資源，如寒泉，冷洌甘醇，可解人民之渴。

上爻職司維護體制，並掌軍事以懲不法，本身不親庶務，似乎沒有資源可提供，但他維護立國原則體制，防範不法，不但穩定國家安全，使其他貴族能安心奉獻，就如圍在井口之「井口磚」，但爻辭也有告誡：「井收勿，幕，有孚，元吉。」井口磚加上網蓋，確實可防範意外，但縱使大家都了解、相信你用心良苦，久了之後，由於使用不便，還是會有所詬病的。這點，身為軍師，要有心裡準備。

第五節　變動與穩定（革、鼎）

在西周時代，職位是世襲的，所以有「克紹箕裘」的成語，因此，職位的穩定是正常的現象，有了變動，反而是不尋常的變化，《易》中「革卦」及「鼎卦」特別介紹處於這種情境時的因應之道。

一、本文

(四九) 革（䷰）

革，已日（應為「己」日，鄭玄以己為「改」古字）乃孚（信服），元亨，利貞，悔亡。

初九 鞏（鞏固）用（以）黃牛之革（皮）。

六二 已日（更改之日）乃革之，征吉，无咎。

九三 征凶，貞厲。革言（語詞，無義）三就（三重、三匝），有孚。

九四 悔亡，有孚，改命（變更原來命令）吉。

九五 大人虎變（熹平石經作「辯」，京房作「辨」。辨即「班」，通作「斑」），未占，有孚。

上六 君子豹變，小人革面（改容），征凶，居貞，吉。

(五十) 鼎（䷱）

鼎，元吉，亨。

初六 鼎（烹煮之食器）顛（傾）趾（足），利出否（不良食物）；得妾以（及）其子，无咎。

九二 鼎有實（物），我仇（匹，耦）有疾，不我能即（就），吉。

九三　鼎耳革，其行塞。（堵塞，「實」也），雉膏。（山雞野味等脂膏美食）不食，方雨。（同時又下雨），虧。（毀），悔，終吉。

九四　鼎折。（斷）足，覆。（傾敗）公餗。（馬融作「粥」，馬注：「糜也」，鄭玄：「菜也」），其形渥。（熹平石經作「刑剭」，刑在面為剭），凶。

六五　鼎，黃耳金鉉。（扛鼎而舉之也），利貞。

上九　鼎，玉鉉，大吉，无不利。

二、卦名

革卦（䷰）與鼎卦（䷱）符號顛倒，在同一前提下，意義相對。

「革」字於《易》六見，其義有二：其一為皮革，如遯六二「執之用黃牛之革」，本卦初九云「鞏用黃革」，義同。考之於《詩》，革字七見，也全以「皮革」為義，如〈周頌・載見〉言：「鞗革有鶬。」言皮革所製馬轡首之馬飾，鏘然有聲。唯以「皮革」釋革六二爻「已日乃革之」及上六「小人革面」則不洽。

其二，經查《尚書》西周諸篇，則「革」又有「去故立新」之意，如〈多方〉：「（天）乃命爾先祖成湯革夏。」言上天才命令你們的先祖成湯革去夏的國運。用「去故生新」釋革六二、上六兩爻，頗為允當。再以十翼之《雜卦》云：「革，去故也。」以及

《彖辭》：「天地革而四時成，湯武革命順乎天而應乎人。」觀之，「革」於《易》確有「革故立新」之第二義。

至於「鼎」字，於《易》七見，全在鼎卦，《彖辭》固言其為「烹飪之器」，鼎卦本文中，亦見其義為烹飪之器，如九四爻「鼎折足，覆公餗」，言鼎足折斷了，鼎內食物遂傾倒流出，《詩・周頌・絲衣》云：「鼐，鼎及鼒。」屈萬里先生言：鼐為大鼎、鼒為小鼎，鼎類用以烹牲。考甲骨文，鼎作□（後、上、六、四）金文作□（盂鼎）都「象兩耳腹足之形」。

鼎卦爻辭中之「鼎」字，皆取其字形原義，但各爻辭則皆寓有「穩定」之義，如初六言「鼎顛趾，利出否」，言鼎足一傾斜，則物傾瀉而出，九四「鼎折足，覆公餗」，鼎足一斷，則食物亦全部倒出。顯示鼎必穩定正立，故《象辭》言：「君子以正位凝命。」正位即端居其位，正符「穩定」之義。

比較革、鼎二卦，鼎為穩定、端正，安居其位之時；而革則為革故立新，變更職位之時。其共同前提應是：處去留之際。

三、卦辭

西周時代職位應是穩定的，如有變動，必須十分慎重。故《易》特專卦討論其時機及處理原則：

革，已日乃孚，元亨，利貞，悔亡。

鼎，元吉，亨。

從二卦卦辭中，不難發現西周是個安土重遷，重視安定的民族。變更職位也一樣，一定要到非改不可的那一天才改，這樣才能穩定人心，令人信服。《象辭》說：「君子以治厤明時。」正強調「順時而改」的重要性。許多機關首長就任便大調人事，安插私人親信，最為大忌。

既然是非改不可，所以變動之後，一開始必然諸事順暢，一定要堅守各自本分，才不後悔。

古代湯武革命如此，今日各國政黨輪替也是如此。

鼎卦象徵職位之穩定。安居其位的結果，是一切理想都能圓滿達成，所以《象辭》說：「君子以正位凝命。」告誡領導人：要永久安居其位，必須端正所職，堅守上級命令。在今日民主時代，任何政黨要永久執政，就必須在各自職位上兢兢業業，以民意為最高指導原則，確實貫徹。

四、革卦爻辭

「變動職位」之時，對執行階層而言，由於無決策權，只有被調動的份；但對決策階層而言，則要留意態度是否能順利調動別人的職位。

初爻是承辦人，職司執行之責，不宜變動，以求穩定，故爻辭言：「**鞏用黃牛之革**。」要像用堅韌的黃牛皮革牢牢綑住一般，力求穩固。

二爻是執行負責人，必須時機成熟，才可調動。所以爻辭說：「**已日乃革之，征吉，无咎**。」主動請調，最為圓滿不致出錯。

三爻是承上啟下的推動人，關係全體之穩定最為重大，絕不可輕易變動職位，所以爻辭說：「**征凶，貞厲。革言三就，有孚**。」主動要求變更職位，將使任務無法圓滿達成，因為職位一調動，就很難堅守自己本分了。因此，對於三爻，就必須像用皮革再三圍繞，綁得結實堅牢、無法動彈一般，固守不動，才不致使人心浮動。

四爻為決策人親信，縱使調動職位，也是基於必要的考量，因此爻辭言：「**悔亡，有孚，改命，吉**。」心中了無遺憾，對上級充滿信心，如能因而改變了上級原先調動的命令，任務將可以圓滿達成。爻辭顯然不期望四爻職位變動。

五爻是調動職位的決策人，態度威猛如虎，人不敢冒犯，則不必占筮，已知必得人信服，威勢足以服眾也。故爻辭說：「**大人虎變，未占，有孚。**」

上爻掌軍事，態度威猛如豹，則百姓自然改容畏服，但調動百姓時，切勿擅專，必須守住本分，在決策人的同意下進行，才能圓滿順利完成。故爻辭言：「**君子豹變，小人革面，征凶，居貞，吉。**」

五、鼎卦爻辭

力求職位穩定不變動，是《易》作者極力追求的目標，要變動，也應該是為了排除不良分子。

初爻承辦人職位必須穩定，如果想要予以調動，爻辭說：「**鼎顛趾，利出否；得妾以其子，无咎。**」也要像鼎的傾斜，以方便傾倒掉不良的食物一樣，能夠換取一個關愛自己的人，以及忠於自己的後生晚輩，就像妾和子嗣一般，如此才無差錯。

二爻是執行負責人，當然必須穩定地安居其位，就像爻辭說：「**鼎有實，我仇有疾，不我能即，吉。**」猶如端正其位的鼎，充分發揮烹煮的功效，鼎中充滿了食物準備待客，這時縱使同伴有病，不能前來就食，自己也已圓滿地達成自己的使命了。

三爻承上啟下，是推動人，當然更須端坐其位，不得異動，如果臨時發生了狀況，問題就大了。爻辭說：「**鼎耳革，其行塞，雉膏不食，方雨，虧，悔，終吉。**」就像鼎上的兩耳變了樣，一時之間穿繩道沒法穿透，以致吊不起來，無法煮食，裏面的食物像山雞肉等美味佳餚，也就無法食用了，如果又加上適逢傾盆大雨，以致食物敗壞，那內心就更懊惱了。幸虧鼎仍有腳，依然可以安在，待雨過天青，依然可以烹煮美食出來。爻辭顯示三爻穩定是非常重要的。學校一級主管經常變動，這個學校必無法穩健發展。

四爻雖然貴為親信，但如果職位不保，就像爻辭說的：「**鼎折足，覆公餗，其形渥，凶**。」宛如安穩的鼎，斷了腳，必然把食物都倒了出來，所以四爻必須堅守本分安居其位，以屏王室，如果不安其位，導致國家傾敗，則罪不容誅了。爻辭所言，當今機要祕書，如不安其位，出賣上司，致斷其上司生機，該當何罪？

至於**五爻**，位處至尊，當然必須堅守本分安居其位，有最堅固的鼎耳，可以貫鼎而舉之以烹煮食物，所以爻辭說：「**鼎，黃耳金鉉，利貞**。」天子職司安國養民，職位安定最為重要。

上爻位高權重，不預庶務，但備諮詢，其職位猶如鼎之玉鉉，玉質地高貴純潔，但不能著力以扛舉鼎身，進行烹煮，故爻辭言：「**鼎，玉鉉，大吉，无不利**。」只宜備諮詢以安定人心，而不必強出頭，出面撐持大局。如此本身任務即已達成，無所不利矣。

《易》重安定，不喜變革，於此二卦爻辭顯然可見。

動動腦

一、失戀時，要如何東山再起？

二、有人挖角，自己宜如何處理？

三、家庭經濟日漸陵夷，全家要如何通力合作振衰起敝？

四、面臨困境，宜如何面對？

五、古云：「一朝天子一朝臣」，《易》作者是否同意？

第八章 行事風格

主旨

——研讀本章之後，學習者應能達成下列目標：

一、了解行事風格宜雷厲風行，不宜逡巡畏縮瞻前顧後。
二、知道行事穩健不虛浮之重要。
三、了解行事豪邁與拘謹不同風格之趨吉避凶原則。
四、知道取悅上司與群眾之分際。
五、了解創新與保守之適用時機。

摘　要

本章共分五節，敘述各級領導人之行事風格及其吉凶。

第一節震、艮兩卦，敘述行事雷厲風行與瞻前顧後、謹言慎行之利弊及其因應之道。大體而言，前者適宜執行階層，後者適宜決策階層。

第二節漸、歸妹二卦，敘述行事按部就班，事事順暢；不按牌理出牌，則諸事難成。

第三節豐、旅二卦，敘述行事豪邁之人宜發揮其熱誠，並得同類之人相助則吉；行事拘謹之人切勿斤斤計較。

第四節巽、兌二卦，敘述行事專門承順上意者及取悅天下人心者，必須視身分及其職務而改變做法以盡其本分。

第五節渙、節二卦，敘述富創新與保守之行事風格，皆能使行事順暢，唯宜視身分而決定是否適宜。

卓越的領導人，處事周到，人際圓融，隨機應變，對於自己心態要能適當調適、面對外在情境之情緒知所管理外，也要深諳自己的行事風格、領導作風。《周易》自五十一卦至六十卦的十卦裡，便詳細地探討各種行事風格的趨吉避凶之道。

第一節　急驚風與慢郎中（震、艮）

有些領導人個性躁急，做事雷厲風行，來勢洶洶，威勢十足，宛如急驚風；但也有些領導人氣定神閒，不慌不忙，一副「老神在在」的樣子，做事謹言慎行、瞻前顧後，宛如慢郎中。這兩種個性迥異的領導人，在領導風格上截然不同，《易》中的震卦與艮卦正形成強烈的對比，在趨吉避凶方面，自然也就有所不同。

一、本文

(五一)震（䷲）

震，亨。震來虩虩（音ㄒㄧˋ，恐懼貌），笑言啞啞（音ㄜˋ，笑聲），震驚百里，不喪匕（甲骨文作（藏六四，「匙」之本字，用以汲酒））鬯（音ㄔㄤˋ，祭祀用香酒）。

初九 震來，虩虩，後，笑言啞啞，吉。

六二 震來，厲，億。（又作「噫」）喪貝。（古錢幣），躋。（登、升）于九。陵。（九，「高」也，陵，山陵），勿逐，七日。（喻近期）得。

六三 震，蘇蘇。（猶「索索」，不安也），震行无眚。（災厄）。

九四 震，遂。（即「墜」字）泥。（泥淖，泥漿）。

六五 震往。來。（來來回回，處處皆是），厲；億！无喪、有事。

上六 震，索索。（驚懼不安），視矍矍。（驚視貌），征，凶。震，不于其。躬。（他本身），于其鄰，无咎；婚媾，有言。（批評）。

(五)艮（䷳）

艮，其背。（反背也），不獲。（得到）其身。（即「躬」，本身也）；行其庭。（庭院），不見其人，无咎。

初六 艮其趾，无咎，利永貞。

六二 艮其腓。（小腿肚），不拯。（一作「承」，同「拚」，上舉也）其隨。（大腿），其心不快。（樂）。

九三 艮其限。（腰也），列。（裂也）其夤。（夾脊肉），厲熏。（以煙、火熏灼）心。

六四 艮其身，无咎。

六五 艮其輔。（頰車，臉頰也），言有序，悔亡。

上九 敦艮，吉。

二、卦名

震卦（䷲）與艮卦（䷳）符號顛倒，在共同前提下，意義應相對。

「震」字於《易》十一見，其中十處皆在本卦，餘一處見於未濟九四爻「震用伐鬼方」，用為副詞，形容動詞「伐」之聲勢凌厲。

「震」於《詩》凡十見，〈周頌・時邁〉云：「薄言震之，莫不震疊。」言周武王雷厲風行，用兵征伐不服之諸侯，諸侯無不驚懼。疊，屈萬里釋云：「懼也。」前一「震」字表行動驚人，後一「震」字，表心中驚懼。再如〈大雅・常武〉云：「震驚徐方，如雷如霆，徐方震驚！」言雷霆萬鈞之勢，令東方之徐夷驚懼，此詩正與本卦卦辭「震來虩虩、震驚百里」，上六「震・索索，視矍矍」，雷聲隆隆，聲震百里，威勢令人震驚之意相同。

《象辭》：「洊雷震，君子以恐懼脩省。」其義亦同。

震卦正表行事風格雷厲風行，威勢顯赫，令人震驚。

「震」卦於八卦卦象為雷，卦德為進動，自我重疊為六十四卦，其卦象、卦德並未發生化學變化，故義不變。同理，「艮」字於八卦卦象為「山」，卦德為「止」，自我重疊為六十四卦之「艮」卦時，其卦象、卦德亦不變，仍為「靜」「止」之義。震與艮符號顛倒，故其義一動一靜亦相反。

「艮」字於《易》七見，全在「艮」卦，《詩》《書》未見。觀甲骨文作（殷虛書契菁華十、九），金文作（䍐艮馮簋）字形，頗類「見」字（或），但不同之處在：「見」往前視，「艮」往後看，唐蘭先生《文字記》頁七七下至頁七八上云：「其實艮為見之變，見為前視，艮為回顧，易曰：『艮其背，不復其身』，艮其背者，反顧其背……後世假借為很、為限，而本義湮晦矣！」然則，「艮」不僅義為「靜」「止」不前，且反顧其後矣！

做事瞻前顧後，自然不致雷厲風行，反而是謹言慎行，深怕得罪，故態度極為內斂，不時反躬自省，故《象辭》言：「君子以思不出其位。」力求隱藏自己。

比較震艮二卦，在領導風格這個大前提下，震卦行事雷厲風行、來勢洶洶、威勢顯赫；艮卦則一動不如一靜，謹言慎行，瞻前顧後，態度內斂。

三、卦辭

領導風格的不同，其得到的效果及應行注意事項亦異：

震，亨。震來虩虩，笑言啞啞，震驚百里，不喪匕鬯。

艮，其背，不獲其身；行其庭，不見其人，无咎。

比較二卦卦辭，不難發現：《易》作者主張領導風格還是以雷厲風行為佳。所以震卦卦辭說「亨」，而艮卦則但言趨吉避凶之道。「震」的領導風格為什麼能使諸事順暢呢？卦辭說：如果行事雷厲風行，就好像雷聲隆隆，閃電交加，能使人內心驚懼，不敢觸犯，所以能順利推動；由於天子施政，本在福國利民，讓人民安居樂業，所以順利推動的結果，是使人民得到好處，而笑聲盈盈。其次，《易》作者也認為來勢洶洶，聲勢驚人，震動了百里之遠，但並不致讓人恐懼到握不住酌酒勺及酒瓶，忘了祭祀求福。所以行事雷厲風行只有好處沒有壞處，能讓人因驚懼而返身修省。所以《象辭》說：「君子以恐懼修省。」交通警察如果執法嚴格，大家就會格外小心遵守秩序，交通也就更加順暢，交通事故之傷亡率也會大大降低，從而守法精神也因而奠定。

如果領導風格是謹言慎行，瞻前顧後，隨時隱藏自己的意圖，《易》作者並不認為他能諸事順暢，但認為如果能拋棄這種畏首畏尾的想法；行為也看不出這種跡象，甚至走進他最切身的範圍裡，也看不到他有這種傾向，就不會發生這種錯誤了。很明顯的，身為領導人必須勇於開創，不能內向。這種行事風格只能用在盡忠所職方面，就如《象辭》所說：「君子以思不出其位。」

四、震卦爻辭

雷厲風行之行事風格，對決策階層並不十分適合，但對執行階層而言，卻有良好的效果。

初爻承辦人行事雷厲風行，必須在一陣雷聲隆隆，令人震懼後，又能笑語盈盈、談笑風生，如此方為寬柔並濟，圓滿達成任務。所以爻辭說：「**震來，虩虩，後，笑言啞啞，吉**。」《象辭》的詮釋十分貼切：「震來虩虩，恐，致福也；笑言啞啞，後，有則也。」雷聲大在先，是要人內心恐懼，致力求福；談笑風生在後，是大家已能守住原則了。

二爻行事雷厲風行，則不可能達成的任務也將化為可能，爻辭說：「**震來，厲，億！喪貝，躋于九陵，勿逐，七日得**。」就如錢幣被偷，這是很難找回來的，現在，不必登上高地，四處監看，也不須到處搜查，只要七天之內，就會自動送了回來。

三爻承上啟下，執行上級決策雷厲風行，難免令人心生不安，所以爻辭說：「**震，蘇蘇，震行无眚**。」但人心震悚，則推動之決策必行，可不致產生災害。

由上所述，對執行階層而言，雷厲風行之成果很好，但對決策階層則有待斟酌，為什麼呢？

四爻職司撰擬決策，並負有凝聚上下感情之任務，如果行事風格是雷厲風行，將使下級人心盡失，不樂於提供自己感受及見解，這對四爻來講，就是未圓滿達成任務，所以爻辭說：「**震，遂泥。**」雷厲風行往往不能廣結善緣。所以《象辭》說：「未光也。」

五爻為最高決策人，卻處處表現雷厲風行的風格，這非常危險，雖然，對自己不會有什麼損失，但事故卻會層出不窮，原因無他，霸道專橫，令人震懼，卻不能以德服人！所以爻辭說：「**震往來，厲；億！无喪，有事。**」嚴官府盜賊多，或即此意。

上爻掌征伐，爻辭言：「**震，索索，視矍矍，征，凶。震，不于其躬，于其鄰，无咎；婚媾，有言。**」行事強勢，雷厲風行，令人心生驚懼，目光驚恐，但如果不是奉王命出征，就凶多吉少；如果是由鄰邦來勢洶洶，所以嚴厲對待，就沒有什麼不對。如果用來拉攏感情，那就弄巧成拙，招來怨言了。

五、艮卦爻辭

行事謹言慎行、瞻前顧後，甚至畏首畏尾，對於執行階層來說，十分不利，對於決策階層則屬必要。

初爻奉令行事，一動不如一靜，爻辭說：「**艮其趾，无咎，利永貞。**」謹言慎行，甚至按兵不動，並不致出錯，但不可矯枉過正，萬事不理，宜堅守一己之本分，該做就要做。

二爻如瞻前顧後，畏首畏尾，爻辭並不贊同：「**艮其腓，不拯其隨，其心不快。**」小腿不隨大腿而動，是全然靜止，二爻身為執行負責人未能進行，是於職責有虧，內心當然悶悶不樂。

三爻負責承上啟下，推動業務，今因行事瞻前顧後，畏首畏尾，以致業務推動不了，爻辭說他：「**艮其限，列其夤，厲熏心。**」就像攔腰斬斷，分裂夾脊肉，危險熏灼其心一樣，完全無法推動了，十分不宜。

四爻職司撰擬決策，又為上級親信，謹言慎行又瞻前顧後，能隱藏一己，既能鼓勵眾人提供訊息，又不致誤導上司決策，倒是十分有必要，所以爻辭說：「**艮其身，无咎。**」正是要他能靜止個人的表現。身為妻子能體會這個道理，必然與先生默契良好，深得先生敬重。

五爻為最高決策人，說話謹慎，行動小心，所以不說則已，言必有物，說話條理有序，一言既出，絕無遺憾之處，威望也因而建立，所以爻辭說：「**艮其輔，言有序，悔亡。**」

上爻掌立國原則，為國君之師，國之大老，更須謹言慎行，做事瞻前顧後，尤其必須沉穩端重，懂得收斂，隱藏自己，故爻辭言其宜「**敦艮，吉**」，勉力於「靜」，切忌輕舉妄動。

第二節　穩健與隨興（漸、歸妹）

有些人行事穩健，按部就班，循序漸進；有些人則顯得浮躁不實，不按牌理出牌，率性而為。由於個性的不同，導致結果迥然有異，《易》漸卦及歸妹卦有詳細的分析。

一、本文

(五三)漸（䷴）

漸，女歸（嫁），吉。利貞。

初六　鴻（大雁，喻漂泊之人）漸（逐漸飛進）于干（水邊涯岸）。小子（年輕人）厲，有言，无咎。

六二　鴻漸于磐（安穩之大石），飲食衎衎（音ㄎㄢˋ，和樂貌），吉。

九三　鴻漸于陸（高平之地），夫征（出行）不復（返），婦孕（懷孕生子）不育（養），凶；利禦寇。

六四　鴻漸于木，或得其桷（椽也），无咎。

九五　鴻漸于陵，婦三歲不孕，終莫之勝（莫能勝而受孕也），吉。

上九　鴻漸于陸（朱子云：當作「逵」，天際也），其羽可用為儀（威儀），吉。

(五四)歸妹（䷵）

歸妹，征，凶，无攸利。

初九　歸妹（女）以娣（妹），跛能履（雖行不順，勉力為之），征，吉。

九二　眇能視（雖視不明，勉力為之），利幽人之貞。

六三　歸妹以須（即「嬃」，姊也），反歸以娣。

九四　歸妹愆（過）期，遲歸有時（王引之言：「待」也）。

六五　帝乙歸妹，其君（元配）之袂（袖口飾）不如其娣之袂良，月幾望，吉。

上六　女（年輕之婦）承（承受）筐（方形竹筐），无實；士刲（音ㄎㄨㄟ，刺也）羊，无血，无攸利。

二、卦名

漸卦（䷴）與歸妹卦（䷵）符號顛倒，表示同一前提下，有相對意義。「漸」字於《易》七見，全在漸卦。《詩》有「漸漸之石」句，清馬瑞辰云。「高貌」，形容詞。比對漸卦六爻爻辭之漸，「漸」于干、于磐、于陸、于木，「漸」為動詞，義不合。《書》西周諸篇無此字。

按《序卦》云：「漸者，進也。」《雜卦》云：「漸，女歸待男，行也。」「漸」有「行進」之義。王弼注云：「漸者，漸進之卦也。」孔穎達疏云：「漸者，不速之名也。」皆有「緩緩前進」及「合於禮制而行」之義。觀漸卦卦辭云：「女歸，吉，利貞。」及《象辭》云：「君子以居賢德善俗。」顯然意指宜如婚姻之進行，完全明媒正娶，按部就班、遵禮而行。

「歸妹」符號既與「漸」卦符號顛倒，意義必然相對。查「歸妹」一辭，於《易》六見，除本卦外，另見於泰卦六五爻「帝乙歸妹，以祉，元吉」，言紂父帝乙嫁女於周之事，「歸妹」者嫁女也。言嫁女之動機宜真誠，始能有好結果。

考漸卦卦辭言：「女歸，吉。利貞。」於歸妹則云：「征，凶，无攸利。」《象辭》於漸卦言：「君子以居賢德善俗。」於歸妹則言：「君子以永終知敝。」二者對漸卦都言其「吉」、「善」，於歸妹則誡其「征凶」、「勿主動」、「宜有終」、「宜知病」，則歸妹似有「躁進」、「不得善終」之弊病。

比對漸、歸妹二卦，漸卦行事風格穩健、腳踏實地、按部就班、循序漸進；相反地，歸妹卦行事風格浮躁不實、不按牌理出牌，率性而為。

三、卦辭

行事穩健踏實、按部就班，與浮躁不實、率性而為，其利弊顯然不同，卦辭有明白的告誡：

漸，女歸，吉。利貞。

歸妹，征，凶，无攸利。

非常清楚地，女子出嫁，漸卦堅守六禮，自納采、問名、納吉、納徵、請期、親迎，按部就班、循序漸進，則婚事自然圓滿。故《象辭》讚其：「漸，君子以居賢德善俗。」良好的行為，涵育了善良的民俗。

由於歸妹浮躁不實、率性而為，嫁娶不循六禮，甚至主動求嫁，如此必為男方所輕，婚姻必然不美滿，所以絕對沒有好處。《象辭》告誡說：「歸妹，君子以永終知敝。」嫁女兒必須從長遠之未來結果衡量，了解主動求嫁之弊病何在。

總之，身為領導人，行事必須穩健，按部就班、循序漸進，切莫急躁不實、率性而為，要從未來的長遠後果考慮。目前還有人提倡「一見鍾情」、「試婚」、「私奔」、「一夜情」、「網交」、「援交」，頗值吾人警惕。

四、漸卦爻辭

漸卦六爻，自初至上，由低而高，循序漸進。在形式上，已符合漸卦之義。而行事穩健，各有趨吉避凶之道。

初爻承辦人，行事雖穩健，然位卑職小，未知全貌，猶鴻雁初履涯岸，總有遭遇危險的時候，處理不當，被人批評責備，這是免不了的現象，沒關係。故爻辭言：「鴻漸于干，小子厲，有言，无咎。」

二爻為執行負責人，行事穩健，就像鴻雁飛到大磐石上面，可以安心地快樂進食了，故爻辭言：「鴻漸于磐，飲食衎衎，吉。」

三爻承上啟下，做事穩健，就如鴻雁飛到高平之地，迴旋空間大，但必須顧慮部屬是否能追隨，所以爻辭言：「鴻漸于陸，夫征不復，婦孕不育，凶；利禦寇。」如果下屬接續不上，將如丈夫出門，就回不來，妻子懷孕生產，卻無法養育，如此，就無法推動上級決策，讓部屬充分貫徹了，因此，務必按部就班，循序漸進，但切忌主動要求，要採取被動之因應，才有好效果。

四爻親信，司決策擬撰，行事穩健之人，有可能成為棟樑，就如爻辭云：「鴻漸于木，或得其桷，无咎。」就如鴻雁停於大木之上，獨木支撐，但四爻本是輔佐角色，故宜將自己設定在「椽」的位階。承樑而非棟樑，喧賓不能奪主也。

五爻最高決策人，行事穩健，只要有心，無事不可成，故爻辭言：「鴻漸于陵，婦三歲不孕，終莫之勝，吉。」宛如鴻雁飛抵高陵之上，居高臨下，其勢不可擋，就如婦人結婚三年猶不肯懷孕生育，但他卻可以讓她無法抵擋而受孕，無事不成。

上爻軍師，位高權重，動見觀瞻，而不預世事，作風穩健，爻辭言：「鴻漸于陸（逵），其羽可用為儀，吉。」宛如鴻雁飛翔天際，姿態優美，威儀俱在，為人瞻仰。

五、歸妹卦爻辭

歸妹卦既為浮躁不實，故無吉可言，且多誤事，爻辭多言其弊病，並誡以趨吉避凶之道。

初爻秉命而行，僅為配角，如婚嫁中之娣的身分，而非正室元配，爻辭誡以：「**歸妹以娣，跛能履，征，吉。**」人都期望受到別人正視，如今則不得重視，雖不順心，仍須主動任事，勉力而為，不廢本職，如此終必得人賞識，千萬不可率性而為。

二爻負責執行，爻辭言：「**眇能視，利幽人之貞。**」不得人正視，宜稍安勿躁，雖如少一目視物不明，心雖不快，仍宜默默盡一己本分，勉力為之。

初、二爻如浮躁不實，因係受命行事，只要勉力行事，戒除率性而為或衝動、草率之弊病，仍可化凶為吉。**三爻**承上啟下，如急躁不實，不按牌理出牌，任性而為，則將如爻辭所言：「**歸妹以須，反歸以娣。**」本來嫁的是姊姊，卻反把妹妹當成新娘嫁了，胡作非為莫此為甚。

四爻乃王之親信，司撰擬，如任性而為，未能循序漸進，則無法依原定計畫擬出決策以供君王採酌，其情況猶如爻辭所言：「**歸妹愆期，遲歸有時。**」已到了嫁娶之日子，竟然遲遲不能成行，拖延嫁期，讓雙方等待而焦慮萬分。這是非常嚴重的延誤。

最高決策人之五爻如任性而為，不按牌理出牌，就可能循私偏頗，就像爻辭所言：「**帝乙歸妹，其君之袂，不如其娣之袂良，月幾望，吉。**」帝乙嫁女，由於內心不真誠實在，因此任性而為，正室新娘的袖飾反而比不上陪嫁妹妹的袖飾好。事實上，五爻必須心地如十五日之月亮那樣圓滿不偏，才能諸事圓滿吉祥。

上爻軍師，如浮躁不實，行事不循規蹈矩、按牌理出牌，喜走偏鋒，必然像爻辭所言：「**女承筐，无實；士刲羊，无血，无攸利。**」妻子捧著竹筐以獻，裡面卻空無一物，先生殺羊以祭，卻無血可薦，一點誠心也沒有。軍師對國君無誠心，其危險可想而知。

第三節 豪邁與拘謹（豐、旅）

行事風格除了在做事方面有穩健與虛浮之不同外，在個性上還有豪邁與拘謹之異，豪邁者心胸寬宏、度量廣大、不拘小節；拘謹者，猶如漂泊在外的人，缺乏安定感，所以戰戰兢兢、小心翼翼，凡事容易斤斤計較。《周易》豐卦及旅卦有詳細的介紹。

一、本文

(五五)豐（䷶）

豐。（大），亨。王假。（莅臨支持）之，勿憂，宜日中。（日正當中，艷陽天，喻氣勢鼎盛、顯耀）。

初九　遇其配主。（彼此相配之主人），雖旬。（第十日再卜下旬吉凶）无咎，往有尚。（助）。

六二　豐，其蔀。（烏雲蔽日），日中。（艷陽天）見斗。（南斗星），往，得疑疾，有孚，發。（開發）若（語助詞），吉。

九三　豐，其沛。（或作「旆」，幡幔也），日中見沬。（或作昧，昏也，子夏傳：星，小者也），折。（斷）其右肱。（手臂），无咎。

九四　豐，其蔀，日中見斗，遇其夷。（常）主，吉。

六五　來章，有慶、譽，吉。

上六　豐，其屋，蔀其家，闚其戶，闃。（音ㄑㄩˋ，靜也，無人貌）其无人，三歲不覿。（見），凶。

(五六)旅（䷷）

旅，小亨；旅，貞，吉。

初六　旅，瑣瑣。（屈萬里《周易集釋》初稿：疑謂性情不恢宏，而吝嗇也），斯。（則）其所取災。

六二　旅，即。（就）次。（駐足地），懷其資。（財），得童僕。（僕人），貞。

九三　旅，焚其次，喪其童僕，貞厲。

九四　旅，于處。（止所），得其資斧。（資或作齎，利也。資斧，利斧也），我心不快。（悅）。

六五　射雉，一矢亡，終以譽。（安）命。（國運）。

上九　鳥，焚其巢，旅人先笑後號咷，喪牛于易，凶。

二、卦名

豐卦（䷶）與旅卦（䷷），二卦符號顛倒，應在共同前提下，有相對的意義。「豐」字於《易》四見，皆在本卦。於《詩》十見，除作地名、水名如「作邑于豐」、「豐水東注」（大雅・文王有聲）外，又作「多」解，如「豐年多黍多稌（ㄊㄨˊ）」（周頌・豐年）言大豐收之年，黍、稻產量多。豐有「大」、「多」之義。《彖辭》、《序卦》、《雜卦》亦同，以釋本卦，義亦可通。

行事風格喜大、喜多者，心胸必然寬宏，有豪邁之氣、行事不拘小節。故《象辭》言其：「君子以折獄致刑。」實以豪邁之人斷訟量刑，不致刻薄寡恩也。

「旅」字於《易》七見，全在旅卦。於《詩》十八見，皆作「眾」或「寄寓」解。前者如〈周頌・載芟〉：「侯亞、侯旅。」「侯」即「維」，發語詞，言次子及眾子弟；後者如〈大雅・公劉〉：「止旅乃密。」屈萬里先生言：「止，居也，旅，寄也。」寄寓於外，浪跡天涯，故「旅卦」中，六二爻言「旅，即次」，旅居在外，到達歇腳之處，九三言「旅，焚其次」，言旅居於外，火焚其歇腳之處。皆有流浪漂泊之意。

十翼於「旅」，《序卦》言：「豐者，大也，窮大者必失其居，故受之以旅。」旅為「失其居」，《雜卦》言：「親寡者，旅也。」為無親可依，失其所居而漂泊在外之意。但《象辭》卻說：「君子以明慎用刑，而不留獄。」與漂泊寄寓在外，似乎毫不相關。

由於豐與旅符號顛倒，二者意義必然相對，豐之行事風格屬欲多欲大，旅之行事風格，應與之截然不同，故與旅居在外之關聯全在心態方面，因缺乏安定感，故行事必然小心翼翼，戰戰兢兢，與豐之豪邁之氣相對，應是極為拘謹。以此小心拘謹之心態處事，故《象辭》言君子宜用於「明慎用刑」，唯又恐拘謹過甚，造成人民痛苦，故《象辭》又叮嚀：「而不留獄。」避免流連時日，將刑獄延誤太久。

綜上所述，豐卦及旅卦之行事風格應屬在截然不同心態的大前提下，豐卦應屬心胸寬宏、度量廣大、不拘小節、豪放、海派的豪邁作風，旅卦則屬缺乏安定感：戰戰兢兢、小心翼翼的拘謹作風。

三、卦辭

作風豪氣與拘謹的人，個性不同，產生之影響及必須留意事項亦異：

豐，亨。王假之，勿憂，宜日中。

旅，小亨；旅，貞，吉。

個性開朗豪邁的人，富親和力，做事較順暢，現代政治人物有群眾影響力的人莫不如此，故卦辭言「亨」。如果能得到最高決策人的支持，親自蒞臨挺他，就萬無一失，不用擔憂了。這種行事風格的人，最好都處在日正當中的時刻，權勢光顯，得人寵信。

個性拘謹的人，也有他的長處，做事小心翼翼，如果典掌訟獄之事，必能明辨秋毫，謹慎量刑，不致造成冤獄，但對於一般人，反倒容易因為拘謹、小心，甚至斤斤計較，求全責備，反而造成人際關係的隔閡，所以卦辭說「小亨」，不能完全通暢。但這種個性在本職上，卻能堅守本分，完成使命，所以卦辭言「吉」。公務員有此行事風格，倒十分恰當。

四、豐卦爻辭

豪氣干雲的人，就如千里馬一般，必須有伯樂欣賞，才能發揮才華，而居高位的決策人及軍師，更須有才華，才能得人敬重。

初爻承辦人，必須有上司支持，尤其遇到個性同樣是海派的上司，更能給予欣賞、協助，所以爻辭說：「**遇其配主，雖旬无咎，往有尚。**」遭遇相同心胸之上司，縱使旬日再卜次旬的吉凶，依然可以無咎；主動去做事時，也會得到大力的協助。當然這遭遇是可遇不可求的，萬一遇到的是拘謹、「龜毛」的上司就糟了，還好，初爻只要秉命行事即可。

二爻是執行負責人，萬一碰上的上司不是「配主」，就很慘了，爻辭說：「**豐，其蔀，日中見斗，往，得疑疾，有孚，發若，吉。**」就像烏雲蔽日一般，日正當中的艷陽天，也會被遮得像晚上，可以看到箕星、南斗星之類的星斗，主動做事的話，更會得到猜疑的病，因為人家會對他疑神疑鬼，唯有一切出自真誠，並極力強調自己的真誠，才能大吉。

三爻承上啟下，推動上級決策必須依賴二爻之協助，但儘管自己豪氣干雲，如果沒能碰到「配主」那般的大力支持，那就會像蒙上簾幕一般，如爻辭所說：「**豐，其沛，日中見沬，折其右肱，无咎。**」一連大白天都會一片黑暗，不但被猜疑，而且還會被打擊，喪失所有的助力，當然，三爻本人生性熱心，光明磊落，事情做不好，並不是他的責任，更不是他的錯。

四爻職司擬策，身為親信，如不得配主，縱使豪氣干雲，也只有如烏雲蔽日，艷陽天也會黑暗罩頂，除非遇到平常欣賞自己的配主，才能合作圓滿，所以爻辭說：「**豐其蔀，日中見斗，遇其夷主，吉。**」女子遇人不淑，最悽慘。

五爻是最高決策人，豪爽、海派、不拘小節，如果想言行都能有修養、有文采、合禮數，就能使人民生活安樂，在人們的讚譽中，自己也能安心地圓滿達成任務。故爻辭說：「**來章，有慶譽，吉。**」好的主管就要如此。

至於**上爻**，爻辭說：「**豐其屋，蔀其家，闚其戶，闃其无人，三歲不覿，凶。**」位高權重，職司立國原則，並備諮詢，本宜敞開心胸，知無不言，豪爽熱心，如因不得配主而自我收斂，寂然無聲，猶屋舍豪華，巍峨壯觀，今則門戶深鎖，籠罩陰霾，自門外窺視，靜無人聲，如此情況，長達三年，未嘗露面，則情況不妙，有失本職。

五、旅卦爻辭

人在旅途，本來就拘謹，無法開懷，做事必須小心翼翼，但不可斤斤計較。

初爻承辦人，奉令辦事，但如果拘謹到斤斤計較，則容易得罪人，得不到上司及同仁欣賞，反易得災殃，爻辭說：「**旅，瑣瑣，斯其所取災！**」瑣瑣是瑣碎細小，心胸不開闊，小心太過，並不適當。基層公務員小心過度，最為人詬病。

二爻負責執行，能如旅居在外之人一般地小心翼翼是對的，爻辭言：「**旅，即次，懷其資，得童僕，貞。**」這樣就能從漂泊中得到歇腳的地方，安定了下來，這時要趕快拿出自己的本錢，獲取人心，使他們如僕人般聽令於己，這樣就能盡到自己的本職了。

身為**三爻**承上啟下，必須得到眾人之協助，方能推動決策，如今卻像旅人般小心翼翼，不能放開心懷，施惠大眾，甚至斤斤計較，則將如歇足之處被焚燒一空，無法存身，且錢財盡失，失去忠心助己的僕人，對達成自己的本分非常不利。所以爻辭告誡：「**旅，焚其次，喪其童僕，貞，厲。**」

至於**四爻**，因係親信之故，得到上司倚重，有安居之處，不再漂泊，但如心胸不開闊恢宏，凡事斤斤計較，則依然不快樂，就如同漂泊在外一樣，得到人家贈予利斧以防身，內心依然悶悶不樂、不滿意。故爻辭言：「**旅，于處，得其資斧，我心不快。**」有此配偶，婚姻當然不幸福。

五爻最高決策人，心不恢宏，求全責備，爻辭言：「**射雉，一矢亡，終以譽命。**」猶如打獵，射山雞，雖中，卻損失了一根箭，心疼不已。但正因這種拘謹的個性，故可安享其天命。但只能守成，無法開創。

上爻三公、軍師，位高權重，不干預世務，如因心胸不恢宏，甚至斤斤計較，則為人唾棄，將如鳥巢被焚，無處安身，又如漂泊在外之人，先樂後悲，損失慘重，連賴以謀生之牛隻，也走失了，直是凶多吉少。故爻辭言：「鳥焚其巢，旅人先笑後號咷，喪牛于易，凶。」

第四節 承順與悅民（巽、兌）

有些人注意力全在上司，對於上司百依百順，唯恐稍有拂逆；有些人注意力則全在下級，一心以取得天下人心之歸趨為務。注意力對上與對下之不同，行事風格便截然不同。《易》於巽卦專述順承上意之道，兌卦述及取悅天下之方。

一、本文

(五七)巽（䷸）

巽，小亨。利有攸往，利見大人。

初六　進退（繼續前進或退出），利武人之貞（勇往直前，果決不遲疑）。

九二　巽在床下（卑順之至），用史巫（史掌冊命爵祿，巫醫以治病）紛若（成事如繩），吉无咎。

九三　頻（同「顰」，蹙眉也，縮小之意）巽，吝。

六四　悔亡，田獲三品（多類動物）。

九五　貞，吉，悔亡，无不利；无初、有終（无有終），先庚三日，後庚（庚，奇數，行事之吉日）三日。（先後庚日喻妥善作準備、善後）。

上九　巽在床下，喪。（失）其資斧。（資，錢財，或云資，同齎，利也，利斧），貞，凶。

(五八) 兌（䷹）

兌，亨。利貞。

初九　和。（應和）兌，吉。

九二　孚兌。（以誠信取悅人），吉，悔亡。

六三　來兌。（前來取悅），凶。

九四　商兌。（取悅殷商之人）未寧。（安），介。（大）疾有喜。

九五　孚于剝，有厲。

上六　引。兌。（在前引導取悅天下人）。

二、卦名

巽卦（䷸）與兌卦（䷹）符號顛倒，表示在共同前提下，有相對意義。

巽卦符號由八卦的巽（☴）自我重疊而成，卦德為「順」，重疊後意義不變，亦有「柔順」之義，承順於人。

巽於《易》四見，皆在巽卦，《詩》及《書》之西周諸篇亦未見，唯《尚書》中完成於東周的述古之作〈堯典〉有云：「汝能庸（用也）命，巽朕位。」巽有「讓」義，性柔順者方能謙讓。《象辭》言：「君子以申命行事。」亦寓有「順承上意」行事之意。

兌卦亦由八卦之兌（☱）自我重疊而成。「兌」之卦德為「悅」，故兌卦亦有「悅」義，取悅於人。

「兌」於《易》六見，皆在兌卦，《詩》二見，皆以「通」為義，如〈大雅・緜〉：「柞棫拔矣，行道兌矣。」言有刺的白桵木已拔去，行道已通矣。《書》西周諸篇僅見於〈顧命〉：「兌之戈，和之弓、垂之竹矢，在東房。」鄭玄注：「兌、和、垂皆人名。」比對《詩》《書》及八卦卦德，義皆互不相屬。

十翼之《彖辭》則言：「兌，說也。」說即「悅」，故《彖辭》言：「是以順乎天而應乎人，說以先民，民忘其勞，說以犯難，民忘其死，兌之大，民勸矣哉。」如何相互勸勉呢？《象辭》說：「君子以朋友講習。」《說卦》《序卦》也釋「兌」為「說」。綜合十翼之見，「兌」即「說」，即今「悅」字，謂以應天順人之政策，使人民心悅誠服。

巽與兌意義相對，比照「同人卦」與「大有卦」之例，應在「取悅於人」的共同前提下，「巽」卦取悅於上司，兌卦取悅於天下人民，範圍廣狹不同。

因此，巽乃承順上意取悅上司；兌則順天應人，取悅於天下人。

由於取悅對象不同，兩種行事風格之人，其行事順暢程度及趨吉避凶之道也不同：

巽，小亨。利有攸往，利見大人。

兌，亨。利貞。

三、卦辭

巽卦處處承順上意，命運掌握在上司手上，則處處受制於人，僅能有小小進展不能事事順暢，故卦辭言：「小亨。」改進之道，只有施展魄力，勇敢地走出去，主動表達自己的主見，同時也重視各階層相關人士的意見，以得其相助一臂之力。

兌卦順天應人，取悅天下人，然命運掌握在自己手中，故事事通暢，但取悅之道必須切合本分，切莫亂開支票以譁眾取寵、濫行封賞以求悅。如何切合本分呢？《象辭》所言極為中肯：「君子以朋友講習。」必須借助於學習、切磋，方能恰到好處。

四、巽卦爻辭

巽卦行事之風格雖在順承上意，但也因身分之不同而有不同程度之修正：

初爻承辦人本宜奉命行事，如今行事風格又承順上意，於是事事畏縮，望風希旨，爻辭誡其勇於任事：「**進退，利武人之貞。**」進退行止，宜如武夫之勇敢果決，克盡本分。

二爻執行上級決策，不能擅自做主，如今行事風格能順承上意，自然可圓滿達成任務，所以爻辭說：「**巽在床下，用史巫紛若，吉无咎。**」如女子之始生置於地，屈身於床下，卑之也，卑順自持，又具有為上級記言、記事、掌法令、醫百病之諸多本事，自可圓滿達成任務不出錯。

三爻推動上級決策，自然也必須承順上意，不宜擅專，故爻辭言：「**頻巽，吝。**」如縮小承順之心，將無法完成任務，招致挫折。一級主管最宜留意。

四爻親信，當然必須承順上意，所以爻辭說：「**悔亡，田獲三品。**」不但心中無憾，而且會如打獵般大有斬獲。

五爻是王，最高決策人，行事有承順上意之風格，但「王」至高無上，承順誰呢？爻辭說：「**貞，吉，悔亡，无不利；无初有終，先庚三日，後庚三日。**」前半段說承順於本分，王的本分是衛國保民，廣施德澤，如今能承順於本分，自然能圓滿完成使命，沒有遺憾，沒有不利。但後半段則告誡兩事：一為既然承順本分，就要有好的開始，否則不會有好的結果；二為要選擇適當的時機進行，充分準備，妥善善後，不宜隨便敷衍作秀。民主時代，當然要承順於全體國民。

上爻軍師，執掌立國精神，就不能處處承順上意，為討取國君歡心，事事仰其鼻息，爻辭說：「**巽在床下，喪其資斧，貞，凶。**」如果卑順事上，則是喪失了利斧這種武器，再也無法廉頑立懦，堅持立國原則，以盡其本分，凶多吉少。國之大老，要有風骨。

五、兌卦爻辭

兌卦行事，應天順人，能夠悅服人心，這是上上之風格，但各爻身分不同，做法也各異。

初爻直接面對百姓，爻辭認為：「**和兌，吉。**」所作所為應能得到人民的應和，才算圓滿達成任務。晚娘面孔，最要不得。

二爻負責執行，但並未與百姓直接接觸，爻辭認為：「**孚兌，吉，悔亡。**」必須以「誠信」讓人民信服，才能圓滿達成任務，沒有遺憾。

三爻承上啟下，推動讓人民悅服的決策，爻辭認為：「**來兌，凶。**」如果還要人民來巴結他，就是本末倒置了，當然不能悅服天下人。議員、立法委員替人民做事，還收「紅包」，就不對了。

四爻親信，所擬決策皆以悅服天下人心考量，爻辭以為：「**商兌未寧，介疾有喜。**」雖然不能盡孚人意，如殷商被滅，再如何施恩，他們的內心也許都不能安然釋懷，但對大災患的預防、治療確有良好的幫助。至少殷商人的敵意可以大大減少，造反的機率也就可以降低，天下的大災患卻可以永遠消除。

五爻也似二爻，應以誠信讓人民悅服，但爻辭卻告誡：「**孚于剝，有厲。**」像商朝遺民隨時找機會造反，如果最高決策人的王，頒布讓天下悅服的決策，卻讓有心剝蝕國家的人，有機可乘，就非常危險了。

上爻軍師，不親庶務，但動見觀瞻，故爻辭以為應「**引兌**」，在前引導各級領導人施行悅服天下的決策。

第五節　創新與保守（渙、節）

有些人做事喜歡事事仰體上意，有些人是力求人心悅服，總的說來，是要求得他人的喜歡，只是範圍廣狹不同，對象不同；有些人做事喜歡盡情揮灑，不受拘限，時刻創新，有些人則凡事墨守成規，保守自制，《周易》之渙及節卦分述這兩種行事風格之吉凶利弊。

一、本文

(五九) 渙（䷺）

渙，亨。王假（莅臨）有（於）廟（宗廟），利涉大川，利貞。

初六　用拯，馬壯，吉。

九二　渙，奔其机（杭，舟），悔亡。

六三　渙其躬（本身），无悔。

六四　渙其群（一般人），元吉；渙有（于）丘（山林，隱士所居之地），匪（非）夷（往常）所思（想）。

九五　渙，汗（出汗），其大號（號叫）；渙，王居，无咎。

上九　渙，其血（恤，憂）去（離）逖（惕，憂）出（離），无咎。

(六十) 節（䷻）

節，亨。苦節（痛苦地自我節制）不可貞。

初九　不出戶庭（門內庭院），无咎。

九二　不出門庭，凶。

六三　不節若。（無義），則嗟若，无咎。

六四　安節，亨。

九五　甘節吉，往有尚。（助）。

上六　苦節，貞，凶，悔亡。

二、卦名

渙卦（䷺）與節卦（䷻）符號顛倒，表示在同一前提下，意義相對。二者在行事風格方面應有相對的意義。

「渙」字於《易》八見，全在渙卦，無法比對，西周諸篇中，《書》未見，《詩》之〈周頌・訪落〉有「繼猶判渙」之句，言成王繼行武王之道，且發揚光大之，「判渙」即「光大」之義。

唯十翼之《序卦》及《雜卦》俱作「離」，與發揚光大之義，迥然不同，宜與「節」字作進一步比對。

按「節」字，於《周易》六見，全在節卦。無法比對其義，考諸《詩》，西周諸篇之〈周頌〉未見，僅〈邶風・旄丘〉作「植物之莖節」，及〈小雅・節南山〉作「高峻」

解，以釋節卦六爻，義不浹洽，唯《尚書》西周諸篇之〈康誥〉及〈召誥〉有之，〈康誥〉云：「惟厥正人、越小臣、諸節……。」武王言：「各地官長及其部屬，各位持節出使之官吏……。」「節」為「節制」；又〈召誥〉：「節性，惟日其邁。」言：「節制自己的性情，不使放縱，日日自我勉勵。」「邁同勱」，「節」為「節制」。

《序卦》言：「節而信之。」《雜卦》言：「節，止也。」也俱有「節制」之義，則「節」為「節制」，應無疑義。

「渙」為發揚光大，節為節制，兩相比對，則渙之發揚光大，實寓有「不受節制」之義，以今語言之，應有「創新」之行事風格，而「節」則為行事節制，有墨守成規之保守特質。應用於各卦六爻，義皆可通。

三、卦辭

渙為「創新」，節為「保守」，二者行事風格完全相反，其卦辭亦有顯著之異同：

渙，亨。王假有廟，利涉大川，利貞。

節，亨。苦節不可貞。

不論行事風格喜創新，或保守，《周易》作者認為：皆可以使事情進行順暢，故都說「亨」。唯渙卦之創新，如能得到國君親自涖臨宗廟，祈求祖先之庇佑，則更有利於突破險難。而此種創新的行事風格，處事不受拘限，也容易造成師心自用，亟宜堅守本分，方不致出錯。

至於行事風格保守，處處自我節制，或墨守成規，不敢適時更張，如果到了痛苦的地步，則本分就可能守不住了。

四、渙卦爻辭

卦辭雖認為「創新」之行事風格可以使事情順暢，但爻辭則仍有諸多顧慮，故六爻爻辭多告誡之辭。

初爻謂：「**用拯，馬壯，吉。**」初爻本宜奉令行事，且位卑職小，不適合創新，其創新之風格，宜用於拯救危難（用拯），且宜有千里馬之才能（馬壯），乃能圓滿達成任務。創新之前，最好先得到上級之首肯。

二爻負責執行之貫徹，本宜推陳出新，故擁有創新風格，行事必如奔舟，迅速而順暢，不致遺憾。故爻辭言：「**渙，奔其机，悔亡。**」「机」，屈萬里先生說：「疑作杭，舟也，机杭形近易誤。」

三爻不同於二爻，必須承上啟下，不能對上級決策任意創改，然於其本身，有創新之風格，將對決策之推動，方法上有所創新，必大有助益於因利制宜，而不致產生遺憾。故爻辭說：「**渙其躬，无悔。**」

四爻職司撰擬決策，所擬決策具創新風格，對一般群眾而言，一開始時還覺新奇，其後可能會難於適應，必須因循緩進；但對隱居丘林的高人異士來說，行事創新，極富吸引力，必有意想不到的效果出現。故爻辭說：「**渙其群，元吉；渙有丘，匪夷所思。**」

五爻有創新風格，主意特多，時有創舉，因此爻辭說：「**渙，汗，其大號；渙，王居，无咎。**」因循舊規，簡單易行，一旦創新，自然備極辛勞，汗流浹背，同時為使眾人跟進，必得大聲呼籲，這種情形也只有位居君王之位，才能不出錯。

上爻三公，掌立國原則，本當墨守祖宗遺訓，如果本身行事富創新精神，就必須用在排除憂懼之傷害才行。所以爻辭說：「**渙，其血去逖出，无咎。**」血（恤）、逖於西周皆為憂。

五、節卦爻辭

節卦之保守自制，因循舊規，於各階層皆視其本身任務而定其吉凶利弊。

初爻奉令行事，故以為因循舊規，不創新並不致發生差錯，爻辭說：「**不出戶庭，无**

咎。」只要盡一己本分，雖足不出戶，不與人交往，無妨。

二爻則不然，為圓滿達成任務，上承三爻，下領初爻，自不得自我拘限，獨善其身，不與他人協調，或墨守成規，不求改進，故爻辭言：「**不出門庭，凶**。」因足不出戶，必將中斷資訊、支援，認事不明，妨礙本職之執行。

三爻承上級決策，予以推動，行事風格自不宜自我作主，放手施為，無所顧忌，故爻辭言：「**不節若，則嗟若，无咎**。」如能夠因不能自我節制而感傷自省，則可不生差錯。

四爻身為上級親信，行事風格能安心於自我節制，則不致犯上欺下，故爻辭言：「**安節，亨**。」諸事順暢。

最高決策之**五爻**，最容易驕恣任性，如行事一向甘於自我節制，則不致胡作非為，而能圓滿完成任務，爻辭言：「**甘節吉，往有尚**。」以此行事風格主動施為，則必得人助。

能自我節制，不自我創新，從前述諸爻看來，除二爻不宜外，餘皆吉利，但身為軍師三公之**上爻**，其主要職守在固守立國原則，則自以能自我節制，墨守成規為吉，然爻辭卻說：「**苦節，貞，凶，悔亡**。」以自我節制為苦，必是立國原則如今已不合時宜，必須創新方符需要，如行事風格仍然苦苦堅持祖宗遺訓，雖內心無憾，但對本職之圓滿達成來說，卻是凶多吉少。

動動腦

一、父母管教子女，宜否嚴厲？
二、基層員工得不到合理善待，宜如何自處？
三、個性豪邁的人，一生行事必須有什麼心理準備？
四、「承順於上司」與「取悅天下人」各有何利弊？
五、祖父母宜否以一己經驗要求晚輩遵行？

第九章 成功領導

主旨

——研讀本章之後，學習者應能達成下列目標：

一、了解贏取信任的重要性，以及求取信任的方法。

二、知道在眾人筋疲力盡或喪失鬥志時，如何鼓舞人心，完成使命。

摘　要

本章是六十卦的總結論，共四卦，分成兩節，重點在討論：領導人若要圓滿地完成自己的本分，就必須贏取群眾的信任，並鼓舞群眾完成使命。

第一節中孚、小過兩卦，敘述贏取眾人信任的重要性，其最佳方法是：以謙卑的態度，親自刻意前往拜訪。

第二節既濟、未濟兩卦，敘述在筋疲力竭或喪失鬥志時，為完成使命，前者必須堅守本分，避免生事擾民，後者除固守本分外，並須努力鼓舞人心。

《周易》的最後四卦：中孚、小過、既濟、未濟，是前述六十卦的總結，「中孚」、「小過」兩卦強調：領導必須得到的信任，「既濟」、「未濟」兩卦強調：任務必須圓滿完成。茲分兩節述於後。

第一節　贏取信任（中孚、小過）

領導成敗的重要指標有二：一在是否得到眾人的信任；二是使命是否圓滿達成。後者留待下節詳述，至於想要得人信任，則必先在自己的內心中，充滿誠信，然後擴而充之，感動他人，最後使整個團隊凝成一體，萬眾一心。如果還有不足，自己的誠信無法得到人們的回應，就必須設法溝通，最好的方式是刻意的專誠拜訪，只要誠心誠意，必能化除猜疑，贏取信任，「中孚」及「小過」分別詳述了贏取信任的兩大要領。

一、本文

(六)中孚（䷼）

中。孚。（誠信在心），豚。魚。（祭以豬、魚為牲，喻禮薄）吉，利涉大川，利貞。

初九　虞（顧慮周全）吉，有他（即「有它」，意外也），不燕（安，樂）。

九二　鳴鶴在陰（同「蔭」，樹蔭中幽暗之處），其子和（應和）之，我有好爵（爵為酒杯，「好爵」即「好酒」），吾與爾（你）靡（即「縻」，羈縻，即「共享」之意）之。

六三　得敵（仇敵），或鼓、或罷（歇），或泣、或歌（喻歡樂與共同仇敵愾）。

六四　月幾望，馬匹（即「馬」喻助力）亡，无咎。

九五　有孚，攣如，无咎。

上九　翰（飛）音登于天（振翅高飛，其音在天，喻可望不可即），貞，凶。

(六二) 小過（䷽）

小過，亨。利貞，可小事不可大事；飛鳥遺（墜）之音，不宜上，宜下，大吉。

初六　飛鳥（喻採高姿勢），以（及，至於）凶。

六二　過（刻意親自拜訪）其祖（祖父），遇（不期而遇）其妣（祖母），不及其君（上司），遇其臣（部屬），无咎。

九三　弗過，防（防範）之，從或（有時隨後）戕（傷害）之，凶。

九四　无咎，弗過，遇之，往，厲，必戒，勿用、永貞。

六五　密雲不雨，自我西郊，公弋（以繩繫矢而射），取彼在穴（安居之處）。

上六　弗遇，過之，飛鳥離（離散）之，凶，是謂災眚。

二、卦名

中孚卦（䷼）與小過卦（䷽）符號相反，其意義亦必相反。

「孚」字於《易》四十二見，始見於需卦卦辭：「有孚，光，亨……。」於卦爻辭中，意義十分穩定，皆為「誠信」之意，已分見各卦爻辭之析釋中，不贅。

「中」字於《易》十三見，其義有三：一為職位之「中」，義指負實際主持之重任，如師九二「在師中」、家人六二「在中饋」；二為時間之「中」，意指「半途」，如訟卦辭「中吉終凶」；三為位置之「中」，如泰九二「得尚于中行」，指登上行道之中央，意為「安全」之處。再如益卦六三、六四之「中行告公」，「中行」有引申為一切準備周全、妥當，安全無虞之意。

本卦卦名「中孚」，結構略似「中行」，乃將「誠信」置於內心中央位置，有「有孚，攣如」之意，其必贏取信任無疑。

「小過」之「過」字，曾見於「大過」卦，意指超乎尋常，其上爻「過涉滅頂」之「過」，即有「過度深涉」之義，但於「小過」卦，以「超越尋常」之義釋之，則義不洽，如六二「過其祖，遇其妣」，「祖妣」對稱，「過遇」對稱，「遇」有「不期而遇」之意，「過」則應以「刻意親自拜訪」釋之，義始浹洽。

「小」於《易》二十八見，其義有三：一為數量之微小，如泰卦辭「小往大來」，言用力小而收效大；二為地位之卑微，如師上六「小人勿用」、隨六二「係小子，失丈夫」；三為重要性之微小，如睽卦辭「小事吉」。本卦之「過」為「刻意親自拜訪」，則「小過」之「小」，應無法以數量多少區別，故宜以「地位之卑微」釋之，謂宜紆尊降貴，以卑微之態度親自前往拜訪。

比較「中孚」、「小過」二卦，其義相反，「中孚」應是「孚誠在心，已能贏得眾人信任之時」；「小過」則是：尚未取得信任，亟宜謙卑自持，親自刻意拜訪，以爭取信任之時。

三、卦辭

二卦時機不同，領導人於為人處事之際，其卦辭亦迥然有異：

中孚，豚魚，吉，利涉大川，利貞。

小過，亨。利貞，可小事不可大事；飛鳥遺之音，不宜上，宜下，大吉。

「中孚」之時，由於一己誠信得人信任，故雖以最微薄之祭品——豬肉、魚肉祭祀，亦能得到神靈之降福，何況常人？贏取眾人信任後，自能同心協力，渡越險難；得人信任，自然可以守住自己本分，克盡其職。

如果無法贏得他人信任，顯然是一己誠信不足，故「小過」卦以為能以謙卑態度親自刻意拜訪，正是表現誠信的行為，所以卦辭說：「亨。」這樣做必有良好之結果，只是為了堅守自己本分，必須排除萬難去做到；同時，由於尚未取得他人信任，因此，只能進行影響不大的小事，不可進行影響重大之大事。在進行時，最好採取低姿態，如飛鳥低飛般多與人親近，不宜採高姿態，凌空高飛，如此必能圓滿地取得眾人信任。什麼是低姿態？《象辭》說：「小過，君子以行過乎恭，喪過乎哀，用過乎儉。」正說明要比一般人更低的姿勢，以求取眾人認同。

四、中孚卦爻辭

由於各爻本分各異，在取得眾人信任後，各爻領導人努力方向也各不相同。

初爻直接與一般群眾接觸，雖獲信任仍須十分小心，不可有絲毫鬆懈，卦辭說：「**虞吉，有他，不燕。**」必須思慮周到（虞），才能圓滿，如有意外，辜負他人信任，內心將不安。

二爻對於眾人之信任，要積極回應，有福同享，故爻辭以鳴鶴為例：「**鳴鶴在陰，其**

子和之，我有好爵，吾與爾靡之。」就像樹蔭中的鶴一樣，其母呼叫，其子立刻應和，如響斯應，如果我有好酒，也一樣會立刻邀你一同共享。

三爻得人信任，要與大家同仇敵愾，爻辭以勝敵為例：「**得敵，或鼓、或罷，或泣、或歌。**」打敗了敵人，活捉他們，大家上下一心心花怒放，有的擊鼓，有的歇息，交替進行；有的喜極而泣，有的高歌一曲。

四爻職司聯絡感情，如今眾人取得互信，任務已經完成，可以稍事歇息，所以爻辭說：「**月幾望，馬匹亡，无咎。**」一如月亮將近圓滿，任務已然達成，不再需要衝刺了，馬匹不再驅馳無妨。

五爻得人擁護，爻辭誡以：「**有孚，攣如，无咎。**」以加倍的誠信待人，自然不生差錯。

而位高權重的**上爻**，雖不親庶務，在得眾人信任時，則更須謙卑親切；爻辭以飛鳥為例：「**翰音登于天，貞，凶。**」如展翅高飛，其音在天，令人可望而不可即，則必無法與眾人親近，如此，立國精神怎能落實？故爻辭以為大不利。

五、小過卦爻辭

眾人尚不能完全信任時，小過卦要求不妨主動拜訪以取信，在六爻中，處處強調其重要性。

初爻爻辭說：「**飛鳥，以凶。**」初爻躬親庶務，直接與眾人接觸，眾人還不信任時，自應謙卑親切，求取認同，如今還如飛鳥般，高高在上，當然凶多吉少。

二爻負責執行，求取信任，自屬必然，最期誠信在心，故爻辭說：「**過其祖，遇其妣，不及其君，遇其臣，无咎。**」只要有心，縱使事與願違，仍然能得到諒解，就好像本意是拜訪祖父，卻不期而遇到祖母，沒看到上司，卻碰巧遇到部屬，碰到這些意外狀況都沒關係，因為錯不在他。

二爻是有心求取信任，所以無過，如果人家不信任，不但無心拜訪化解，還刻意防範，甚至傷害對方，那就糟了，**三爻**承上啟下，尤其忌諱：「**弗過，防之，從或戕之，凶。**」

四爻是幕僚人員，如今處在不信任的情況下並非其過，但他職司拉攏上司與眾人間感情，本應謙卑地拜訪，求取信任，如果他不如此做，卻碰巧不期而遇，實在是失禮，更不能得人信任了。情勢惡化至此，如欲改弦更張主動造訪，處境將十分危險，必須特別小心謹慎，切勿處處表現才華，而只須謙卑地守住身為幕僚、扈從的角色即可。爻辭說：「**无咎，弗過，遇之，往，厲，必戒，勿用、永貞。**」

五爻是主要的決策人，願否求取信任，端看五爻之作為，爻辭說：「**密雲不雨，自我西郊，公弋，取彼在穴。**」只要醞釀時機成熟，如烏雲密布，即將下雨，他一聲令下，就可像周公以繩繫矢，十拿九穩地手到擒來，獲得眾人的認同。

上爻軍師，位高權重，平素不親庶務，與人較為疏離，就要刻意拜訪親近，故爻辭告誡：「**弗遇，過之，飛鳥離，之，凶，是謂災眚**。」平素在庶務上無法與眾人不期而遇，求取認同，就得刻意主動拜訪，如今姿態卻擺得很高，像天空中的飛鳥，讓人可望而不可即，感情既已離散，如此怎能贏得人們信任，怎能完成本分任務，所以一旦有事，必有災厄發生。

第二節　完成使命（既濟、未濟）

領導人除必須贏得眾人信任外，還必須能夠達成任務，完成使命。

過去學者都以為「既濟」是任務已達成，「未濟」是任務未達成；這種說法十分正確。但兩卦之卦辭卻都說「亨小」，亨通的機會小。照常理說，未濟「亨小」還可說，既濟「亨小」就無法理解。《周易》卦爻辭中有詳細的說明。

一、本文

㈢既濟（䷾）

既濟（已渡），亨小。利貞，初吉終亂（失序）。

初九 曳（引）其輪，濡（沾濕）其尾，无咎。

六二 婦喪（失）其茀（或作髴，首飾），勿逐，七日得。

九三 高宗伐鬼方，三年克之，小人勿用。

六四 繻（音ㄖㄨˊ，羅也，細密之彩色綢）有衣袽（敝衣），終日戒。

九五 東鄰（指殷商）殺牛（隆祀），不如西鄰（指周）之禴祭（夏祭薄祀），實受其福（福佑）。

上六 濡其首，厲。

㈣未濟（䷿）

未濟，亨小。狐汔（幾，近）濟，濡其尾，无攸利。

初六 濡其尾，吝。

九二　曳其輪，貞，吉。
六三　未濟，征，凶；利涉大川。
九四　貞，吉，悔亡；震用伐鬼方，三年有賞于大國。（商）。
六五　貞，吉无悔，君子之光。（光采、勳業），有孚，吉。
上九　有孚于飲酒，无咎；濡其首，有孚，失是。（正）。

二、卦名

既濟卦（䷾）與未濟卦（䷿）符號相反，二者意義亦必相反。

「濟」字於《易》三見，除卦名外，又見未濟卦辭「狐汔濟」，《詩》十三見，其義有三：一為「泲水」；二為「眾多」，如「載穫濟濟」（周頌・載芟），言收穫眾多；三為「渡」，如〈鄘風・載馳〉：「既不我嘉，不能旋濟。」言許穆夫人，欲親唁衛侯，而許人不以為然，遂不得渡河而往。以「渡」釋既濟、未濟卦名，及未濟卦辭「狐汔濟」皆可通，汔，見於井卦卦辭，將也，言狐將渡河。

「既」字於《易》五見，除「既濟」卦名外，首見於小畜卦上九「既雨既止」，已下雨且已停止，有「已經」之意。此外，臨六三「既憂之，无咎」、坎九五「坎不盈，祇既平」，亦均作「已經」解，本卦「既濟」之「既」，以「已」解之，謂「已渡」，義亦洽。

「未」字於《易》三見，首見於井卦「汔至，亦未繘井」、革九五「大人虎變，未占，有孚」、兌卦九四「商兌未寧」，其義併為否定之辭，與「既、已」相反。

《易》言江、河、川皆喻為險難，既濟、未濟雖言「已渡」或「未渡」，實皆以渡越險難為言。「既濟」既已渡越險難，實應為吉，然觀既濟、未濟二卦卦辭，則不但俱言「亨小」，既濟且言「初吉終亂」，未濟言「无攸利」，皆非吉兆。

再自爻辭觀之，既濟雖已渡越險難，然俱皆不順暢，說詳於後，以九三為例，爻辭言：「高宗伐鬼方，三年克之。」足見其艱難，故《象辭》言：「三年克之，憊也。」可見既濟卦雖渡越險難，實已筋疲力盡。

未濟卦亦然，除卦辭言其「亨小」、「无攸利」外，卦辭亦言其不順暢，不是「濡其尾」（初六）、曳其輪（九二）、就是告誡要「貞」（九四、六五）要「震」（九四）、要有孚（六五、上九），顯然缺乏信心，故遲疑不前，必須積極予以激勵。

總上分析，既濟為：業已渡越險難，但已筋疲力竭之時；未濟則為：尚未渡越險難，但已喪失信心、缺乏鬥志之時。

三、卦辭

基於既濟、未濟之時機，不論險難是否已渡越，而各級領導人之精神則顯然已無法振作，如此對達成使命將是一大障礙，故卦辭有相同的告誡：

既濟，亨小。利貞，初吉終亂。

未濟，亨小。狐汔濟，濡其尾，无攸利。

二卦之前景皆不良，故皆言「亨小」。既濟雖已渡越險難，然業已筋疲力竭，故卦辭誡以務必打起精神，固守自己本分，否則，剛一開始，或能完成使命，時間一久，就可能造成混亂、失序。《象辭》有見及此，故誡以：「君子以思患而豫防之。」防患於未然。

未濟更為不堪，險難在前，就畏難苟且，喪失信心，連突破困難的勇氣都沒有。就像狐狸將渡河，趦趄不前，連尾巴都沾濕了，拖泥帶水，負擔沈重，不良於行，毫無好處。故《象辭》告誡：「君子以慎辨物居方。」唯有仔細分辨事物及所處環境，才能激發信心，鼓起勇氣，剝繭抽絲，突破困境。

四、既濟卦爻辭

險難已過，雖筋疲力盡，各爻仍宜視本分而為，或恪守本職，防患未然，或休養生息，總以避免生事擾民為宜。

初爻實際執行，雖身心疲憊，爻辭仍誡以：「**曳其輪，濡其尾，无咎**。」在前費力牽引其車緩行於前，又汗流浹背如狐沾濕其尾於後，如此不利於行，仍能恪守本分，則不生差錯。

二爻負責執行，於險難已過，眾皆筋疲力竭之時，切勿生事擾民，宜休養生息，爻辭說：「**婦喪其茀，勿逐，七日得**。」如婦人遺失首飾，如非十分迫切緊急，則不須汲汲尋找，積極執行，經過一段時日後，自然尋回，不必勞師動眾。

三爻承上啟下，對決策之推動，也應本休養生息態度，不宜生事擾民，爻辭說：「**高宗伐鬼方，三年克之，小人勿用**。」險難已過，眾皆筋疲力竭，如再如殷高宗之伐鬼方，歷經三年之久，方能克之，則眾將益形疲憊，備極艱辛，但如非執行不可，一旦論功行賞，亦須防患未然，切不可裂土封爵以獎賞百姓，以防其伺機復國。

四爻撰擬決策，在險難已過，眾皆疲憊之時，必須提高注意，特別小心，密切注意未盡事宜之處，正如爻辭所言：「**繻有衣袽，終日戒**。」儘管民生富裕，人人穿羅衣綢，依然還有貧苦至穿著破衣，亟待救援之人，必須時刻小心。

五爻王者，於險難已過，眾皆疲憊，宜「至誠」善待百姓，使其休養生息，爻辭說：「**東鄰殺牛，不如西鄰之禴祭，實受其福**。」至誠最可貴，最能感動人心，就像祭祀，儘管東鄰的商王殺牛祭祀天地神祇，但誠心不足，還不如西鄰的周王，雖用最微薄的祭品，但誠意十足，依然得到天地神祇之福佑。

上爻軍師於險難已過，眾皆疲敝之時，爻辭說：「**濡其首，厲**。」亢自躬親庶務，忙得頭汗涔涔，不能讓民眾休養生息，一旦生事擾民，則國事將十分危險。

五、未濟卦爻辭

未濟卦處險難未過，而民心卻缺乏信心鬥志之時，情況十分危急，必須振作、守分、鼓舞。

初爻實際執行，險難在前，卻缺乏鬥志，爻辭說：「**濡其尾，吝**。」如狐狸渡河，沾濕尾巴，負荷沈重，不良於行，難以繼續進行，必遭挫折。言外之意，必須打起精神，努力奮鬥才行。

二爻負責執行，爻辭說：「**曳其輪，貞，吉**。」處險難在前，而缺乏信心鬥志之時，由於責任心之驅使，能夠在前引導，奮力牽引車輛前進，盡到一己應盡之本分，引導失去信心的眾人奮鬥，則能圓滿完成使命。

三爻承上啟下，處險難在前，眾人卻缺乏信心鬥志之時，是否可以主動前進，力挽狂瀾呢?爻辭說：「**未濟，征，凶；利涉大川**。」情勢縱使如此，爻辭作者仍不認為三爻要主動挺身而出力挽狂瀾，因為三爻的身分無決策權，這樣做孤掌難鳴，無濟於事，唯可勇於面對險難，以激發眾人畏難苟安之心而已。一級主管如無機關首長之全力支持，再有心也會功敗垂成。

四爻為諸侯，亦為王之親信，處險難在前，眾皆喪志之時，必須堅守本分，鼓舞人心，爻辭說：「**貞，吉，悔亡；震用伐鬼方，三年，有賞于大國。**」鼓舞眾人之志後，以雷霆萬鈞之勢討伐敵人——鬼方，雖備極艱辛，歷經三年之久始克服之，但辛苦沒白費，最後終能得到天子的獎賞，完成使命。

五爻於險難當前，人心喪志之時，更必須堅守本分，發揮天子影響力，以至誠鼓舞人心，故爻辭說：「**貞，吉，无悔，君子之光，有孚，吉。**」以天子之尊，起而呼籲，自能立刻凝聚眾心，完成使命。

上爻軍師，位高權重，然僅備諮詢，不親庶務，在險難當前，人心喪志之時，爻辭說：「**有孚于飲酒，无咎；濡其首，有孚，失是。**」充滿信心而能優游自處，不去干預，則不生差錯；如果用盡腦汁，頭汗涔涔，用心計較，而又自信滿滿，難免染指干預，則十分不當。欲其堅守本分，十分明顯。私立學校董事長最宜引以為誡。

動動腦

一、子女已長大成人，父母如何繼續贏取兒孫之信任敬愛？
二、為取得對方信任，為何宜謙卑拜訪？
三、既濟、未濟二卦為何皆言「亨小」？
四、考試日期將近，子女卻無心準備，父母宜如何挽救？

【附錄】 西周《易經》的占筮運用

（摘自本人所著〈生活《易經》講義〉）

西周《易經》卦爻辭中，沒有「陰陽」二字。戰國時代西周禮制徹底崩潰，六爻爻位涵義不明，陰陽家、道家代之而興，於是號稱註解《易經》的十翼各自解說，特別強調八卦符號之陰陽涵義。

其中，《繫辭上下》專論易、八卦起源，及占卜吉凶、先後天八卦方位。《彖辭上下》利用八卦及爻位通釋六十四卦卦名及卦辭。《象辭上下》利用卦象解說卦爻辭。《文言》專解六十四卦中的乾坤兩卦；《序卦》解釋六十四卦的排列次序；《雜卦》雜記八卦卦名涵義。唯獨《說卦》完全以陰陽家觀點，說明「八卦方位」及「占筮」對人體健康及事業順遂的影響，對後世占卜、陽宅影響特大。

十翼建構三大新思維：㈠陰陽消長㈡磁場方位㈢《易經》占筮。本文中，選擇占筮理論予以介紹，並以現代科學理論予以分析。

現代的人比較有自信，都說人定勝天，但是在古代的時候，遇到洪水、颶風，就家破人亡，遇到森林發生火災、土石流，就束手無策，所以我們的祖先們都強調天人合一，認為只有風調雨順，才能夠國泰民安。在古書當中，我們看到的都是尊敬天、感謝地，一年四季，都有對天地神祇的祭禱，對社稷之神的禮敬；現在的臺灣，依然可以看到經常有各種祭典，在每個鄉鎮裏面，處處可看到土地公廟。遇到困難，在《易經》裏面的卦爻辭，就要求「王假於廟」，到祖先的宗廟裏面，去占卜請示。所以在古書裏面，到處可以看到占筮的記載，「占」是用龜殼、牛骨來占卜，「筮」是用蓍草來算。工具不同，方法也不一樣，但原理都相同。

也許你相信自己，懷疑占筮的結果，但是人在遇到困難的時候，占筮不失為一個安定心靈的重要方法。如果完全無效，相信我們的祖先也不可能代代相傳，津津樂道。其實，人類所知十分有限，對於不可知的世界，抱著懷疑的態度，是應該的。但是，我們不能因為自己的懷疑，就否決它，認為祖先比自己笨，祖先的一切作為都是迷信。相反的，我們要去研究，祖先為什麼要這樣作，也許，這其中另有道理，只是我們自己不知道罷了。本節要為你介紹占筮為什麼會正確的原理，以及《易經》的占筮方法。

一、占筮原理

現在的科學，都強調在「物質」的方面，什麼事情都要求可以「驗證」，都要「眼見」為真。甚至宗教界也是如此，哥白尼發現地球繞著太陽轉，跟當時的宗教說法不同，就被處以死刑。事實上，我們的眼睛所看到的頻率有限，而我們的耳朵，收聽到的頻率，也有一定的限制。當別人看到我們所看不到的東西時，就說別人胡說，當我們的耳朵沒有聽到的時候，就說別人亂講。那麼，天空真的是空的嗎？這個世界，除了人和動植物以外，真的沒有其它的生靈嗎？當我們做一件事情的時候，真的只有自己知道，天不知地不知，神不知鬼不知嗎？事實絕不是如此，占筮的原理也在此。

(一)《般若波羅蜜多心經》的啟示

許多人會背誦《心經》，由於一心虔誠，意念集中，能吸取大量的宇宙能量，所以常能發揮很大的功效，心想事成，改變了體質及命運，但問他《心經》內容到底說些什麼？就瞠目不知以對了。

其實，《心經》說每一個人與生俱來就有一個「佛性」，叫做「真空」。這個「佛性」和人的肉體結合在一起，和人的感覺、思想、行為、意念也形影不離（色不異空，空不異色，色即是空，空即是色，受想行識，亦復如是）。所以人只要一有起心動念，它就立刻感知。

這個「佛性」看不見、摸不著，以意識形態出現，所以稱為「真空」，它不隨時變化，而是永恆的存在，縱然人的肉體有生有滅，它則永恆不滅。縱使人的行為有是有非、有善有惡，它則是永遠慈悲、善良、清純、實在的（是諸法空相：不生不滅，不垢不淨，不增不減）。禪宗六祖慧能說：「菩提本無樹，明鏡亦非台，本來無一物，何處惹塵埃？」借菩提樹及明鏡，比喻人人與生俱來的真心本性，原本就是看不見、摸不著，沒有形體，本質卻清淨無垢、慈悲善良的「意識」（阿賴耶識），十分貼切。因此，它可以給人最圓滿的指導。

人人擁有的這個真空佛性，也具備了超越肉體感官及生死輪迴的神格：在空間方面，它雖與人緊密結合，卻絲毫不受人們視聽言動思想的影響（是故，空中無色，無受想行識，無眼耳鼻舌身意，無色聲香味觸法，無眼界，乃至無意識界）；在時間方面，也不受人生老病死投胎轉世的影響，永遠存在（無無明，亦無無明盡；乃至無老死；亦無老死盡），因此，它可以給人最客觀的指引。

《心經》還告訴我們，這個具備神格的佛性本身就已經靈明清淨，本身就已經是不集苦因，不須修行，也不假外求，而且每一個人都已完整地俱備。因此只要一心清淨、善良，佛性真心就立刻顯現，也就是「放下屠刀」，就可以「立地成佛」了（無苦集滅道，無智亦無得）。換句話說，只要一心虔誠，就可以得到感應。

由《心經》的經文，我們可以知道，俗語說「頭上三尺有神明」，其實，不用三尺，就在我們每一個人的身上，就有一位靈明清淨的神，佛家稱為「真空」「佛性」「阿賴耶識」，道家稱為「元靈」，孟子稱祂為「良心」，占筮時，只要我們能虔誠請教，就有圓滿的答案，不假外求。

(二)《聖經》的啟示

《聖經》強調信、望、愛。相信有上帝，能虔誠祈求，必得上帝的疼愛眷顧。這正是占筮最重要的態度與結果。

《約翰福音》第十四章十二節說：「我實實在在地告訴你們，我所做的事，信我的人也要做，並且要做比這更大的事，因為我往父那裏去。」十三節說：「你們奉我的名，無論求什麼，我必成就……」第四章二十三節說：「時候將到，如今就是了。那真正拜父的，要用心靈和誠實拜祂。」二十四節說：「神是個靈，所以拜祂的，必須用心靈和誠實拜祂。」

《路加福音》第十一章五至十三節中，記載「求則得之」的故事。

耶穌又說：「你們中間誰有一個朋友半夜到他那裏去，說：『朋友，請借給我三個餅，因為我有一個朋友行路，來到我這裏，我沒有什麼給他擺上。』那人在裏面回答說：

『不要攪擾我，門已經關閉，孩子也同我在床上了，我不能起來給你。』我告訴你們，雖不因他是朋友給他，但因他情詞迫切地直求，就必起來照他所需要的給他。我又告訴你們，你們祈求，就給你們；尋找，就尋見；叩門，就給你們開門。因為，凡祈求的，就得著；尋找的，就尋見；叩門的，就給他開門。你們中間作父親的，誰有兒子求餅，反給他石頭呢？求魚，反拿蛇當魚給他呢？求雞蛋，反給他蠍子呢？你們雖然不好，尚且知道拿好東西給兒女，何況天父，豈不更將聖靈給求他的人嗎？」

基督徒最重視禱告，而且都說有禱告，就會有奇蹟出現，原因無他，因為對於「神」，能信祂，又能虔誠的求祂，所以有求必應。占筮也一樣，有所求必有所得，但須虔誠。

㈢量子力學理論

當我們睜開眼睛看這周遭的一切，除了物體以外，空間是空蕩蕩的，看不到任何東西。但打開收音機、電視機，手機、股票機、電腦……，卻發現另外有個肉眼看不到的世界，有聲有色，熱鬧非凡。這個肉眼看不到的世界有什麼東西呢？

1.日本工學博士深野一幸在所著《波動能量的健康革命》一書中的研究：

⑴「宇宙＝物質世界＋肉眼看不到的世界。」

⑵「肉眼看不到的世界，才是宇宙本質的世界…是超微粒子所構成的世界。」

(3)「超微粒子會不斷的旋轉，具有波動性質…粒子愈小，振動（旋轉）次數愈多，波長愈短…因旋轉方向的不同，而有正（陽）與負（陰）二種。」

(4)「構成物質的質子、電子、中子，都是由超微粒子所構成，粒子有帶電和帶磁兩種。……但並非固定，是會不斷流進流出的旋轉流動體。」

(5)「由質子、中子、電子所構成的所有物質，都與本質生命體（意識體的原子核）重疊存在，不只人類，連動物、植物、礦物亦然，本質生命體也是由超微粒子所構成。」

2. **早稻田大學足立育朗所著《波動的法則》，對中子、質子、電子構造的研究：**

(1)中子：六個橢圓的立體，聚集在一起，合成一個球，呈螺旋狀旋轉。

(2)質子：複數的超微粒子，形成橢圓的橄欖球形狀，呈螺旋狀旋轉。

(3)電子：陰電子以螺旋方式，上層由右向左旋轉十四點五度，由大而小；下層由小而大，由左而右旋轉十四點五度。陽電子相反。

(4)本質體：由中子（司意識及調和）及質子（司意志及愛）構成原子核。

(5)疾病：中子、質子、電子的形態歪斜，產生歪斜的振動波，則生病。如能將歪斜的波動修正則痊癒。（健康的意識亦可治病）

3. **臺灣大學江晃榮博士在所著《宇宙能量的驚人療效》一書的研究：**

(1)宇宙是螺旋形的漩渦構造。

(2)宇宙是多次元空間，其中物質全由大小不一的超微粒子集合的原子所構成。

(3)超微粒子是一種單極的磁氣粒子，此粒子由於旋轉方向相異，以致存有陰陽及正反兩種完全不同性質。最小粒子約為十之負九十次方公尺。

(4)宇宙中，性質相反的物質多以陰陽粒子成對的方式出現，屬於中性電。

(5)宇宙能量的超微粒子中，有的帶電，有的帶磁性，因此，質子、中子、電子一面旋轉，一面放射的超微粒子，就會形成電磁波或磁氣波，稱為宇宙能量波動。電磁波聚集較多時，就會形成微弱電流。

(6)除了物質外，存在於物體的意識體也會放射宇宙能量波動，稱為氣。

如前所述，日本工學博士深野一幸說：

「由質子、中子、電子所構成的所有物質，都與本質生命體（意識體）重疊存在，不只人類，連動物植物、礦物亦然，本質生命體也是由超微粒子所構成。」人的腦波當然也是透過構成腦細胞的原子之超微粒子--電子之波動。與人的腦波結合在一起，而具有神格的「阿賴耶識」（佛性、元靈），也是超微粒子的波動。這種波動具有什麼樣的特質呢？

依據日本慶應大學理工學院椎木一夫教授著，朱麗真譯之《圖解量子力學》（商周出版社）介紹，電子重量只有9.1×10的負三十一次方公斤，電子電量只有1.6×10的負十九次方庫倫（頁五一），波動時約有下列五個特質：

1.所有的物質，都具有粒子和波的二元性（頁五六）。占筮時完全透過腦波超微粒子的波動傳達訊息。

2.測不準原理（頁七八）：大量超微波粒子投注某定點處所時，並不是全落在定點上，而是一片迷濛的朦朧電子雲團，只是密度分布有所不同。就如腦波向某人發射時，當事人接受最強烈，但其他人也照樣可以收到一些。又如氣功師對某人發功，旁邊人也會熱起來。占筮時，腦波的波動發出，雖目標鎖定自己的阿賴耶識，但媒介體（如《易經與生活》這本書）及作者之生命本質體也同時接收到訊息。

3.零點振動（頁八〇）：四周環境越寧靜，超微波粒子的活動力越強。占筮時心裡越虔誠專一寧靜，波動力越強，感應力也越靈敏。

4.穿隧效應（頁八二）：時間越短，能量越強。超微波粒子瞬間發動波動，發出的能量，就如在火山爆發時，在山側挖隧道般，岩漿可以順勢迸出。占筮時，要靈光一閃發出訊息，切不可猶豫不決，再三思索。

5.同種粒子不可分辨性（頁一一〇—一一五）：一個人所發出的某種訊息腦波，不同的接收者，如阿賴耶識、媒介體及作者之生命本質體應是接到不同顆的超微波粒子，但他們卻是一模一樣，不可分辨的。也因為如此，占筮者詢問的事情，不致發生曲解，可以迅速正確反應。

二、占筮方法

(一)《繫辭上》「大衍之數」

十翼《繫辭上》第九章說：「易有聖人之道四焉，……以卜筮者，尚其占，是以君子將有為也，將有行也，問焉而以言，其受命也如嚮。无有遠近幽深，遂知來物，非天下之至精，孰能與於此。……易，无思也，无為也，寂然不動，感而遂通天下之故，非天下之至神，其孰能與於此。」

《繫辭上》告訴我們，當我們想做什麼事情的時候，只要放空我們的意念，不要有任何自己的主張，靜下心來，一心一意虔誠的禱告，就可以得到祂的感應，不論所問的事情，距離我們多遠，問題多麼的神秘，照樣可以如響斯應，得到精確的回答。這是告訴我們占筮時要專心一志，意念虔誠。至於占筮方法，於《繫辭上》第八章說：

「大衍之數五十，其用四十有九，分而為二以象兩，掛一以象三，揲之以四以象四時，歸奇於扐以象閏，五歲再閏，故再扐而後掛……，是故四營而成易，十有八變而成卦。」

這是什麼意思呢？南宋朱熹在所著《周易本義》篇首之〈筮儀〉一文中，曾有詳細之說明，簡述如下：

1. **設備**

(1)筮室：潔地、南戶、筮桌置于室中央。

(2)蓍籤：五十支，紅布裹，黑囊裝，置籤筒中，加筒蓋。

(3)擺設：由北向南：籤筒→木架（長同桌，上有左右二大刻格）→香爐爐東→文房四寶。爐西→小木架（三小刻，靠桌旁）

2. **始筮**

(1)預備：灑掃、拂拭、滌硯注水。正衣、東上、北面、盥手、焚香。

(2)將筮：雙手捧筒蓋→置蓋格南爐北→請出蓍籤→置布、囊於筒東→雙手執籤→薰于爐上→禱告

(3)禱詞：假爾泰筮有常！假爾泰筮有常！（恭請偉大的筮神駕臨）某官（自己姓名）今以某事云云（說明占筮原因），未知可否，爰質所疑于神于靈（於是請教所疑的事情於神靈）吉凶、得失、悔吝、憂虞，惟爾有神，尚明告之。

3. **起卦**

取蓍（音ㄕ）草（或竹籤）五十支，取出其中一支，送回籤筒中（大衍之數五十，其用四十有九）。

4.第一營

將剩下的四十九支，任意分為兩部分，分置於木架的兩大刻格中（分而為二以象兩，「兩」為天地）。

5.第二營

以左手取左大刻的籤支握著，右手隨便取出右大刻一支籤，掛在左手小指與無名指間（掛一以象三，「三」為天地人）。

6.第三營（之一）

以右手每四支一組，點數左手之策（揲（ㄕㄜˊ）之以四，以象四時，「四時」即春夏秋冬）。

7.第四營（之一）

點數完畢，將剩餘之一或二或三或四支（餘數為零，則留四支），分別置於左手中指、無名指間（歸奇於扐以象閏，「扐」音ㄌㄜˋ）指間也）。

8.第三營（之二）

以右手送回左手點數過之籤支於木架左大刻格上，再取右大刻格之籤支握著，用左手以四支一組點數。

9.第四營（之二）

右手放回點數過之籤支，將餘數掛在左手食指、中指間（五歲再閏，故再扐而後掛）。

10. 第一變

將左手掛扐之畸零籤支合併，清點其數，應為「五」或「九」，置於小木架第一格。桌上剩餘之籤支總數應為四十四，或四十。

11. 第二變

依照第一變二、三、四營的方式，將第一變剩餘籤支，再「掛」、「揲」「扐」一次，畸零籤支合併，應為「四」或「八」，置於小木架第二格。最後桌上剩餘之籤支總數應為四十、三十六，或三十二。

12. 第三變

依照第一變二、三、四營的方式，將第二變剩餘籤支，再「掛」、「揲」「扐」一次，畸零籤支仍應為「四」或「八」，置於小木架第三格。最後桌上剩餘之籤支總數應為三十六、三十二、二十八或二十四。

13. 初爻

將「第三變」剩餘總數以「四支」為一組數之，可得九、八、七或六組。「九」為老陽，稱為「重」，畫為「口」；「七」為少陽，稱為「單」，畫為「—」；「八」為少陰，稱為「拆」，畫為「- -」；「六」為老陰，稱為「交」，畫為「×」。重（九）、交（六）皆為「變爻」。

14. 成卦

合併蓍草或竹籤，再按前述九個步驟，三變後又得第二爻，同法，依次得三、四、五、上爻，凡十八變而得六爻，其卦乃成。

15. 變卦

經十八變而得之卦，稱為「本卦」，本卦六爻中，凡屬於「變爻」者，陽變陰，陰變陽，於是得到新的一卦，即為「變卦」。

16. 吉凶

詮釋吉凶，據《左傳》《國語》之例，須合看本卦之卦名、卦象、卦辭，變爻之爻辭，至於變卦，觀未來發展，也同樣要看變卦之卦名、卦象、卦辭。

17. 簡化

運用「大衍之數」占得卦爻，堪稱虔誠、嚴謹，然耗時費事，深為後人詬病，遂有「金錢卦」之發明。其法：

取銅錢三枚，先向自己的守護神（元靈、阿賴耶識、上帝）約定：有國字之面（如十圓）為「陰」（正面），有圖案之面（如蔣公圖像）為「陽」（背面），握於手心輕搖，虔誠向自己之守護神默禱，擲地，二正一背為「少陽」，二背一正為「少陰」，三正為「老陰」，三背為「老陽」。

初爻至上爻，依次由下而上，連擲六次，老陽、少陽畫「⚊」，老陰、少陰畫

「⚋」，六爻而成卦（本卦）。「老陽」、「老陰」為「變爻」，「變爻」陰陽互變，而成「變卦」。

㈡梅花易數

1. 梅花易數係北宋邵雍康節先生所創。

斷占方式有二：其一、利用先天八卦的體用判定吉凶；其二、利用六十四卦之卦名卦象及其卦爻辭斷占吉凶。本書的斷占，採用其第二種方式。

2. 梅花易數之八卦序數依據《老子》第四十二章：

「道生一，一生二，二生三，三生萬物。」及《繫辭傳上》第十二章：「是故，易有太極，是生兩儀，兩儀生四象，四象生八卦，八卦定吉凶，吉凶生大業」訂定。其卦序為⑴乾⑵兌⑶離⑷震⑸巽⑹坎⑺艮⑻坤。

3. 梅花易數之斷占依據：《繫辭下》第一章：

「八卦成列，象在其中矣，因而重之，爻在其中矣，剛柔相推，變在其中矣，繫辭焉而命之，動在其中矣，吉凶悔吝者，生乎動者也。」之原則，以本卦及變卦之卦爻辭判定。

4. 梅花易數六十四卦卦爻立法：以「年月日時」為例：

上卦＝（年＋月＋日）÷8之餘數。

下卦＝（年＋月＋日＋時）÷8之餘數。

本爻＝（年＋月＋日＋時）÷6之餘數。

變爻＝本爻陽變陰，陰變陽。

變卦＝變爻新形成的卦。

5.利用本書占筮技巧：

(1)準備：先檢查本書從第一章到第九章頁數是否連貫，如沒連貫，自行標注清楚。然後捧書於胸前心窩處，靜心澄慮，瞑目默禱。

(2)請示：向自己守護神（元靈、本質生命體、阿賴耶識）詳細、具體地，從正面提出自己主張（例如要說：「我要……」，不可說：「我不要……」），再請示可行性或吉凶。

(3)求本卦本爻，了解目前狀況：

・「不經意」地翻開《易經與生活》，「迅速」「隨意」，不假思索選定一頁。

・將該頁最後一碼數字以外之前數碼相加除以8，以其餘數，求上卦；

・將該頁全部數碼相加，除以8，以其餘數求下卦。餘數為0則為坤。

・合上下卦求得六十四之卦名，表目前狀況。

・將該頁全部數碼相加除以6，以其餘數求本爻，餘數為0則為上爻。

(4)求變卦變爻，預知未來發展：

・先試解本卦本爻，檢視是否與所請示問題有相關，如答非所問，則檢討詢問態度及內容是否空泛抽象不具體，導致守護神無從答覆。

・將本爻陰陽變易，陰爻變陽爻，陽爻變陰爻，求取變爻，再據以求取變卦，表未來發展。

(5)求卦爻實例一則：例如翻得277頁。

・求本卦上卦：（2＋7）÷8＝1……餘1　餘數1，卦序為乾（☰）

・下卦：（2＋7＋7）÷8＝2……餘0　餘數0，卦序為坤（☷）

・變爻：（2＋7＋7）÷6＝2……餘4　餘數4，爻位為第四爻。

・本卦為上乾下坤，否卦九四爻。爻辭為「有命无咎，疇離祉。」表目前狀況。

・九四陽爻，陽變陰，九四爻變為：六四爻。

・爻變後，原本是上乾（☰）下坤（☷）的否卦，變成上巽（☴）下坤（☷）的觀卦。觀卦六四爻辭為「觀國之光，利用賓于王。」表未來後續發展。

(6)解卦注意事項

・卦名時機雖有順逆，然無吉凶。如乾雖積極有原則，亦為競爭激烈。

・周易爻位原有職位、身分之區別，於占筮，則僅供參考。

・完全依爻辭原本字義，配合卦名詮釋。

．各爻應盡本分，仍須並看。

．卦爻辭辭義必須與所問問題密切結合，靈活應用，不可拘泥陰陽、爻位。

全書重要參考書目

一、周易正義（十三經注疏本）　孔穎達　藝文印書館

二、儀禮注疏（十三經本）　孔穎達　藝文印書館

三、周易集解　李鼎祚　學生書局

四、梅花易數　邵雍　山東人民出版社

五、易程傳　程頤　世界書局

六、周易本義　朱熹　武陵出版社

七、易學啟蒙　朱熹　武陵出版社

八、經籍纂詁　阮元　世界書局

九、古史辨　顧頡剛　明倫出版社

十、周易古經今注　高亨　上海書局

十一、先秦漢魏易例述詳　屈萬里　學生書局
十二、讀易三種　屈萬里　聯經出版事業公司
十三、易學哲學史　朱伯崑　北京大學出版社
十四、甲骨文字集釋　李孝定　中央研究院史語所集刊之五十
十五、尚書釋義　屈萬里　中華文化事業出版公司
十六、詩經釋義　屈萬里　中華文化事業出版公司
十七、易學應用之研究　陳立夫編　中華書局
十八、中華醫藥專輯　陳立夫等　中華日報
十九、金文詁林　周法高　香港中文大學
二十、胡瑗的義理易學　林益勝　臺灣商務印書館
二十一、伊川易傳的處世哲學　林益勝　臺灣商務印書館

易經與生活

作者◆林益勝
發行人◆王學哲
總編輯◆方鵬程
主編◆葉幗英
責任總輯◆徐平
校對◆鄭秋燕
美術設計◆吳郁婷

出版發行：臺灣商務印書館股份有限公司
台北市重慶南路一段三十七號
電話：(02)2371-3712
讀者服務專線：0800056196
郵撥：0000165-1
網路書店：www.cptw.com.tw
E-mail：ecptw@cptw.com.tw
網址：www.cptw.com.tw

局版北市業字第 993 號
初版一刷：2010 年 12 月
定價：新台幣 420 元

ISBN 978-957-05-2545-8

易經與生活／林益勝著. -- 初版. -- 臺北市：
臺灣商務, 2010.12
面； 公分

ISBN 978-957-05-2545-8（平裝）

1. 易經 2. 研究考訂

121.17 99019061

讀者回函卡

感謝您對本館的支持，為加強對您的服務，請填妥此卡，免付郵資寄回，可隨時收到本館最新出版訊息，及享受各種優惠。

■ 姓名：＿＿＿＿＿＿＿＿＿＿＿＿　性別：□ 男　□ 女

■ 出生日期：＿＿＿＿年＿＿＿＿月＿＿＿＿日

■ 職業：□學生　□公務(含軍警)　□家管　□服務　□金融　□製造
　　□資訊　□大眾傳播　□自由業　□農漁牧　□退休　□其他

■ 學歷：□高中以下（含高中）□大專　□研究所（含以上）

■ 地址：
＿＿＿＿＿＿＿＿＿＿＿＿＿＿＿＿＿＿
＿＿＿＿＿＿＿＿＿＿＿＿＿＿＿＿＿＿

■ 電話：(H) ＿＿＿＿＿＿＿＿＿＿ (O) ＿＿＿＿＿＿＿＿

■ E-mail：＿＿＿＿＿＿＿＿＿＿＿＿＿＿＿＿

■ 購買書名：＿＿＿＿＿＿＿＿＿＿＿＿＿＿＿

■ 您從何處得知本書？

□網路　□DM廣告　□報紙廣告　□報紙專欄　□傳單
□書店　□親友介紹　□電視廣播　□雜誌廣告　□其他

■ 您喜歡閱讀哪一類別的書籍？

□哲學．宗教　□藝術．心靈　□人文．科普　□商業．投資
□社會．文化　□親子．學習　□生活．休閒　□醫學．養生
□文學．小說　□歷史．傳記

■ 您對本書的意見？（A/滿意　B/尚可　C/須改進）

內容 ＿＿＿＿＿編輯＿＿＿＿校對＿＿＿＿翻譯＿＿＿＿
封面設計＿＿＿＿價格＿＿＿＿其他＿＿＿＿＿＿

■ 您的建議：＿＿＿＿＿＿＿＿＿＿＿＿＿＿＿＿

※ 歡迎您隨時至本館網路書店發表書評及留下任何意見

臺灣商務印書館　The Commercial Press, Ltd.

台北市100重慶南路一段三十七號　電話：(02)23115538
讀者服務專線：0800056196　傳真：(02)23710274
郵撥：0000165-1號　E-mail：ecptw@cptw.com.tw
網路書店網址：www.cptw.com.tw　部落格：http://blog.yam.com/ecptw

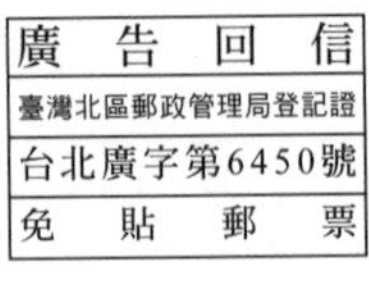

廣 告 回 信
臺灣北區郵政管理局登記證
台北廣字第6450號
免 貼 郵 票

100台北市重慶南路一段37號

臺灣商務印書館 收

對摺寄回，謝謝！

傳統現代　並翼而翔

Flying with the wings of tradtion and modernity.